Christoph Wahlen

Mentaltraining für den erfolgreichen Day-Trader

Christoph Wahlen

Mentaltraining für den erfolgreichen Day-Trader

So steigern Sie Ihr Trading-Ergebnis

FinanzBuch Verlag

Bibliografische Information der Deutschen Nationalbibliothek
Die Deutsche Nationalbibliothek verzeichnet diese Publikation in der Deutschen Nationalbibliografie,
detaillierte bibliografische Daten sind im Internet über **http://d-nb.de** abrufbar.

Für Fragen und Anregungen:
wahlen@finanzbuchverlag.de

2. Auflage 2011

© 2010 FinanzBuch Verlag GmbH
Nymphenburger Straße 86
D-80636 München
Tel.: 089 651285-0
Fax: 089 652096

Lektorat: Ina Elisabeth von Gerlach
Satz: HJR, Manfred Zech, Landsberg am Lech
Korrektorat: Leonie Zimmermann
Druck: GGP Media GmbH, Pößneck

ISBN 978-3-89879-568-5

Weitere Infos zum Thema

www.finanzbuchverlag.de
Gerne übersenden wir Ihnen unser aktuelles Verlagsprogramm

Inhalt

Vorwort

Ziel dieses Buches ist, ergebnisverantwortlichen Tradern, Investoren und Heads of Trading eine wirksame Methode zu vermitteln, mit der sie Emotionen in den Griff bekommen. Sie werden lernen, wie Sie Psychofallen vermeiden können und wie Sie, anstatt Affekte und Impulse zu unterdrücken, im Kontext ihrer Möglichkeiten handeln können. Ich werde Ihnen ein Instrumentarium an die Hand geben, mit dem Sie sich selbst helfen können, besser zu werden. Nennen Sie es eine Bedienungsanleitung für Ihr Gehirn, um erfolgreicher zu werden.

Sie wollen ein erfolgreicher Trader werden, haben vielleicht bereits Erfahrungen gesammelt, sich mit der technischen Analyse befasst und wollen nicht nur nach neuen Setups suchen? Oder Sie haben bereits langjährige Erfahrungen als Händler und erleben sich in einer Phase, in der Ihre bewährten Methoden nicht mehr greifen und Sie wieder zurück auf die Erfolgsspur kommen wollen? Vielleicht sind Sie auch Handelschef eines Hedge-Fonds, Verantwortlicher einer Prop-Trading-Firma oder ergebnisverantwortlich für den Eigenhandel Ihrer Abteilung und wollen durch innovative Ansätze die Handelsergebnisse verbessern? Indem Sie angefangen haben, dieses Buch zu lesen, machen Sie auch schon einen Schritt in die richtige Richtung.

Ihnen ist vielleicht klar, dass die Analyse von Indikatoren und die Entwicklung eines Handelssystems wichtig sind, aber nicht allein finanziell erfolgreicher machen. Lesen Sie Trading-Bücher, lernen Sie meist schlüssig und erfolgversprechend klingende Ansichten und Systeme der Autoren kennen. Die Frage ist jedoch, wie Sie diese hier und jetzt nachhaltig umsetzen. Es muss also andere Faktoren geben, die erfolgreiche von den weniger erfolgreichen Händlern trennen. Stellen Sie sich vor, es gibt eine systematische Methode, die Sie in die Lage versetzt, aus langjährigen Erfahrungen von Meistertradern zu lernen. Die Erfahrungen in der Zusammenarbeit mit Experten und den Besten in ihrem jeweiligen Feld, sei es im Sport oder im Business, zeigen deutlich, dass es einen systematischen Weg gibt, in seinem Fachgebiet exzellent zu werden.

Wenn Sie positive Erwartungen haben und als Trader langfristig Erfolge erzielen wollen, macht es Sinn, dass Sie dieses Buch intensiv lesen. Auf den Märkten gibt es Hunderte Wege, um langfristig Geld zu verdienen. Ob Sie erfolgreich werden, hängt von Ihrer Bereitschaft ab, das hier Gelesene aufzunehmen und umzusetzen. Sie werden lernen, Ihre Stärken zu Ihrem Vorteil zu nutzen und Ihr Handelssystem erfolgreich zu entwickeln, indem Sie Ihre Persönlichkeit auf Erfolg konditionieren. Erwarten Sie viel.

Dieses Buch richtet sich an denjenigen Händler und Ergebnisverantwortlichen, der davon fasziniert ist, wie Menschen funktionieren und was sie motiviert, zu den Besten ihrer Gattung zu gehören. Es geht darum, die inneren Stellschrauben zu kennen und sie in die richtige Richtung zu drehen. Dabei werden Sie sich auch von alten Denkmustern verabschieden. Durch die empirisch gesicherte Herangehensweise lernen Sie einen Ansatz, der Sie Schritt für Schritt auf Ihrem Weg zum Erfolg begleitet. Sie werden eine Methode verinnerlichen, die Sie in die Lage versetzt, von sehr erfolgreichen Menschen zu lernen und Ihr eigenes Leben nach Ihren Wünschen zu formen. Erfolg ist lernbar.

Wenn Sie sich schon immer gefragt haben, warum Live Trading scheinbar so schwierig ist, werden Sie hier eine Antwort finden. Aufgerufen sind alle, die einen Ruck benötigen und ihren Kopf für neue, vielleicht bahnbrechende Möglichkeiten öffnen.

Vorwort zur 2. Auflage

Viele Leserbriefe und eine in kurzer Zeit verkaufte Auflage ist eine Rückmeldung von Ihnen liebe Leser. Eine Rückmeldung, die mich Danke sagen lässt. Danke, dass Sie den Inhalt dieses Buches so gut angenommen haben. In der nun vor Ihnen liegenden zweiten Auflage werden nur minimale Änderungen vorgenommen. Es liegt mir jedoch am Herzen Ihnen etwas mit auf den Weg zu geben.

Von einem Coach, Mentor, zum Wasser also zu seiner eigenen Quelle gebracht zu werden, bedeutet das Ende der Verzauberung. Eine Verzauberung, die uns glauben ließ, dass Andere für unseren (finanziellen) Erfolg und Misserfolg verantwortlich zu machen sind. Dieses Buch, das vor Ihnen liegt, ist nicht der alleinige Heilsbringer in die finanzielle Unabhängigkeit; es schenkt dem Teil in uns Kraft, der diese Anstrengung fortsetzen will, Mut zu sammeln und den Weg der Exzellenz zu gehen. Vielleicht können Sie sich vorstellen ihn zusammen mit einen Coach und Mentor zu gehen, vielleicht gehen Sie ihn alleine. Sie werden die für Sie richtige Entscheidung treffen.

I. Einführung

Betrachten Sie dieses Buch, das vor Ihnen liegt und das Sie in den Händen haben, einmal als Kochbuch. Sie oder Ihr Mitarbeiterteam haben ein Ziel, das Sie erreichen wollen, benötigen auf dem Weg dahin nützliche und themenbezogene Tipps und Tricks, um Ihre Wünsche zu befriedigen. Das Buch ist so geschrieben, dass Sie die einzelnen Menüs nicht zwangsläufig eines nach dem anderen zubereiten und abschmecken müssen, um ein Chef de Cuisine zu werden. Vielmehr ist es so aufgebaut, dass Sie dieses Buch an einer beliebigen Stelle aufschlagen können und schnell zu praktischen Ansätzen finden, wie Sie konkrete Herausforderungen beim Handeln angehen und positive Änderungen an sich selbst vornehmen.

Dabei haben Neulinge mit dem Thema Persönlichkeitsentwicklung die Möglichkeit, gezielt ihren eigenen Erfahrungsschatz aufzubauen. Diejenigen, die bereits Erfahrungen mit dem Thema haben, werden unterstützt, Erlerntes zu vertiefen und neue, frische Ideen für den Handelsalltag daraus zu entwickeln. Je öfter Sie dieses Buch lesen, desto mehr Gewinn können Sie für sich daraus ziehen. Überzeugen Sie sich selbst, dass hier an dieser Stelle eine verlockende Menükarte präsentiert wird.

Köche der Spitzenklasse und diskretionäre Trader haben einiges gemeinsam. Wollen sie langfristig auf einem schwierigen Markt erfolgreich sein, benötigen sie eine Vielzahl von Zutaten, die fein säuberlich aufeinander abgestimmt werden müssen. Genauso wie sich der Geschmack ihrer Kunden im Zeitablauf ändert, ändern sich die Märkte. Die kochende Zunft benötigt bei der Zubereitung eines den Gaumen kitzelnden, die Nase erfreuenden Fünf-Gänge-Menüs gute Vorbereitung, Erfahrung und Fingerspitzengefühl. Dasselbe gilt für Sie als Day- und Swing-Trader, bei der Entwicklung und Pflege eines auf Ihre Persönlichkeit abgestimmten Handelssystems. Aufgepasst: Jedes Wort ist wichtig! »... auf Ihre Persönlichkeit abgestimmten Handelssystems.« Das setzt voraus, dass Sie Ihre Persönlichkeit in- und auswendig kennen! Und damit sind wir auch schon beim Hauptthema dieses Buches: Persönlichkeit als Erfolgsfaktor beim Handeln. Eines kann ich Ihnen mit Sicherheit sagen:

Wer auf der Klaviatur der persönlichen Verhaltensmuster spielen und seine Emotionen zu seinem Vorteil nutzen kann, wird Erfolg haben: Egal, ob er Händler, Koch, Manager, Musiker oder Spitzensportler ist. Erfolg ist lernbar! Erfolg entsteht im Kopf. Warum ist das so? Weil am Ende des Tages nur Sie selbst entscheiden, ob Sie erfolgreich sind.

Jeder, der schon länger am Markt ist und realistisch ist, weiß, dass Disziplin der erfolgversprechende Faktor ist. Wenn Sie lernen wollen, wie Sie zukünftig wieder diszipliniert handeln, werden Sie im Folgenden nicht nur wertvolle Tipps und Tricks kennenlernen, sondern auch eine Methode, die Spitzensportler und Top-Manager zum Erfolg geführt hat.

1.1 Nehmen Sie eine Methode, die funktioniert!

Der erste Schritt liegt darin, eine neutrale, ungefilterte Wahrnehmung der Realität zu bekommen. Dazu gehört es, sich mit der – vielleicht unbequemen – Wahrheit zu befassen und persönliche Einflussfaktoren auf das eigene Handeln kennenzulernen. Vereinfachend könnte man es als unsere innere Software bezeichnen, die im Kapitel zwei näher beleuchtet wird.

Spannend ist es, sich mit der feuchten Masse zusammengewundenen Zellgewebes, dem Gehirn, zu befassen. Es hilft, wenn Sie wissen, wie Ihr Gehirn funktioniert und – noch viel interessanter – wie Sie es effektiv für Ihre Zwecke nutzen können. Es lohnt sich, Ihre Gehirnfunktionen näher anzuschauen. Welche neuronalen Wege gibt es, welche »Macken« hat es und welche ungeschriebenen, unterbewussten Regeln steuern, wie Ihr Gehirn eine bestimmte Szene interpretiert? All das wird im dritten Kapitel beschrieben. Darunter fällt auch die Behavioral Finance. Der deskriptive Ansatz hat so viel Bedeutung, dass seinen Begründern David Kahnemann und Tversky 2002 der Nobelpreis für Wirtschaft dafür verliehen wurde, wie sie verhaltenspsychologische Ansätze auf das Verhalten von Finanzexperten anwenden. Wie werden Informationen konkret aufgenommen und verarbeitet und wie entscheiden sich Individuen?

Im vierten Kapitel stelle ich Ihnen einen Trainingsplan vor, bei dem es um die systematische Entwicklung mentaler Stärke geht. Dabei werden Erfolgsstrategien aus anderen Disziplinen modelliert und auf das Trading übertragen.

Halten Sie sich an diesen Erfolgsplan wie ein Athlet, der sich auf die Teilnahme bei den Olympischen Spielen vorbereitet. Professionell und akribisch. Immer bereit, das Beste zu geben. Nur wer stets bereit ist, über seine Grenzen zu gehen, wird in einem anspruchsvollen Umfeld erfolgreich sein.

Let's make money!

1.2 So lesen Sie dieses Buch

Die Erfahrungen haben gezeigt, dass Sie am meisten für sich mitnehmen, wenn Sie dieses Buch auf eine Weise lesen, die von Ihren gewohnten Lesemuster abweicht. Ein Muster, das Sie sich im Laufe der Jahre oder Jahrzehnte angewöhnt haben.

Die Art und Weise, wie Sie die Übungen ausführen, also mit welcher Konzentration und mit welcher Hingabe, bestimmt das Ausmaß Ihres Erfolgs, den Sie haben werden. Ich werde das im Verlauf des vorliegenden Buches wiederholt auf die eine oder andere Art betonen. Die Erfahrungen aus zahlreichen Coaching-Gesprächen mit Tradern haben mir gezeigt, dass solche Erinnerungen notwendig sind. Es geht darum, neuronale Netze in Ihrem Gehirn neu zu vernetzen beziehungsweise störende in zielführende Denkweisen umzubauen. An dieser Stelle kann nur eine Teilauswahl an Trainings- und Übungseinheiten vorgestellt werden. Der Werkzeugkasten ist groß.

Lesen Sie dieses Buch in einer Umgebung, in der Sie ungestört sind. Das heißt unter anderem ein Ort, in dem kein überraschender Besuch auftauchen kann, Sie kein Telefonklingeln stören kann und in dem andere Störgeräusche weitgehend nicht auftauchen können. Außer Ihnen selbst und Ihrem Buch mit den Übungen brauchen Sie nicht mehr viel. Ob Sie einen Sessel oder Stuhl mit Armlehne bevorzugen, überlasse ich Ihrem Ermessen.

Bitte lesen Sie dieses Buch nicht und machen Sie die Übungen nicht, wenn Sie innerlich aufgewühlt oder wütend sind. Es geht darum, dass Sie dem, was Sie hier lesen, Ihre *ungeteilte Aufmerksamkeit* zukommen lassen. Bitte nehmen Sie sich *ausreichend Zeit* dazu, sodass Sie Ihre Erfahrungen in Ruhe machen. Wichtig ist, dass Sie dieses Buch lesen, weil Sie meinen, dass Sie es wollen, nicht weil es Ihre Pflicht ist. Das Lesen dieses Buches und die Durchführung der Übungen sollten spielerisch leicht und einfach geschehen. Sie wollen es einfach.

Das, was Sie tun, ist neu oder ungewöhnlich für Sie und Sie wissen nicht, welche positiven Veränderungen dabei herauskommen. Die Übungen sind kurz und nützlich, welche Veränderungen Sie auch bei Ihnen hervorrufen werden. Lassen Sie sich überraschen.

Ihr Gehirn ist mit an Sicherheit grenzender Wahrscheinlichkeit hedonistisch genug, dass es Lustgewinn anzielt und Unlust aus dem Weg geht. Es macht wenig Sinn, dieser natürlichen Neigung nicht nachzugehen. Die Übungen werden Ihnen in aller Regel Spaß machen, wenn Sie beabsichtigen, Spaß zu haben, und Ihren Erfolg als Trader uneingeschränkt zulassen. Sie werden bei der Durchführung der Übungen erkennen, dass Sie die Visualisierung der Szenen in taktiler und kinästhetischer Hinsicht produktiv erleben können und dass dies mit Freude verbunden ist.

Wie viel Ihnen das Durchlesen dieses Buches und die Durchführung der Übungen für Ihren zukünftigen Handelserfolg gibt, bestimmen Sie. Nur wenn Sie die äußeren und inneren Bedingungen herstellen, können Sie Ihre Aufmerksamkeit fokussieren. Mit Aufmerksamkeit ist ein Bewusstsein Ihres Selbst gemeint, das eine gewollte Anstrengung ausschließt. Diese Art der Achtsamkeit nützt Ihnen beim Lesen. Es ermöglicht, dass die Bedeutung der Wörter an Ihrem rationalen Verstand vorbeigeht. Sie wissen, dass die Botschaft der Worte für das Unterbewusstsein bestimmt ist. Mit dieser Art der Aufmerksamkeit bleibt Ihr Körper entspannt und garantiert die spielerische Aufnahme von neuen, zielführenden Erfahrungen. Sie lernen mit Freude statt, wie häufig in der Schule oder Universität, mit Angst.

Sie müssen - wie ich im Laufe dieses Buches wiederholt betonen werde - *langsam* lesen. Machen Sie insbesondere bei den Übungen zwischen den Sätzen mindestens ein bis zwei Sekunden Pause, um dem Gelesenen Zeit zu geben, tief in Ihr Unterbewusstsein einzusinken. Ihr Zentralnervensystem muss erst langsam und wiederholt neue neuronale Verschaltungen aufbauen, um die Informationen auf eine Art und Weise aufzunehmen und zu verarbeiten, wie es hier gewünscht ist. Ihr Körper und Geist machen neue Lernerfahrungen, wobei der Prozess des Lernens am Anfang langsamer sein wird, bis der Prozess mehr und mehr vertraut geworden ist.

Indem Sie sich vornehmen, langsamer und gründlicher, als Sie es bis jetzt gewohnt waren, zu lesen, sind Sie wahrscheinlich anfänglich geneigt, Ihre Gedanken während des Lesens abschweifen zu lassen und auf die Neuartigkeit der Lernerfahrung zu reagieren, indem Sie den Atem anhalten, Ihre Nackenmuskeln oder andere Muskeln anspannen. Solche unwillkürlichen Reaktionen können sehr stark sein und sie beeinflussen den Lernerfolg erheblich. Es ist sehr wichtig, Ihre körperlichen Reaktionen zu beobachten und nicht zuzulassen, dass sich dieses Verhaltensmuster festigt! Wenn Sie beobachten, dass Sie Ihren Atem anhalten oder dass Ihre Atmung hektisch wird, atmen Sie ganz bewusst in den Bauch und spüren, wie sich die Bauchdecke und der Brustkorb bei jedem Einatmen heben. Vielleicht bemerken Sie auch, dass sich die Nasenflügel mit jedem Ein- und Ausatmen mitbewegen. Nachdem sich Ihr Atemrhythmus verlangsamt hat und tiefer geworden ist, fahren Sie mit dem Lesen fort. Für den Fall, dass Ihre Schultern oder andere Muskeln angespannt sind, beobachten Sie bewusst, wie diese sich wieder lockern und Sie *immer entspannter* werden. Mit steigender Wiederholung werden Sie immer leichter in der Lage sein, *entspannter fortzufahren* und leicht Neues zu lernen.

Mit fortschreitender Übung wird die innere Entspannung der äußerlichen Ruhe folgen und Ihr Bewusstsein trainiert, die empfangenen Botschaften am Verstand vorbeizuschleusen, unterbewusst aufzunehmen und entsprechend zu handeln.

2. Building Blocks für Ihren Handelserfolg

Wollen Sie finanziell unabhängig sein und erfolgreich am Markt agieren, benötigen Sie in Ihrem Gehirn Reiz-Reaktions-Verschaltungen, die richtig auf externe Informationen, also Marktsignale, reagieren. Auf der Suche nach persönlicher Exzellenz gibt es viele Wege, die zum Ziel führen. Dieses Buch beschreibt einen davon.

Schaut man sich die Trading-Foren, -Blog-Beiträge und -Websites an und spricht mit den Tradern, hat man hier ein Thema vor der Brust, das gerne unter den Tisch gekehrt wird. Börsenpsychologie: »Ja, das ist schon wichtig, aber zeigen Sie mir lieber ein paar Ein- oder Ausstiegssignale.« Dabei beeinflusst Psychologie nicht nur die Kursbewegungen im Allgemeinen, also den Markt, sondern auch die persönlichen Handelsentscheidungen jedes einzelnen Händlers beziehungsweise im weiteren Sinne auch die Entwicklung eines automatisierten Handelssystems! Sind Sie im Inneren auf Misserfolg programmiert, wird Ihr Unterbewusstsein Sie mit allen Mitteln, die ihm zur Verfügung stehen, und das sind weit mehr als Sie es sich bewusst vorstellen können, dabei unterstützen, dieses Ziels zu erreichen. Viele Händler meinen hingegen, ihr Handelserfolg sei von externen Faktoren bestimmt, und wenn die Marktumstände nicht danach sind, dann können sie auch nicht erfolgreich sein. Nun kann man natürlich dieser Überzeugung sein. Die Frage, die ich dann meinen Klienten stelle ist: »Führt Sie das zum Erfolg?«

2.1 Schenken Sie Ihren Gedanken mehr Aufmerksamkeit

Sie sind frei, zu denken, was Sie wollen, jedoch machen einige Gedanken erfolgreicher und bringen Sie Ihrem Ziel näher als andere. In der kognitiven Verhaltenstherapie beschäftigt man sich mit negativen und positiven Kognitionen (das, was man denkt und fühlt) und wie sinnvoll es ist, die Kognitionen zu untersuchen beziehungsweise zu verändern, wenn diese nicht zielführend sind. Wer als Händler denkt, er hätte keinen Einfluss auf seinen Erfolg und sein

Glück beim Handel, dem wird es anders gehen als dem Händler, der überzeugt ist, dass *er* es ist, der für seinen Erfolg verantwortlich ist. Erfolg und Glück sind eine direkte *Folge unserer Erfolgs- beziehungsweise Glücksfähigkeit.* Jedem von uns steht diese Erfolgs- und Glücksfähigkeit zur Verfügung und wir können sie nutzen. Wir können beschließen, uns darauf zu konzentrieren, statt passiv darauf zu warten, dass das Schicksal uns äußere Umstände beschert, damit wir Erfolg haben. Diesen Entschluss können Sie jetzt sofort oder später für sich alleine treffen. Stellen Sie sich die Frage: »Worauf warte ich noch?«

Im Folgenden werde ich darauf eingehen, wie die allgemeinen Charakteristika komplexer Entscheidungssituationen aussehen, in denen Menschen planen und handeln. Ich skizziere, welche typischen Verhaltensweisen und welche systematischen Fehler bei der Lösung einer Aufgabe auftreten. Zunächst einmal ganz allgemein.

2.1.1 Erkenne die Realität: Theorie versus Praxis

Quizfrage: Kennen Sie Tanaland? Sagen Sie jetzt nicht zu schnell: »Ja, da wollte ich schon immer einmal hin. Da gibt es so viele Sonnentage.« Tanaland ist mit seiner Population aus Menschen und Tieren sowie zahlreichen Landschaftsparametern *Teil einer Computersimulation*, um menschliche Planungs- und Entscheidungsprozesse genauer zu untersuchen. Exemplarisch sollen anhand Dörners Experiment (Dörner 2006) menschliche Unzulänglichkeiten beim Denken und Handeln behandelt werden. Die Probanden dieses Planspiels sollen eine Verbesserung der gegenwärtig schlechten Situation der Tupis, eines Stamms, der von Ackerbau und Viehzucht lebt, und der Hirtennomaden, der Moros, schaffen. Dazu wurden ihnen diktatorische Rechte verliehen, mit denen alle Maßnahmen umgehend und widerspruchslos umgesetzt werden konnten. Ein typisches weitreichendes Muster ist, dass anstehende dringende Probleme gelöst wurden, ohne die durch die neue Problemlösung entstandenen Fernwirkungen zu beachten. Und damit wurden sehr häufig neue, zum Teil katastrophale Probleme erschaffen und das Gegenteil von dem erreicht, was eigentlich beabsichtigt wurde. Als Gründe für den häufigen Misserfolg erwiesen sich bestimmte »Denkfiguren«, die häufig auf linearem Denken der Probanden beruhten. Beeinflusst man eine Variable, hat das einen Effekt auf andere Parameter, die das Gesamtsystem bedingen. Wenn Sie beispielsweise die Ernteerträge verbessern wollen, indem Sie direkte Ernteschädlinge (wie

Mäuse, Ratten und Affen) bekämpfen, wirkt sich das im ersten Schritt positiv auf die Acker- und Obstbauernte aus. Da sich aber Insekten, die ja die Beute der Kleinsäuger sind, nun ungehemmter vermehren können und gleichzeitig den Raubkatzen die Nahrung entzogen wird, müssen sich Letztere Alternativen, wie dem Viehbestand der Nomaden, zuwenden. Zusammenfassend kann man sagen, dass das *Nichteinbeziehen von Nebenwirkungen* eine grundsätzliche Ursache für Misserfolge menschlicher Entscheidungen ist.

Nichteinbeziehung von Nebenwirkungen = Ursache für falsche Entscheidungen

Die Tätigkeiten der Probanden wurden klassifiziert in die Kategorien »Entscheidung treffen«, »Nachdenken« und »Fragen stellen«. Es wurde untersucht, ob sich im Zeitablauf des Versuchs ein Muster bildet. Die Häufigkeit von »Fragen« und »Nachdenken« wird mit dem Zeitablauf reduziert und die Häufigkeit des »Entscheidens« wächst. (Beobachten Sie sich selbst einmal beim Handeln und fragen Sie sich, ob dieses Verhalten auch auf Sie zutreffen könnte!) Dem anfänglich vorsichtigen Zögerer weicht ein entscheidungsfreudiger Macher. Es zeigt sich, dass Menschen ab einem gewissen Stadium meinen, dass sie ein genügend genaues Bild der Zusammenhänge haben und diese Erfahrungen keinesfalls durch zusätzliches Analysieren infragegestellt werden soll. Einher geht diese Beobachtung mit dem *Phänomen der Selbstüberschätzung* in der Praxis. Ein zusätzliches Problem im Rahmen der menschlichen Entscheidungsfindung ist das Umdefinieren beziehungsweise *Umgewichten von Teilzielen*. Dies führte im Endeffekt dazu, dass die Erfüllung des Gesamtziels unmöglich gemacht wurde. Eklatante Folgen waren unnötiges Leiden und zahlreiche Tote. Alles nur Folgen der *Unfähigkeit, seine einmal gefasste Meinung noch einmal zu revidieren.* Ein Mehr an Nachdenken und Weniger an Machen erschien dagegen durchaus sinnvoll.

Die Unfähigkeit, ein komplexes Problem zu lösen, war oft ein Auslöser für Zynismus und ging einher mit Fluchttendenzen. Generelle Erkenntnis und Fazit: Denken, Werte, Stimmungen und Emotionen haben einen signifikanten Einfluss beim Lösen von komplexen Aufgaben. Typische Phänomene waren:

► Nichtberücksichtigen von Fern- und Nebenwirkungen
► Handeln ohne Analyse der vorliegenden Situation
► Nichtberücksichtigen von Prozessabläufen
► Festhalten an Methodismus
► Flucht in Einzellösungen

Warum sind diese allgemeingültigen Erkenntnisse für den Trader relevant? Die Fehler, die Menschen beim Denken und Planen machen, müssen bei der Entwicklung einer erfolgreichen Trader-Karriere berücksichtigt werden. In diesem Simulationsexperiment wurde unter Optimalbedingungen gearbeitet. In der Praxis werden diese Effekte noch deutlicher zum Tragen kommen. Kein Trader hat diktatorische Rechte und derart direkte Eingriffs- und Kontrollmöglichkeiten – weder auf das Gesamtsystem »Markt« noch auf das Subsystem Broker und damit auf die Qualität der Order Execution. Im Gegenteil, er kann sein Handelssystem nur den externen Veränderungen des Marktes beziehungsweise dem Datenfeed anpassen. Im Folgenden beleuchte ich die von außen beobachtbaren Phänomene näher, warum Menschen in komplexen Entscheidungs- und Planungssituationen häufig schlechte Ergebnisse liefern.

Ein häufiger Fehler liegt darin, dass sich Menschen zu wenig die »Warum«-Frage stellen. »Ich habe x, y und z gemacht, dabei ist nicht das gewünschte Ergebnis herausgekommen. Warum?« Ein weiterer typischer Fehler liegt darin, dass *zu wenige Entscheidungen pro Absicht* getroffen werden, also zu wenig »komplex« gehandelt wird. Menschen tendieren dazu, Entscheidungen zur Realisierung von *einem* Ziel zu treffen. In komplexeren Systemen ist es jedoch sinnvoll, *mehr Entscheidungen pro Absicht* zu realisieren. Beispielsweise kann man das Ziel »Einnahmeerhöhung« durch die Maßnahme »Vermehrung von Arbeitsplätzen« »alleine oder in der Kombination »Schaffung von Arbeitsplätzen«, Investition in Produktentwicklung« und »Werbung« erfüllen. Das grundlegende Ziel des Traders »Kapitalerhalt« kann durch die Maßnahme »Setzen eines engen Stops (im Verhältnis zur Depotgröße)« alleine oder durch die Kombination »Stop Loss Order«, »übergeordneter Zusammenhang im 60-Minuten-/Tages-Chart« und »Momentum der großen Marktteilnehmer« erfüllt werden.

Zurück zum Experiment von Dörner. Vielen Entscheidern mangelte es im Versuch an der Priorisierung des tatsächlichen Problems. Andere arbeiteten im falschen Bereich an der Problemlösung und verrannten sich in Spezialfragen.

Ideal: Analyse der Zusammenhänge, Vorstrukturierung; Selbstreflexion, Verhaltensstabilität
Nicht relevant: Intelligenz
Ziel: Fähigkeit Unsicherheit zu ertragen + zur Selbstmodifikation

Die Mehrzahl der schlechten Planer und Entscheider haben ursprünglich ange-
nommene Zusammenhänge nicht weiter geprüft, sondern sie – auch nachdem
widersprüchliche Ergebnisse auftauchten – weiterhin als gegeben angesehen.
Zu diesen Herausforderungen addierte sich ein zu häufiger Themenwechsel,
letztendlich eine *geringe Verhaltensstabilität.* Dazu kam ein geringer Grad an
Selbstreflexion und kritischer Stellungnahme sowie eine häufig auftretende
geringe Bereitschaft zur Selbstmodifikation – es kam lediglich zu Rekapitulati-
onen der »schlechten« Verhältnisse: »Das funktioniert alles nicht!« Nur wenige
Probanden schaffen eine geeignete Vorstrukturierung des eigenen Verhaltens.
Schließlich kam auch noch *ungeeignete Delegation von Verantwortung* hinzu, die gerade dann häufig anzutreffen war, wenn der Proband mit den an-
stehenden Problemen nicht fertig wurde. Folge dieser Maßnahme war, dass
Nebeneffekte nicht sichtbar wurden, d.h. die Gründe für das Scheitern nicht
aufgefunden wurden. Die Intelligenz eines Probanden hatte keinen Einfluss
auf das Ergebnis. Wichtiger war die Fähigkeit, Unbestimmtheit/Unsicherheit
»zu ertragen«.

2.1.2. Kennzeichen der Simulation

Nachdem oben die zu beobachtenden einschränkenden Muster menschlichen
Planens und Entscheidens in der Simulation beschrieben wurden, sollen im
Folgenden die Charakteristika bei der Lösung von Problemen genauer be-
trachtet werden. Welches sind nun die Kennzeichen?

- ▶ Komplexität
- ▶ Vernetztheit
- ▶ Intransparenz
- ▶ (Eigen-)Dynamik

Die *Komplexität* eines Modells ist bedingt durch die Anzahl der Merkmale,
die gleichzeitig zu behandeln sind. Das Modell der Realität ist umso komplexer, je mehr Variablen es gibt und je mehr diese voneinander abhängig sind.
Mathematisch könnte man die Komplexität in einer Gleichung abbilden. Sie
ist ein Produkt aus Merkmals- und Verknüpfungszahl.

Der Grad der *Vernetztheit* ist bedingt durch die verschiedenen Variablen und
auf welche Weise sie sich gegenseitig beeinflussen.

Intransparent ist das Abbild der Realität, weil unklar ist, welche Variablen es gibt und in welchem Zusammenhang beziehungsweise in welcher Stärke sie zueinander stehen. Das ist eine Quelle der Unbestimmtheit des Systems.

Die Verkettung der einzelnen Merkmale miteinander erzeugt einen gewissen Zeitdruck aufgrund der gleichzeitigen Änderung. Damit unterliegt die Situation einer *Dynamik*. Schließlich ist es auch für den Entscheider unmöglich, alle Informationen simultan zu sammeln, zu verarbeiten und auszuwerten. Es gilt daher, *Tendenzen abzuschätzen*. Stellen Sie sich einen römischen Feldherrn vor, der seine Legionen gegen seine Gegner aufstellt, bei der alle Figuren mit einem Gummiband aneinanderhängen, so dass er die Reiter oder die Wurfgeschosse nicht einzeln bewegen kann. Dazu kommt, dass sich die Kohorten des Gegners von alleine bewegen – nach Regeln, die er nicht genau kennt oder über die er falsche Annahmen hat. Schließlich befindet sich ein Teil der eigenen und der fremden Kohorten im Nebel des Morgens, sie sind nur sehr ungenau zu erkennen. Kommt Ihnen diese Situation als Trader im Ansatz bekannt vor?

In der neuesten Operations-Research-Methoden, egal ob beim Militär oder in der Industrie, werden Faktoren wie Stimmung (am Markt) und Kampfbereitschaft in die mathematische Modellierung einbezogen. Es gilt dabei, auf der Suche nach dem Druckpunkt, dem Gegner stets voraus zu sein

Idealtypische Handlungsablauforganisation

Während oben die Merkmale eines Entscheidungsproblems beschrieben worden sind, soll an dieser Stelle der idealtypische Ablauf vorgestellt werden. Es soll der Frage nachgegangen werden, wie der Planer und Entscheider unter den Bedingungen einer komplexen, dynamischen, teilweise intransparenten und stark vernetzten Umwelt handeln soll, um sein Ziel zu erreichen. Danach wird gezeigt, wie der Planer und Entscheider sich tatsächlich verhält. Hier erfolgt die Betrachtung aus der Außenansicht. An dieser Stelle soll nur skizzenhaft auf den Vorgang eingegangen werden.

Abbildung 1: Idealtypischer Ablauf eines Entscheidungs- und Planungsablaufs

Zielausarbeitung

Der erste Schritt bei der Problemlösung liegt in der Erarbeitung der genauen Zielvorstellung. Hier treten bereits die ersten Probleme auf. In der Regel handelt es sich um *Komplexziele*, die eine Menge von verschiedenen Teilzielen und Vorgängen beinhalten. Eine Zieldefinition eines Händlers, der schreibt »Mein P/L (Profit-Loss-Verhältnis) soll besser werden«, deutet auf mehrere Themen hin. Es zeigt, dass dieser Händler nicht weiß, wie das Ziel genau aussieht. Das schafft Unklarheit. Das Dekomponieren eines großen Ziels in viele konkrete Teilziele hat den Vorteil, dass man Maßnahmen daraufhin prüfen kann, ob sie geeignet oder ungeeignet sind, das Ziel zu erreichen!

Den idealen Bedingungen stehen menschliche Probleme bei der Lösung entgegen: Im Versuch konnte man bei der Analyse des Problemlösungsverhaltens beobachten, dass Menschen eine Tendenz haben, *auffällige, aber nicht die wichtigen und dringlichen Probleme zu lösen*. Oft werden die Teilziele nachverfolgt, bei denen der *Lösungsweg bekannt* ist. Oft konnte man feststellen, dass das Lösen einer Aufgabe zum Selbstzweck wird, um Erfolg zu bekommen. Eine weitere Folge mangelnder Dekomposition eines Komplexziels war, dass bei der Lösung eines *Problems nicht die Entwicklung in der Zukunft* einbezogen wurde. Letztendlich kam noch hinzu, dass implizierte Wirkungen ebenfalls nicht berücksichtigt wurden.

Modellbildung und Informationssammlung

Der nächste Schritt beim Lösen einer Herausforderung ist die *Bildung eines Modells* der Realität. Dazu müssen zunächst Informationen gesammelt werden. Der vollständigen Sammlung von Informationen steht der Zeitdruck entgegen. Um vollständige Information zu erhalten, müsste man ununterbrochen lesen, vergleichen und analysieren, was der begrenzten Ressource Zeit entgegensteht. Bei der Informationssuche geht es um dieselbe Herausforderung, die auch der Händler hat – die Wahl der richtigen Stopregeln: Gibt es Regeln für die Wahl des richtigen Auflösungsgrads von Information? Habe ich jetzt erst einmal genug Wissen? Wie fein granuliert brauche ich meine Informationen? Soll man zum Beispiel einen Gartenteich betrachten, bestehend aus einzelnen Tieren, einzelnen Goldfischen, einzelnen Gelbrandkäfern, einzelnen Seerosen ...? Oder betrachtet man ihn als Tier- und Pflanzenpopulation, Wasser und Bodengrund? Die Frage nach dem richtigen Auflösungsgrad kann man nicht a priori beantworten. Es ist gut möglich, dass man während des Umgangs mit dem System den Auflösungsgrad wechseln muss.

Idealtypisch sind die gesammelten Informationen so aufzustellen, dass sich ein Gesamtbild ergibt, das die Realität abbildet. Dabei muss Wichtiges von Unwichtigem getrennt werden. Und man muss wissen, was zusammengehört und was unabhängig voneinander ist. Es braucht dabei die Kenntnis des Systems als Wirkungsgefüge, also die Kenntnis der kausalen Zusammenhänge des Systems. Weiterhin muss die Kenntnis da sein, wie die einzelnen Bestandteile eines Systems in Oberbegriffs- und Unterbegriffs-Hierarchien eingebettet sind, um das System eventuell mit Analogieschlüssen zu ergänzen. Schließlich muss man wissen, in welche Bestandteile die Elemente eines System zerlegbar sind, beziehungsweise wie diese Elemente in den größeren Rahmen eingebettet sind damit die Hypothese über die Zusammenhänge zwischen den Variablen getestet werden kann. Um an das Wissen über die Strukturzusammenhänge zu kommen, gibt es zwei Möglichkeiten, nämlich den *Analogieschluss* und die *Beobachtung der Variab-*

lenwerte im Zeitverlauf. Wenn man beobachtet, dass die Variable A steigt, gefolgt vom Anstieg der Variablen B, und wenn man beobachten kann, dass die Variable A abnimmt und in Folge auch die Variable B, kann man von einer Kovariation ausgehen.

Betrachten wir nun die Fehlerquellen, die dazu führen, dass sich die *Situation des Simulationssystems* beim Gros der Probanden verschlechtert. Unabhängig von der Art der Katastrophe, also Rinderkatastrophe, Grundwasserkatastrophe und Bevölkerungskatastrophe, die alle aufgrund gut gemeinter Maßnahmen verursacht worden sind, ist die Hauptursache darin zu sehen, dass die meisten Probanden nicht wussten, *wie sie mit einem System umgehen* sollen. Ein System, bei dem zwar nicht alles mit allem, aber *vieles mit vielem zusammenhängt.* Es lag die Tendenz vor, »eins nach dem anderen« zu lösen. Das impliziert die (oft nicht bewusste) Annahme, dass sich das System aus vielen voneinander unabhängigen Teilsystemen zusammensetzt. Doch die Schwierigkeit im Umgang mit Systemen liegt darin, dass das Problem sehr groß wird, wenn man sich nicht darum kümmert. Dass den Probanden ein umfassendes Bild des Systems als Ganzes mit allen Wechselwirkungen fehlt, kann neben den oben besprochenen Themen auch der Informationsüberlastung zugeschrieben werden. Ein weiterer Grund dafür, ein System als *zusammenhanglose Anhäufung von Teilsystemen* anzusehen, liegt darin, dass dies kognitive Energie spart. Der menschliche Organismus ist stets bemüht, Energie zu sparen. Schließlich hat über Millionen von Jahren Energiemangel vorgeherrscht. Und denken kostet sehr viel Energie! Außerdem vermeidet man die Angst, Fehler zu machen: Man kann nicht falschliegen, wenn keine Hypothese über einen Wirkungszusammenhang definiert wurde. Ein weiterer Fehler liegt darin, das Gesamtgeflecht der Beeinflussung auf einen einzelnen Punkt zu reduzieren, der scheinbar alles beeinflusst. Die *zentralistische Organisation* einer Hypothese hat für den Entscheider den Vorteil, dass er sich nur um eine Sache kümmern muss und dennoch alles ganzheitlich berücksichtigt. Das heißt, auch wenn die Hypothesen im Einzelnen nicht falsch sind, so können sie aufgrund der Anordnung im System doch falsch sein, weil sie Rückkopplungen untereinander nicht berücksichtigen. Diese sogenannte *reduktive Hypothesenbildung* lässt die Tatsache außer Acht, dass, wenn man an einem Teil des Netzes zieht, sich mehr oder minder alles verändert. Damit wird dem System von positiven und negativen Rückkopplungen nicht Rechnung getragen.

Der Vorteil der Reduzierung hat noch weitere bequeme Nebeneffekte für den Entscheider: Hat man eine reduzierte Hypothese formuliert, schafft man *Übersichtlichkeit*. Im Gegensatz dazu schafft die Auflösung eines Systems in unübersichtliche, interdependente Teilsysteme Unbestimmtheit. Und diese wiederum verursacht, dass ein Kontrollverlust und damit Unsicherheit wahrgenommen wird. Und dies ist wahrscheinlich der Grund dafür, dass reduktive Hypothesen (»Welterklärung aus einem Guss«) in der Realität so wenig hinterfragt und falsifiziert werden. (Ist die Strategie der massiven Ausweitung der Geldmenge der Fed durch den Kauf von US-Staatsanleihen und hypothekengesicherten Wertpapieren wirklich der Weg aus der Krise? Oder wird dadurch später nicht eine noch größere Blase, die irgendwann platzen muss, erschaffen?) Gleichzeitig vermeidet man komplizierte Betrachtungen, die einen hohen kognitiven Aufwand und damit einen erhöhten Energieverbrauch nach sich ziehen könnten. Menschen verwenden Mittel, um ihre Hypothesen aufrechtzuerhalten – auch gegen widersprüchliche Erfahrungen. Ein Mittel dazu ist die hypothesengerechte Informationsauswahl, auf die im Kapitel Behavioral Finance (3.2) noch detaillierter eingegangen wird.

Menschen lieben und verteidigen ihre einmal aufgestellten Hypothesen, da sie ihnen scheinbar Gewalt über Dinge geben. Während abstrakte Konzepte und Generalisierungen eine lebensnotwendige Geistestätigkeit darstellen, führen übergeneralisierte Vorgänge häufig dazu, dass man von der Situation abstrahiert und Bedingungen *dekonditionalisiert*. Wenn eine Versuchsperson die Hypothese aufstellt, »Fremdenverkehr bringt was«, führt das ins Verderben, wenn nicht klar ist, dass eine Maßnahme zur Förderung des Fremdenverkehrs nur dann positive Ergebnisse bringt, wenn bestimmte Bedingungen erfüllt sind. Der englische Philosoph James T. Reason führt diese Tendenz auf »similarity matching« zurück, also auf die Tendenz des Menschen, eher auf Ähnlichkeiten denn auf Unterschiede zu reagieren.

Zusammenfassend lässt sich feststellen, dass Schematisierungen und Reglementierungen in einem hochgradig interdependenten System gefährlich sind. Vielmehr ist es ratsam, sich bei seinen Handlungen auf den jeweiligen Kontext einzustellen und sich immer wieder anzupassen. Das hat zur Folge, dass man sein Bild von der Situation stets aufs Neue anpassen muss. Sie merken die Fähigkeit stets offen zu sein und Unsicherheit ertragen zu können ist eine Konstante bei der Suche nach der besten Performance! So muss sich der Akteur auf fließende Bedingungen einstellen, was der menschlichen Tendenz der Generalisierung und zur Bildung abstrakter Handlungsschemata im höchsten Maß entgegensteht. Die Vorteile des Ansatzes, abstrakte Konzepte zu bilden, muss man strategisch abwägen: Wann sind sie angebracht sind und wann nicht?

Dynamik der Informationssuche

Hat man keine oder wenige Informationen über die Realität, lässt sich leicht entscheiden. Sobald man ein wenig mehr Informationen gesammelt hat, wird es gefährlich. Der Planer und Entscheider merkt, dass er nicht alle Informationen kennt, und versucht, mehr Wissen zu bekommen. Er beginnt zu erkennen, dass er fast überhaupt nichts weiß. Dadurch verstärkt sich das Gefühl der Unsicherheit. So wurde (scheinbar) klares Wissens über die Lage durch eine Ansammlung von Zweifeln und Wissen über sein eigenes Halbwissen ersetzt. Hängt a wirklich von b ab? Und wovon hängt b ab? Nur von c oder auch von d? Oder ist es die gleichzeitige Kombination von e, f und g? Es scheint frustrierend zu sein: Je mehr man weiß, desto mehr weiß man auch, dass man nicht weiß. Der Zustand der vollkommenen Information dürfte gerade auf Kapitalmärkten nie erreicht sein. Schließlich wissen die am Währungsmarkt agierenden Spieler nicht, welche Absichten und Erwartungen ihre »Gegner« im Interbankenmarkt haben. Diese positive Rückkopplung aus Informationssammlung und Unbestimmtheit mag ein weiterer Grund sein, keine zusätzlichen Informationen über die Realität einzuholen. Sie würden das einmal gefasste Bild und die getroffene Entscheidung ins Wanken bringen. Dabei hat man doch gerade durch eine Entscheidung das unangenehme Gefühl der Unsicherheit und Unbestimmtheit bewältigt.

Entscheidungslogik und Psychologie

Bei Systemen mit sich widersprechenden Zielen, zum Beispiel bei der Entwicklung eines Handelssystemes mit maximaler Rendite bei minimalem theoretischem Draw-down, ist es notwendig, eine große Zahl von Informationen einzuholen und zu integrieren. Unter Zeitdruck haben Versuchspersonen die Tendenz, viele Entscheidungen zu treffen. Man könnte das als Kombination von Informationsverweigerung und Aktionismus betiteln. Die Folge ist ein

Sinken der Handlungsgüte. Daraus ließe sich die Hypothese ableiten, dass ängstliche Personen tendenziell mehr Informationen verweigern und zum Aktionismus neigen. Irgendwann wird der Akteur aufhören, das Spiel weiter zu spielen, weil immer mehr Unsicherheit und Angst seine Entscheidungsfreiheit reduzieren und er in seinem Verhalten letztendlich erstarrt. Oder er gleitet in eine »Irrationaldrift« mit Aktionismus nach dem Motto: »Was soll das ganze Abwägen von Informationen und Nachdenken. Beim Handeln soll man sich ganz auf sein Gefühl verlassen.« Er wird dann vollkommen von seinen *unbewussten Gefühlen* geleitet. Er kann sich dann entweder in die Horizontalflucht zurückziehen, also die Probleme lösen, die er lösen kann, oder er geht in die Vertikalflucht und sieht die Realität mit seinen Augen, statt sich mit ihr zu konfrontieren.

Ist Ihnen aufgefallen, dass wir beim Thema Informationssammlung und Modellbildung sind? Schon an dieser Stelle zeigen sich die weitreichenden Effekte psychologischer Wirkmechanismen! Was wir hier gerade betrachten, ist nur der sichtbare Teil des Eisberges, die anderen 90 Prozent des Eisberges werden Ihnen bei der Durchsicht des 10-Schritte-Programms deutlich werden.

Prognose und Extrapolation

Auf der nächsten Stufe des idealtypischen Ablaufs bei der Lösung eines komplexen Systems steht die Stufe der Prognose und Extrapolation. Es geht darum, aus den gesammelten Informationen Entwicklungen abzuschätzen, die über die jetzige Situation hinausgehen. Welche Maßnahme sich wie auswirkt, ist für die Planung und Entscheidung oft wichtiger als die gegenwärtige Situation. Die reine Information: »Meine Handelskontogröße ist 100 000 Euro« hat eine andere Bedeutung, wenn sie letzte Woche 200 000 und vorletzte Woche noch 300 000 Euro hatten, als wenn es letzte Woche 50 000 und vorletzte Woche 25 000 war. Wir haben eben schon angedeutet, dass Menschen Probleme haben, sich ein geeignetes Bild von Entwicklungstendenzen zu machen. Planer und Entscheider leben in einem vierdimensionalen System. Der dreidimensionalen Raum (Horizontale/Vertikale/Tiefe) bewegt sich auf der Zeitachse in Richtung Zukunft. Um unsere Umwelt zu verstehen, bauen wir Menschen uns Raum- und Zeitgestalten. Raumgestalten bleiben über die Zeit unverändert. Inhaltlich fallen darunter Objekte wie Stühle, Häuser, Straßen, Bäume et cetera. Zeitgestalten verändern sich über die Zeitachse. Eine Melodie beispielsweise spezifiziert sich über die Relation der Töne, die aufeinander folgen. Eine Debatte definiert sich aus der Reihe der vorgetragenen Argumente und der Reaktion der Opposition auf die Argumente des Vorredners. Menschen können mit Raumgestalten besser umgehen. Hat man etwas nicht verstanden, schaut man noch einmal hin. Zeitgestalten ändern sich mit der Zeit. Sind sie einmal halb abgelaufen, kann man nicht sicher sein, welche Gestalt sie letztendlich annehmen. In der Zeitgestalt ist es nicht möglich, beliebig vor- und zurückzuspringen. Der Mensch kann bestenfalls mutmaßen, was sich in der Zukunft wohl ereignen wird. Er kann den tatsächlichen Verlauf der Zukunft nicht einsehen. Menschen wandeln Zeitgestalten in Raumgestalten um, um mit dem Faktor Zeit umgehen zu können. Ein Candlestick-Chart ist am Ende des Tages auch nur eine zweidimensionale Darstellung der Kursentwicklung im Zeitverlauf. Um die Zeitgestalt zu spezifizieren und möglichst gute Prognosen zu erarbeiten, zeichnen wir Diagramme mit zeitlichem Ablauf. Spannend wird es, wenn wir fragen: Welche psychologischen Mechanismen verwenden Menschen, um die Zukunft vorherzusehen?

▶ Extrapolation des Moments
▶ Zentralidee-Tendenz

Bei der Momentextrapolation beginnt man damit, möglichst auffällige Variablen anzuschauen, die dringlich erscheinen, ärgern, erfreuen oder erschüttern. Charakteristisch ist die lineare und »monotone« (also ohne Richtungswechsel) Fortschreibung eines gegenwärtigen Trends. Damit wird zum einen die Anzahl der betrachteten Variablen reduziert, zum anderen wird die Art des Zusammenhangs festgelegt. Letzteres bedeutet, dass den Richtungs- und Geschwindigkeitsänderungen eines Trends nicht oder nicht genügend Rechnung getragen wird.

Im Gegensatz dazu beruht die Zentralidee-Tendenz auf der reduktiven Hypothesenbildung. Ein Faktor (wie im Praxisfall der Fed »Liquidität«) wird zum Dreh- und Angelpunkt aller weiteren Variablen. Diese »Zentralvariable« bestimmt das ganze Geschehen und es wird alles auf sie bezogen.

Festzustellen ist, dass Zentralidee-Tendenz und Momentanextrapolation kombiniert auftreten können oder sich auseinander ergeben.

Problematische Abschätzung der Entwicklung

Eine Vielzahl von Menschen würde bei zahlreichen Abschätzungen komplett falschliegen. Falls Sie weder die Seerosen- noch die Reiskorn-Verdoppelung-je-Schachbrettfeld-Aufgabe präsent haben, gehe ich kurz auf die letztere Aufgabe ein: Der König, der den Erfinder des Schachspiels belohnen wollte, ging auf die Forderungen des Erfinders ein, die Anzahl der Reiskörner des vorherigen Feldes auf dem darauf folgendem Feld zu verdoppeln. Und da ein Schachbrett 64 Felder hat, kam es zu 63 Verdoppelungen der jeweiligen Reismenge. Nimmt man ein paar Annahmen vorweg, also beispielsweise wie viel Gramm ein Reiskorn hat, ergeben sich Größen von ungeahnter Dimension. So wären allein für das letzte Feld zirka 3,1 Millionen Schiffsladungen zu je 50 000 Tonnen Reis fällig. Bedenkt man, dass dazu noch die Hälfte des Volumens vom letzten Feld und dessen Hälfte vom vorletzten Feld ... hinzukommt, wird das Ausmaß des scheinbar bescheidenen Wunsches deutlich. Obwohl wir alle die Zinseszinsformel aus unserer Schulzeit kennen, fällt es den Menschen schwer, mit nicht linear verlaufender Wachstumsentwicklung umzugehen, sei es bei der Folgenabschätzung der AIDS-Rate, dem Waldsterben oder der volkswirtschaftlichen Verschuldung. Es bleibt zu ergänzen, dass die Informationen, aus denen man Wachstumsraten schätzen kann, auch noch zeitlich auseinanderfallen, sodass eine Integration in der Praxis nur schwer gelingen wird. Schwierig ist auch, die Wortbedeutung »Verlangsamung des Wachstums« genau einzuschätzen. Tatsächlich heißt es nur, dass pro Zeitraum die Zahl der neuen Fälle im Verhältnis zur bereits exisistierenden Menge abgenommen hat. Aus Sicht der Gesamtzahl ist die Menge gestiegen. Vervierfacht man sein Depotvolumen von 10 000 Euro auf 40 000 Euro (30 000 Euro Profit), hat man ein Wachstum von 300 Prozent erzielt. Steigt das Depotvolumen von 2,5 auf 2,75 Millionen Euro (250 000 Euro Profit), so hat man es nur um 10 Prozent gesteigert.

Auch sollte man beachten, dass man mit dem Aufstellen einer Formel eine Reihe implizierter Annahmen trifft – im AIDS-Ausbreitungsfall, dass erfahrungsgemäß in jedem Monat 20 Prozent ihre Partner wechseln. Ein Beispiel ist die Annahme, dass die Partnerauswahl im AIDS-Ausbreitungsfall vollkommen zufällig ist und es keine Subpopulation mit bestimmten Vorlieben gibt, die das Wachstum beschleunigen. Genauso impliziert man, dass die Infektiosität konstant bleibt. Um die Wachstumsrate abschätzen zu können, ist es des Weiteren wichtig, dass der Neuzuwachs in Relation zur ursprünglichen Menge gesetzt wird. Man nimmt also an, dass man alle Zahlen genau kennt.

Um im AIDS-Beispiel zu bleiben: Wenn beispielsweise 1983 ein Verfahren entwickelt wurde, mit dem man die Krankheit diagnostizieren kann, und zu diesem Zeitpunkt 16 Fälle bekannt waren und es im nächsten Jahr, also 1984 18 neue Fälle gab, dann ergibt sich ein Wachstum von [(34-16)/16 x 100] = 112,5 Prozent. Nimmt man jedoch an, dass es eine Menge von nicht bekannten Erkrankten gibt, sagen wir 100, und dass 16 nur die Zahl der Neuerkrankungen (im Jahr 1983) (beziehungsweise 18 im Jahr 1984) war, ergibt sich eine Wachstumsrate von 15,52 Prozent [(134-16/116)x100]. Das Ergebnis ist ein Unterschied von zirka 112 zu 15 Prozent bei der *Veränderung der Vergleichsbasis*. Die Wahl der Startzahl beeinflusst damit erheblich die Abschätzung der Wachstumsrate. Anders ausgedrückt: *Berücksichtigt man den Vorlauf* nicht, werden die Wachstumsraten überschätzt. Wollen Sie als Händler einen Indikator entwickeln, müssen Sie sicherstellen, dass Sie den Vorlauf richtig einschätzen.

Im unserem AIDS-Beispiel kann es tatsächlich sein, dass die Nichtberücksichtigung des Vorlaufs der Grund dafür war, dass die tatsächliche Wachstumsrate in den Folgejahren deutlich geringer war als die prognostizierten Werte. Dann wurden aber gleichzeitig andere Variablen verändert, also beispielsweise Vorsorgemaßnahmen getroffen und Aufklärungsmaßnahmen durchgeführt, wodurch Verhaltensänderungen gegriffen haben. Die Frage, die sich jetzt der Entscheider stellen muss, ist: Ist das Wachstum gesunken, weil man den Vorlauf nicht einberechnet hat oder weil andere Maßnahmen greifen? Kann es sein, dass die anderen Maßnahmen gar nichts gebracht haben und der Effekt nur vom Vorlauf herrührt? Als Händler, der stetig nach neuen Korrelationen und Prognoseindikatoren sucht, merken Sie, dass es sinnvoll ist, die zugrunde liegenden Zusammenhänge genau zu kennen.

Weicht das Absinken der Wachstumsrate von dem natürlichen Abfall der Steigerungsrate ab? Nur wenn das der Fall ist, ist es möglich, eine Aussage darüber zu treffen, ob etwaige Maßnahmen etwas gebracht haben. Zusätzlich kompliziert wird die Prognose, dass es nicht nur einen Vorlauf gibt, sondern auch einen »Nachlauf«. So nimmt man in unserem AIDS-Fall an, dass die mittlere Inkubationszeit acht bis zehn Jahre beträgt und sich die Infektion erst dann zu einem Vollbild der Krankheit entwickelt. Die Welle der Erkrankungen verschiebt sich also um den genannten Zeitraum. Zieht man alle Parameter ins Kalkül, deutet viel darauf hin, dass die tatsächlichen Erkrankungsfälle Ergebnis eines Prozesses sind, der keinerlei Bremsung aufweist. Übertragen auf die Entwicklung eines Systems anhand ausgesuchter Candlestick-Muster entsteht die Frage: Unterstützen die ausgewählten Indikatoren tatsächlich das ausgewählte Setup? Kann es sein, dass die Trendanalyse nur zufällig das Candlestick-Muster unterstützt, das ich für meinen Entry gewählt habe? Man sollte sich als Planer ebenfalls bewusst sein, dass die Parameter einer Gleichung (im AIDS-Fall die Startzahl der Infizierten, Größe der Risikopopulation, Promiskuität und Infektiosität) willkürlich gewählt werden. Die Wahl der Ausgangsparameter ist nicht von so großem Gewicht. Die Tatsache, dass der Prozess der tatsächlichen Entwicklung gut abgeschätzt wird, heißt nicht, dass er mit ebendiesen Parametern entstanden ist. Es lässt sich mathematisch leicht zeigen, dass die Kombination anderer Parameter das gleiche Ergebnis produzieren kann. Gezeigt werden sollte, dass nicht andere Maßnahmen das Ergebnis beeinflussen, sondern dass systeminhärente Zusammenhänge den größeren Einfluss auf die Entwicklung des Systems haben. Diese Gegebenheit zu berücksichtigen ist bei der Ursache der korrekten Wirkungszusammenhänge von großer Bedeutung. Das Beispiel der AIDS-Erkrankungsprognose macht deutlich, wie wichtig es ist, die *Zusammenhänge* und die *Parameter* richtig zu bestimmen und immer wieder auf ihre Validität zu prüfen. Insbesondere sollten Ergebniszahlen nicht nach ihrer Größe, sondern nach dem dahinterliegenden Prozess betrachtet werden.

Vorstellungsvermögen

Bei der Betrachtung von Prozessen ist es häufig so, dass Entscheider die Auswirkungen einzelner Maßnahmen nicht abschätzen können. Häufig ist es so, dass sich die Planer und Entscheider die Auswirkungen einfach nicht vorstellen können, sei es bei der Kriegsplanung im Ersten Weltkrieg, die noch Kavallerieregimenter gegen Maschinengewehre und Artillerie einsetzte und mit verheerenden Verlusten konfrontiert wurde, weil sich die Offiziere der Zerstörungskraft dieser neuen Waffen nicht bewusst waren, sei es bei der Vorstellung der Raumfahrt, bei der Jules Verne noch davon ausging, dass sich Menschen auf einer Kanonenkugel auf dem Weg zum Mond machen. Seien es die Folgen der Ausweitung der Geldmenge auf Inflation und Arbeitslosigkeit.

In der Regel ist es ein falsches Bild der zukünftigen Situation, das sich die Entscheider machen. Es stellt sich folgende Frage: Wie antizipieren Menschen die Zukunft? Welcher Mechanismus befähigt den Menschen, sich Bilder von der Zukunft zu machen? In der Regel wird es so sein, dass man Bekanntes, das ähnliche Komponenten und ähnliche Relationen aufweist, in die Zukunft fortschreibt. Die ersten Automobile waren eine Fortschreibung, eine Strukturextrapolation der Pferdekutschen. Es waren Kutschen ohne Pferde. Wollte man damals Objekte durch die Luft transportieren, hat man sich einer Kanonenkugel bedient. Menschen scheinen die Tendenz zu haben, sich die Zukunft als lineare Fortschreibung oder Inversion der Gegenwart vorzustellen. Schauen Sie sich Science-Fiction-Comics an, werden Sie feststellen, dass die Zeichner die »Außerirdischen« und das Leben im Weltall an ihrem Bild der Gegenwart orientieren. Menschen schreiben das Bild, das sie haben, in die Zukunft fort. Wenn Trader sich vor ihrem geistigen Auge ein sorgenfreies Leben in finanzieller Freiheit nicht vorstellen können, werden sie nicht darauf zusteuern.

Die umgekehrte Vorgehensweise könnte so aussehen, die Bedingungen zu formulieren und sich dann auszumalen, wie die Realität aussehen könnte, die den spezifizierten Anforderungen gerecht wird. Eine Bedingung für ein sich bewegendes System, das eine Masse hat und sich im Raum orientieren muss, ist ein Gleichgewichtsorgan. Eine Strukturextrapolation wäre es, ein System zu haben, das auf der Schwerkraft beruht. Man konstruiert ein Gleichgewichtsorgan, das sich wie ein Pendel verhält und die Verschiebungen des Körpers aus dem Gleichgewicht heraus gegen die Schwerkraftlinien anzeigt sowie die Möglichkeit zur Gegensteuerung bietet. Man könnte aber auch ein System nehmen, das nicht auf der Schwerkraft, sondern auf den Magnetlinien des Erdmagnetfeldes beruht, oder die Richtung des Lichteinfalls berücksichtigt (wie es zum Beispiel Fische tun). Diese Betrachtung zeigt, dass es noch *andere Wege gibt, ein Problem* zu lösen, als einfach die Struktur der Vergangenheit fortzuschreiben. Geht man den Weg, dass man die Anforderungen und Bedingungen einer Situation analysiert, erweitert sich das Spektrum der Maßnahmen erheblich.

Wenn das der Fall ist und die einfache Strukturextrapolation unser Alternativenspektrum derart reduziert, wieso nutzen Menschen sie dann so häufig? Werfen wir einen Blick auf den Vorgang Autofahren im hektischen Stadtverkehr. Komplizierte Abstimmungen von Vorgängen hat jeder geübte Autofahrer intuitiv im Griff. Er muss Verkehrsschilder, Ampeln, die Geschwindigkeit sich nähernder Fußgänger und anderer Fahrzeuge richtig deuten. Dabei muss er lenken, Gas geben, blinken und eventuell schalten. Man erklärt sich die Bewältigung dieser Situation dadurch, dass der Autofahrer ein inneres »Bild« der Situation hat, das ihm nicht explizit klar ist. Dieses

Bild wird im Zeitablauf ständig aktualisiert, modifiziert und ergänzt. Es hilft dem Autofahrer, seine Aufmerksamkeit auf die Dinge zu richten, die wichtig sind, und andere Tätigkeiten routiniert und unbewusst abspulen zu lassen. Dabei stehen nicht die Einzelheiten im Vordergrund, vielmehr vergleicht er sein Wahrnehmungsbild mit den entsprechenden Komponenten des »Erwartungsbildes«. Decken sich diese ständig produzierten »kleinen« Erwartungen über die Zukunft mit der Wahrnehmung, wird der Informationsvorgang unbewusst verarbeitet. Ohne diese automatisierte Vorgehensweise könnten Menschen in der Umwelt nicht überleben. Machen wir uns bewusst, dass es sich hierbei um die Mechanik der reinen Strukturextrapolation handelt: Der Mensch nimmt über seine Sinne, in unserem Fall das Auge, Informationen über die gegenwärtige Situation auf. Diese werden mit in der Vergangenheit gespeicherten Informationen verbunden und dann wird die Entwicklung in die Zukunft fortgeschrieben. Damit hat der Mensch einen Erwartungshorizont gebildet, mit dem er die Geschehnisse der Zukunft antizipieren und vergleichen kann. Zusammenfassend kann man feststellen: Diese automatische Abfolge von Strukturextrapolation ist sehr alt, sie ist sogar bei vielen Tieren gegeben. Sie läuft sehr ökonomisch ab und sie ist in tiefen Gedächtnisstrukturen verankert.

Die interessante Frage, die wir uns stellen müssen, ist: Gilt der beschriebene Mechanismus auch für Experten, die sich ein explizites Modell der Zukunft vorstellen müssen, oder beschränkt sich diese Vorgehensweise auf Laien? Dazu lohnt es sich, das Verfahren anzuschauen, um Prognosen zu stellen. Hierbei handelt es sich in der Regel um Verfahren, bei denen existierende Daten verwendet werden und dann versucht wird, diese mit mathematischen Funktionen und durch Schätzen der Parameter in Einklang zu bringen. Man bemüht sich also, das Modell der Realität mittels eines mathematisch funktionalen Zusammenhangs zu extrapolieren. Dies ist dem »Laienmodell« vom Grundsatz her einmal sehr ähnlich. Doch während sich »Laien« in der Regel auf linear-monotone Fortschreibung mit »Beschleunigungskorrektur« begrenzen, können mathematisch versiertere Planer auf eine breite Palette von Prognosemodellen zurückgreifen. Der Experte hat also *mehr Modelle*, die er sich auch noch *bewusst aussuchen* kann.

Doch gerade am Anfang einer Entwicklung hat der Planer, der eine Entwicklung prognostizieren muss, die Qual der Wahl. Er kann unter mehreren Modellen auswählen, die fast gleich gut passen. Deutet eine Entwicklung nach oben, passen am Anfang nahezu alle Modelle, die eine Beschleunigung abbilden: Prozententwicklung, logistisches Wachstum, Gompertz-Kurve et cetera. Solange man die Parameter richtig wählt, haben viele Modelle ein gutes Fitting. Bei der Wahl des Modells und der Parameter haben jedoch auch Gefühle und Emotionen einen Einfluss. Es kann sein, dass der Entscheider bei seiner Prognose der PKW-Neuzulassungen von persönlich erlebten Erfahrungen, die er kürzlich gemacht hat, beeinflusst ist. Wenn er in der Großstadt zum Beispiel 40 Minuten gebraucht hat, einen Parkplatz zu finden und ihm dadurch spontan der Gedanke kommt: »So kann es nicht weitergehen!«, ist es nicht zu weit hergeholt, dass er sein Wachstumsprognosemodell so entwickelt, dass es seine Vorstellungen in die Wahl der Parameter und Funktionen mit einfließen lässt. Genauso wird der Trader, der einen länger andauernden Kapitalverlust in der jüngeren Vergangenheit hinnehmen musste, bei der Entwicklung eines Handelsmodells die Funktion und den Parameter für den jeweiligen Markt und die jeweiligen Zeitebenen entsprechend seinen Erfahrungen wählen. An dieser Stelle ist es mir wichtig, hervorzuheben, an welchen Stellen auch bei professionellen Prognosen psychologische Faktoren einfließen.

Ein zusätzlicher »Störfaktor« rührt daher, dass bei der Entwicklung von Modellen – insbesondere von Fachleuten – Details vergessen werden, welche die Geschwindigkeit der Entwicklung beeinflussen. Man spricht in diesem Zusammenhang von der Unterschätzung von Friktionen. Die Entwicklungstendenz ist dem Planer bekannt und gerade deshalb neigt er dazu, die Umsetzungsgeschwindigkeit zu überschätzen. Der geneigte Leser möge einmal die Prognosezahlen der Vergangenheit über zahlreiche Entwicklungen (Video on Demand, Bruttosozialprodukt, Konjunktur- und Kursprognose von Aktienanalysten) mit der Praxis vergleichen.

Nicht monotone Verläufe

Während oben die Schwierigkeiten beschrieben wurden, in denen Menschen die Entwicklung von monoton verlaufenden Entwicklungen abschätzen mussten, gibt es Szenarien, die nicht durch Steigen oder Fallen charakterisiert sind, sondern bei denen es eine Richtungsänderung gibt. Kontinuierliches Wirtschaftswachstum wird durch Rezession abgelöst, Röhrenfernseher lassen sich nicht mehr absetzen, weil sie durch Flatscreen-Technologien ersetzt worden sind, der Kurs einer Aktie dreht sich trotz scheinbar guter

Nachrichten. Doch solche Entwicklungen haben einen zeitlichen Vorlauf. Das Gesamtsystem hat viele negativ wirkende Einflüsse abgepuffert, genau wie die Leber eines Menschen den Alkoholmissbrauch eine Zeit lang tolerieren kann, ohne dass ihre Funktion der Entgiftung ausfällt. Aber irgendwann werden die »im Untergrund laufenden« Prozesse eine Richtungsänderung des Systems verursachen. Dies alles zeigt, dass Menschen Schwierigkeiten haben, sich *strukturelle Brüche* vorzustellen.

Probanden im Experiment und auch Experten haben gegenüber den Laien einen weiteren Vorteil, eine gute Vorstellung über den Zeitablauf zu bekommen (sie handeln generell unter Optimalbedingungen): Die Informationen kommen nicht, wie in der Realität, häppchenweise und zum Teil in großen Abständen, sondern unmittelbar und sind nicht durch etwaige Interessenlagen gefiltert. Dazu kommt, dass wir bis jetzt nur untersucht haben, wie Menschen Systemzusammenhänge mit »monotonen« Zeitabläufen abschätzen, also Entwicklungen, die ihre Richtung beibehalten. Wie schwer sich aber Menschen tun, mit Systemen mit Richtungswechseln zurechtzukommen, soll hier kurz angedeutet werden. Reichert (Reichert, 1988) machte folgendes »Kühlschrank-Experiment«: Es galt, manuell den genauen Zusammenhang zwischen einem Drehschalter, der die Temperatur des Kühlschranks reguliert, und der daraus folgenden Temperatur festzustellen. Die Probanden wussten nicht, wie stark sie den Drehschalter verschieben mussten, um die Temperatur im Kühlschrank auf 4 Grad Celsius einzustellen. Sie wussten, dass die Steuerung funktioniert, wobei die Regel galt: Hohe Schalterstellungen entsprechen hohen Temperaturen, niedrige Einstellungen niedrigen Temperaturen. Es existierte ein Thermometer, das die Ist-Größe misst. Die Einstellungen konnten zwischen 0 und 200 vorgenommen werden. Es war bekannt, dass Veränderungen des Stellrads sich nicht unmittelbar, sondern erst mit Verzögerung auf die Temperatur im Kühlschrank auswirkten. Dieser einfache Regelkreislauf der Klimaanlage war demnach so beschaffen, dass die Klimaanlage nur verzögert die Innentemperatur beeinflusst, was in natürlichen Systemen eher die Regel als die Ausnahme darstellen dürfte. Erinnern Sie sich beispielsweise an Ihren Heizthermostaten, der eine gewisse Zeit braucht, bis er das Zimmer auf konstante Temperatur bringt. Zunächst ist sie zu heiß, dann zu kalt, dann wieder zu heiß. Folge: Diese Totzeiten bringen das System in Schwingungen. Man experimentiert also mit dem Stellrad und beobachtet die Reaktion des Thermometers: Sehen, bei welchem Stand des Stellrads sich welche Temperatur einstellt, dann das Stellrad verstellen und wieder abwarten, um welche Temperatur sich der Raum einpendelt. Je nach Differenz der Temperatur sollte man die Wirkung des Stellrads leicht ermitteln können. Die Schwierigkeit im Versuch lag darin, dass sich der Planer nicht die Einzelwerte, sondern den Mittelwert anschaut, um den das System schwingt. Die Probanden setzten impliziert voraus, dass eine direkte Abhängigkeit zwischen Stellradveränderung und Temperatur besteht. Auf den Gedanken einer zeitverzögerten Wirkung kamen die Versuchspersonen nur schwer. Die Folge war, dass die Probanden eine sehr lange Zeit brauchten, das System zu erfassen.

Die Fehler der Probanden gliedern sich in drei Gruppen. Die erste Gruppe stellte »magische« übergeneralisierte Hypothesen auf. Zum Beispiel: »47 ist eine gute Zahl«, »Ungerade Zahlen funktionieren«, »Ganze Zehner darf man nicht eingeben«. Einzelne Werte sind nicht mehr Teil einer Skala, sondern werden individualisiert und mit ebendieser magischen Macht versehen.

Die zweite Gruppe, die Gruppe der »Sequenzhypothesen«, berücksichtigt die Zeit bei ihren Überlegungen: »Wechselt man von Zehner auf Einserschritte, hat man einen Einfluss«, »Fünfer- und Zehnerschritte beeinflussen unterschiedlich«, »Abwechselnd 0, 1, 2, 3 eingeben ist günstig«. Allerdings wird dabei nicht auf das Verhalten des Systems, sondern auf das eigene Verhalten fokussiert: Man betrachtet die Eingriffssequenz. Die Hypothesen sind zwar falsch, aber sie berücksichtigen, dass das System Zeit braucht, um sich zu entwickeln. Der Vorteil dieses Systems ist: Wenn der Proband einmal zu der Überzeugung gekommen ist, dass 47 »eine gute Zahl sei«, sich aber in der Realität das Gegenteil einstellt, sich also die Differenz vom Ziel vergrößert, ist die Hypothese konditionalisierbar. Das heißt, es müssen nur bestimmte Konditionen eingeführt werden, bei denen sie gilt, beispielsweise wenn man sich ihr in Einserschritten annähert. Falls das nicht ausreicht, addiert man eine weitere Zusatzbedingung: »Man muss sich der 47 von 75 annähern.« Falls sich das wieder als falsch herausstellt, fügt man eine weitere Bedingung ein, et cetera. Wird das Hypothesengerüst dann irgendwann so kompliziert, dass es nicht mehr einzuhalten ist, kann man die These immer noch aufrechterhalten, indem man das Nichteintreffen des Ergebnisses auf die Ausführung des Rituals zurückführt.

Die dritte Gruppe führte »Metahypothesen« ein. Sie bezweifelten die ganze Situation »Hohe Zahlen bringen tiefe Temperaturen« und revolutionieren das »Weltbild« der Versuchsperson. Wenn also die Vorgabe der Versuchspersonen falsch war, kommt es vielleicht in Wirklichkeit darauf an, die Täuschung aufzudecken. Also: Wenn eine Behauptung schon falsch war, dann ist vielleicht auch die Behauptung falsch, das Stellrad beeinflusse die Temperatur. Das führt zu der befreienden Erkenntnis: »Ist das Ziel nicht zu erreichen, dann hat das Stellrad überhaupt keinen Einfluss auf die Themperatur.« Damit ist man fertig und jede Unsicherheit verschwindet. Bedenken Sie: In diesem Versuch gab es sehr günstige Voraussetzungen, einen Zusammenhang zu erkennen. Sie entsprechen der vollkommenen Information: Es gab wenige Variablen, diese waren bekannt, die Informationen folgten dicht aufeinander und waren sofort zugänglich. Hinzu kam, dass die Probanden direkt und aktiv in das Geschehen eingreifen konnten. Daraus lässt sich schließen, dass in der Realität, in der deutlich ungünstigere Umstände vorherrschen, um Zusammenhänge aufzudecken, die Tendenz zur Übergeneralisierung, die Tendenz zur Ritualisierung und die Tendenz zu meinen, auf das Ergebnis keinen Einfluß zu haben, weiter verbreitet ist als in dem überschaubaren Versuch.

Menschen scheint es Schwierigkeiten zu bereiten, einfache Systeme mit Richtungswechsel zu erfassen. Eine einfache Beziehung mit Richtungsumkehr ist ein in der Natur vorkommendes »Räuber-Beute-System«. Hat die Beute gute Lebensbedingungen, nimmt die Population stark zu. Dies führt dazu, dass sich die Lebensbedingungen der Räuber ebenfalls verbessern und deren Menge ebenfalls stark zunimmt. Dies wiederum verschlechtert die Lebensbedingungen der Beute und der Beute-Population fallen viele einzelne Individuen zum Opfer. Dezimieren die Räuber die Beute jedoch zu stark, entziehen sie sich die eigene Lebensbasis und reduzieren ihre eigene Population. Der Zyklus beginnt von Neuem, wenn dadurch die Lebensbedingungen der Beute-Population verbessert wird und sie sich wieder erholen kann. Solche Zyklen gibt es auch in Beziehungen zwischen *einem* Räuber und *einer* Beute. Hat der Räuber mehr als eine Beute, verläuft die Population nicht ganz so deutlich zyklisch. Ob Probanden einen solchen Zusammenhang erfassen können, untersuchte Preussler in einem weiteren Experiment (Preussler 1985). Es ging darum, die Entwicklung der Beute »Schafe« und der Räuber »Hyänen«, die keinerlei natürliche Feinde haben, abzuschätzen. Zwei Probandengruppen sollten die nächste Anzahl der Räuber prognostizieren, zwei andere Probandengruppen die nächsten Werte der Räuber und der Opfer. Nach ihrer abgegebenen Prognose bekamen die Probanden sofort Rückmeldungen über den wahren Wert. Die eine Gruppe sollte prognostizieren, die andere prognostizieren und die Werte in ein Diagramm zeichnen. Es gab also vier Gruppen: Die erste sollte Räuber und Beute prognostizieren und zeichnen, die zweite Räuber und Beute prognostizieren (ohne zu zeichnen), die dritte die Räuber prognostizieren und zeichnen und die vierte nur die Räuber prognostizieren.

Das Ergebnis war: Im Schnitt unterschätzten die Versuchspersonen den exponentiellen Anstieg der Räuber-Population in den ersten Perioden des Versuchs. Die Folge des Zusammenbruchs der Beute-Population hatten die Versuchspersonen ebenfalls nicht berücksichtigt. Hatten die Probanden erst einmal den Trend einer Prognose entwickelt, blieben sie ihm treu, auch wenn die Rückmeldung der wahren Ergebnisse durch den Versuchsleiter das Gegenteil anzeigte. Während sie also am Anfang die Steigung unterschätzten, zogen sie ihre Prognosen im Zeitablauf nach. Sie folgten einem Prozess der linearen Extrapolation zuzüglich eines Fehlerausgleichs. Die Fehleraddition ergibt sich dabei aus der linearen Fortschreibung und dem Voraussagefehler der letzten Prognose. Dies führt in der Phase, in der es einen Trend gibt, zwar zu Abweichungen, aber nicht zu völlig falschen Ergebnissen und Trendvorhersagen. Die »plötzliche« Kehrtwendung in diesem einfachen System der Wirkungszusammenhänge wurde jedoch nicht berücksichtigt. Auch in diesem Experiment waren die Zusammenhänge einfach und übersichtlich und die Informationen unverfälscht. Verglichen mit den Situationen des Börsencrashs von 1987, dem Platzen der New Economy Blase und der Subprime-Krise im Juli 2007 waren die Verhältnisse in diesem Experiment deutlich einfacher und übersichtlicher. Interessanterweise überschätzte diejenige Gruppe, die beides, Räuber und Beute, abschätzen sollte, die Räuber-Population in der Phase des Umbruchs mehr als die Gruppe, die nur die Räuber-Population schätzen musste. Das Gegenteil wäre logischer. Schließlich sollten diejenigen, die das Dahinsiechen der Beute noch deutlicher vor Augen haben, davon ausgehen, dass die Beutechancen der Räuber sinken müssen, wenn es kaum noch Beute gibt. Aber das Gegenteil war der Fall: Sie überschätzten signifikant mehr die Entwicklung der Räuber-Population, als sich das System umdrehte. Man könnte dieses Verhalten auf Informationsüberlastung zurückführen. Immerhin musste diese Gruppe zwei Entwicklungen prognostizieren. Erwartungsgemäß schied diejenige Teilgruppe besser ab, welche die Entwicklung auch in ein Diagramm einzeichnen, also zeitlich verteilte Information in räumliche Information umwandeln musste. Die Darstellung der Zeit in einem Raum verbessert also die Prognoseergebnisse. Verlängerte man den Versuch um einen weiteren Zyklus, ergab sich eine deutliche Verbesserung des Prognosequalität: Die Population wurde besser eingeschätzt und die zweite Kehrtwende war nicht so überraschend. Zusammenfassend kann eine Sensibilisierung in der Beurteilung von Entwicklungen festgestellt werden. Jedoch geschieht das untcr unrealisitischen Voraussetzungen: vollkommene Information, keinerlei Ablenkung, keine widersprüchlichen Interessen, unmittelbare Rückmeldung über das Zutreffen oder Nichtzutreffen einer Prognose.

Nicht einfache, nicht monotone Beziehungen

Während bisher die Qualität der Prognose der Räuber-Beute-Population im dargestellten Versuch betrachtet wurde, sollen hier das Prognoseverhalten bei nicht einfacher, nicht monotoner Beziehung und der Umgang der Menschen mit dieser Herausforderung näher betrachtet werden.

Im Experiment »Fiktives Nildelta« sollen die Probanden sich vorstellen, dass auf zwei Feldern unterschiedliche Produkte angebaut werden: Feigen und Baumwolle. Es gibt eine Schmetterlingsart, den sogenannten Totenkopfschwärmer. Seine biologische Aufgabe ist, die Baumwollblüten zu bestäuben. Während er unabdingbar für das Wohl der Baumwollproduktion ist, ist der Falter gleichzeitig schädlich für die Feigen, da er sie frisst und sich von ihnen ernährt. Die angefallenen Feigen faulen, der Ernteertrag wird reduziert. Der Schwärmer ist also notwenig und schädlich zugleich. Ziel ist, die Population auf eine unbedingt notwendige Größe zu stabilisieren. Eingriffsgmöglichkeiten sind über die Zucht eines Raubtierwesens gegeben, in unserem Fall eine bestimmte Raubwespenart, die sich von den Totenkopfschwärmern ernährt. Deren Population ist über das Einsammeln und Austeilen der Wespennester gut kontrollierbar. Die Versuchspersonen sollen also durch den Einsatz von Wespennestern (entspricht dem Stellrad) den Schmetterlingsbestand auf eine vorgegebene Sollgröße bringen. Wie in unserem Kühlschrank-Experiment erfolgt die Wirkung einer Maßnahme nicht unmittelbar, sondern mit Zeitverzögerung, denn hier kostet das Einsammeln und Aussetzen der Wespennester Zeit. Den Probanden ist bekannt, dass die Maßnahme erst nach zwei Monaten wirkt. Erschwerend kommt hinzu, dass sich die Schwärmer bis zur Grenze des Nahrungsangebots vermehren und dass die Wespen sich ebenfalls untereinander vermehren, sind sie einmal ausgesetzt. Ebenfalls kommt es zur Vermehrung der Population durch Wanderungen und Eigenvermehrung benachbarter Wespen. Schlechte Versuchspersonen arbeiten in der Regel *unverhältnismäßig*, greifen also zu viel oder zu wenig ein. Dies führt entweder zum explosionsartigen Anstieg oder zur Vernichtung der Schwämerpopulation. Sie berücksichtigen nur den aktuellen Zustand und nicht den Verlauf von Wachstum oder Verfall, Beschleunigung oder Verzögerung einer Entwicklung. Es werden keine Hypothesen über den Verlauf gemacht. Aufgrund der schlechten Ergebnisse agieren im Zeitablauf dann einige Versuchspersonen hilflos und aggressiv, entwickeln Verschwörungstheorien oder resignieren (»Wie man es macht, ist es verkehrt«). Der Aktionismus ohne

Lerneffekt hat dagegen zumindest den Vorteil, dass der Proband sagen kann: »Ich tu ja was!«

Insgesamt war festzustellen, dass die Fähigkeit, mit relativ einfachen zeitabhängigen Systemen zu arbeiten, als gering einzustufen ist. Dabei arbeiten die Versuchspersonen unter fast optimalen Bedingungen, alle Informationen sind richtig und erscheinen ohne Verzögerung. Man kann annehmen, dass Menschen in einem komplexeren System mit längeren Totzeiten der Reaktionen, unvollständigen und falschen Reaktionen und komplizierteren Zusammenhängen größere Schwierigkeiten haben werden, zurechtzukommen. Anscheinend ist es für die meisten Menschen schwierig, die Ablaufcharakteristik eines Prozesses zu erfassen, sich Notizen zu machen und nicht dem Augenblick ausgeliefert zu sein.

Planen

Im Umgang mit komplexen Systemen haben wir weiter oben festgestellt, dass wir zunächst die Ziele klar definieren und dann ein Modell der Realität konstruieren beziehungsweise ein vorhandenes Modell ergänzen müssen. Weiterhin gilt es, die Systementwicklung zu beobachten und aus den Kovariationen der einzelnen Variablen Zusammenhänge zu erschließen. Dann muss man sich Informationen über die tatsächliche Situation beschaffen, um prognostizieren zu können, wie sich das System zukünftig entwickelt. In einem idealen Problemlösungsablauf kommt dann die Stufe der Maßnahmenplanung. Es geht hier nicht darum, etwas zu tun, sondern sich zu überlegen, was man tun könnte. Welche Aktion bringt mich dem gewünschten Ziel näher? Das können einzelne Aktionen oder eine Kombination mehrerer Aktionen sein. Nun werden die Konsequenzen untersucht, und zwar im Kopf, auf dem Papier oder im Rechner. Planen als Probehandeln gliedert sich in die drei Einheiten: den Bedingungs-, den Aktions- und den Ergebnisteil. Unter der Bedingung $x1$ könnte Aktion $a1$ durchgeführt werden, das Ergebnis wäre $y1$. Planungen können sich auch verzweigen, da nicht alle Reaktionen bekannt sind. Es kann auch Planungssequenzen geben, die Kreise bilden nach dem Motto: »Wenn es nicht klappt, mache ich es gleich noch einmal.« Je nach der Planungsrichtung ist zwischen Vorwärts- und Rückwärtsplanung zu unterscheiden. Bei Ersterer wird vom Startpunkt aus vorwärts geplant, ebenso wie man tatsächlich handelt. Es entspricht der natürlichen Vorgehensweise. Beim Rückwärtsplanen geht man von dem erreichten Ziel aus und überlegt sich, welche Zwischenziele in welchem Zeitraum erreicht werden müssen. Wenn Sie sich als Ziel setzen, in einem Monat einen besseren Broker zu haben, mit dem Sie live arbeiten können, sollten Sie ein paar Vorüberlegungen stellen: Wie lange dauert die Anmeldung eines neuen Kontos? Wie lange dauert es, Geld von Ihrer Bank auf das Konto des Brokers zu überweisen? Wie lange möchten Sie das gleiche Handelssystem bei den verschiedenen Brokern parallel laufen lassen? Wie viel Zeit brauchen Sie für die Auswertung der Ergebnisse (Vergleich von Slippage, tatsächlich gegebener Kurse, Anzahl Requotes usw.), um die verschiedenen Anbieter miteinander zu vergleichen? Dann wissen Sie, wann Sie spätestens mit der Vorauswahl und der Anmeldung fertig sein müssen. Klix (Klix, 1971, S. 644) stellte fest, dass allein das mäßig komplexe System eines Puzzlespiels eine Unmenge von verschiedenartigen sich verzweigenden Vor- und Rückwärtsplanungen enthält, sodass eine vollständige Absuche des Suchraums unmöglich ist.

Um Probleme in der Realität bewältigen zu können, muss der Mensch diesen immens großen *Suchraum einengen*, also die Anzahl der Möglichkeiten reduzieren. In der Problemlösepsychologie spricht man von »Heurismus« (Findeverfahren). Hier wäre ein Heurismus die erwähnte Kombination aus Vor- und Rückwärtsplanung, bei der die Rückwärtsplanung Zwischenziele für die Vorwärtsplanung schafft und umgekehrt. Ein anderer Heurismus ist das »hill-climbing«, bei dem nur die Aktionen berücksichtigt werden, die einen Fortschritt zum Ziel versprechen. Da man bei dieser Methode nicht weiß, ob man bei einem Zwischen- oder am Endziel ankommt, kann es irgendwann auf dem Lösungsweg passieren, dass man Umwege geht.

Als weitere Heuristik gilt das Setzen von Zwischenzielen sowie das Anstreben von Situationen mit vielen Freiheitsgraden (bei denen man nicht unmittelbar einen Weg zum Ziel erkennen kann). Man peilt also Zwischenziele an, die günstige Ausgangssituationen versprechen. Dies sind sogenannte »Effizienz-Divergenz«-Situationen, von denen man effizient in verschiedenen Richtungen handeln kann. Darüber hinaus gibt es die Methode der Orientierung an vergangenen Erfolgen. Was hat sich als erfolgversprechend herausgestellt? Zuletzt gibt es die Methode der Häufigkeit des Gebrauchs. All diese Methoden dienen dazu, den Suchraum der Alternativen einzuengen, und vereinfachen die Planung.

Ohne näher auf die Diskussion der verschiedenen Verfahren der Einengung des Suchraums oder deren Kombination einzugehen, soll hier nur darauf hingewiesen werden, dass es wichtig ist, zu wissen, wann was angewendet werden sollte.

Sucht man hingegen im falschen Feld, ist es ratsam, den *Suchraum zu erweitern*. Neben dem freien Probieren, nach der »Versuch und Irrtum«-Methode, bei der einfach alles ausprobiert wird, existiert die Methode des »Ausfällens des Gemeinsamen«. Dabei untersucht man die Merkmale erfolgloser Lösungsansätze und sucht nach Aktionen mit anderen Merkmalen. Darüber hinaus gibt es noch das Verfahren des »Analogieschlusses«, bei dem beispielsweise die Herstellung eines Produktes mit dem Drehen einer Zigarette analogisiert wird. Man gewinnt dadurch vielleicht die entscheidende kleine Idee. Das »Ausfällen der Gemeinsamkeiten« ist eine analytische Methode der Erweiterung, die nach langer, erfolgloser Arbeit angesagt ist. Hingegen ist die Methode des »freien Probierens« anzuwenden, wenn man immer wieder die gleichen Maßnahmen analysiert und aus den Denkschleifen nicht mehr herauskommt. Ist der Suchraum ausgeschöpft sollte man zum Analogieschluss übergehen.

Der Planungsprozess ist also eine Abfolge von Suchraumeinschränkungen, der Suche innerhalb des eingeschränkten Suchraums, der Suchraumerweiterung nach erfolgloser Suche, der erneuten Einschränkung des Suchraums und der Fortsetzung der Suche im neuen Suchraum.

Wie minutiös man planen sollte, also welchen Auflösungsgrad man wählen sollte, hängt wieder von der Situation ab. Zeitdruck kann zum Abbruch der Planung zwingen. Aber auch in Situationen, in denen zwar genügend Zeit vorhanden ist, jedoch zu viele Variablen existieren, deren Verhalten untereinander nicht genügend antizipierbar ist, scheint allzu minutiöse Planung nicht angebracht.

Empfehlungen in solchen Situationen gehen in die Richtung, dass man sich nicht an Regeln binden sollte, die nur sehr bedingte Gültigkeit haben, also nur gelten, wenn ... und wenn und wenn, dann ... Ebenfalls ist festzustellen, dass die Delegation von Planungen und Entscheidungen als unsicherheitsstiftendes Element wahrgenommen wird, was in der Versuchspraxis häufig den Effekt hatte, untergeordneten Entscheidern die Selbststeuerungstendenz zu entziehen. Diese Tendenz tritt in Stresssituationen noch deutlicher zutage (Roth, 1986, S. 50). Bei der Wahl des richtigen Auflösungsgrades der Planung kann man beobachten, dass ein direktes Verhältnis zwischen dem

Grad der Unsicherheit und der Detailtiefe der Planung besteht. Je mehr Usicherheit herrscht, desto mehr wird geplant. Wie weiter oben besprochen, kommt dann folgender Prozess zustande: Je mehr man plant und Eventualitäten vorwegnehmen will, desto mehr wird das Ausmaß der möglichen Eventualitäten bewusst. Das führt dazu, dass allzu feine Planung das Gefühl der Unsicherheit beim Planer noch vergrößert. Oft fliehen Menschen vor der Komplexität der Situation in die minutiöse Planung. Verzettelung in Details, um dem Gefühl der Unbestimmtheit zu entfliehen. Und man kann das Planen ja auch rational rechtfertigen: »Man sollte erst mal planen, bevor man etwas tut.« Vielleicht findet sich an dieser Stelle der eine oder der andere Trader wieder, der sein Handelssystem immer besser auf das Demokonto fittet, immer genauere Modellparameter einpflegt, sich aber nicht traut, live zu gehen.

Die Abfolge »Unsicherheit« → »genaue Planung« → »größere Unsicherheit« → noch detailliertere Planung (in einem gut bekannten Teilbereich) → unterbewusstes Erkennen, das System nicht zu durchschauen, → Entscheidungsverweigerung sei hier vereinfacht dargestellt; in der Realität kann die Abfolge beliebig erweitert werden. Aus diesem unbefriedigenden Zustand, einem immer differenzierteren, aber auch immer enger werdenden Planungsprozess, erscheint die »befreiende Tat« wie ein Ventil. Oft hat sie mit dem Planungsprozess nichts mehr zu tun und mündet in blinden Aktionismus. Der geneigte Leser vergleiche an dieser Stelle einmal seine Planungsmethode, ein gutes Handelsmodell zu entwickeln, mit dem aufgezeigten Prozess. Nehmen wir einmal »Overtrading« eines Händlers als exemplarisches Beispiel für blinden Aktionismus. Dann wird deutlich, dass diese Art des Handelns eine Übersprungshandlung ist, die aus der Angst vor der Konfrontation mit der Realität entsteht. Schließlich ist die zu erwartende Frustration eines so handelnden Menschen sehr groß, wenn die Ergebnisse nicht so eintreten wie erhofft. Dass es Enttäuschungen gibt, die aus einem solchen Verhalten herrühren, ist programmiert. Stellen Sie sich vor, Sie planen und planen. Sie denken, Sie haben alle Eventualitäten vorhergesehen, und dann geht doch etwas schief und die Handelsdepotgröße verkleinert sich. Dies trifft den Händler umso mehr, da er die Sicherheit seines Handelns verliert. »Jetzt habe ich schon so viel geplant und es geht wieder schief.« Vergleichen wir dieses Handeln mit der Einstellung: »In der Realität wird schon das ein oder andere schiefgehen. Ich werde aber irgendwie zurechtkommen.« Es stellt sich heraus, dass die Erwartungshaltung des Planers einen großen Einfluss auf den gesamten Planungs- und Entscheidungsprozess hat. Im Alltag ist es häufig so, dass sich der Mensch bei der Wahl, eher grob zu planen oder besser detailliert zu planen, eher für Letzteres entscheidet, da die Gesellschaft Ersteres meist nicht gutheißt. Wie weiter oben bereits beschrieben, scheint die Planungs- und Entscheidungsqualität in hohem Maße davon abzuhängen, wie der Mensch mit Unbestimmtheit in komplexen Situationen zurechtkommt. Die Kunst des richtigen Planens und Entscheidens liegt also darin, die Mitte zwischen einem bis ins Kleinste formalisierten mathematischen Modell und einem – umgangssprachlich – intuitiven Gedanken eines Zusammenhangs zu treffen. Wo würden Sie die weiter unten dargestellten Modelle der Finanzierungstheorie einordnen?

Grundsätzlich besteht immer die Möglichkeit, entweder etwas Neues zu machen oder alles so zu machen, wie man es schon immer gemacht hat. Letzteres ist eine Form ritualisierten Handelns. Sie hat den Vorteil, dass man sich nicht bei jeder Situation eine neue Maßnahme überlegen muss. In Patentrezepte zu fliehen hat für den Entscheider den Vorteil, dass es den Planungs- und Entscheidungsaufwand reduziert und sich als »einfacher Plan« leichter verkaufen lässt. Dies führt jedoch zu einem Konservatismus, der unsere Handlungsalternativen einengt, da Personen nur die Alternativen wählen, die sie kennen und die zu ihren Einstellungen passen.

Nicht erfüllte Randbedingungen

Kommen wir kurz zurück zu den charakteristischen Elementen des Planens: Bedingung, Ausführung und Ergebnis(-erwartung). Für die Planung ist es ökonomisch, wenn die Bedingung, in der eine Aktion sinnvoll erscheint, möglichst allgemein anwendbar ist. Häufig lassen Planer und Entscheider beim internen Probehandeln die Bedingungen unberücksichtigt, was dazu führt, dass die Planung nicht aufgeht. Man denke nur an die Prognose des Mitglieds des Vorstands der Deutschen Bundesbank (bis Ende September 2010), Thilo Sarrazin, der 1972 bei der Diskussion der Rentenreform einen Überschuss von 100 Milliarden Euro in den nächsten 15 Jahren prognostiziert hatte – allerdings unter den Randbedingungen eines konstanten Wirtschaftswachstums, eines hohen Beschäftigungsgrads und starker Lohnzuwächse in Höhe von jährlich sieben bis acht Prozent. Dieses Dekonditionalisieren führt zwar häufig dazu, dass die Erwartungen an die Maßnahme nicht eintreffen, jedoch gewinnt der Entscheider Mut und

Optimismus. Das sture Folgen einer einmal erfolgreichen Methode, die un-reflektiert immer wieder verwendet wird, genannt Methodismus, hat den Vorteil der Vereinfachung. Man muss sich nicht mehr immer und überall Gedanken über Kleinigkeiten machen. Es birgt jedoch die Tendenz, dass man neue und einfache Lösungswege übersieht. Im Extremfall führt die Nichtberücksichtigung von Konditionen zur Katastrophe.

Bei der Suche nach der optimalen Entscheindungs- und Planungsstrategie stellte sich heraus, das die denkpsychologischen Muster des Entscheiders unmittelbar verknüpft sind mit seiner Entscheidungsqualität. Eigenschaften wie X, Y, Z führen dazu, dass es sich lohnt, nicht nur auf die formalen Op-timierungsqualitäten eines Systems zu schauen, sondern vielmehr auf die psychologischen »Fittings« zwischen Entscheider und System. Übertragen auf den Markt ist das der wissenschaftlich systematische Beleg dafür, dass Sie als Trader sich nicht einen x-beliebigen Markt mit potenziell bester Rendite suchen sollten, sondern dass Ihre psychologischen Determinanten zum Ent-scheidungsproblem passen sollten.

Was unterscheidet nun, von der Metaperspektive gesehen, einen guten von einem schlechten Entscheider? Auf der Sachebene ist festzustellen, dass ein »guter« Entscheider stets analysiert und nach Gründen sucht, wohingegen der »schlechte« Entscheider zu Rechthaberei und Verteidigung der einmal getrof-fenen Entscheidung tendiert. Welche Charaktereigenschaften hat derjenige, der sein »Leben« durch das Weglassen von Bedingungen, also Dekonditio-nalisierung, vereinfachen möchte? Vieles spricht für Ängstlichkeit, Unent-schlossenheit und Entscheidungsschwäche.

Lernen oder Scheitern

Bei der Wahl und Durchführung der Handlungsalternative kommt es dar-auf an, zum einen die richtige Alternative aus der Gesamtzahl der Alter-nativen zu wählen, zum anderen muss die Durchführung von ständiger Selbstkontrolle begleitet sein. Waren meine Annahmen über die Entwick-lung richtig oder lag ich falsch? Hat die Maßnahme überhaupt eine Wir-kung gehabt oder war eine Veränderung nur die Folge eines anderen Sys-temzusammenhangs? Muss ich noch mehr Informationen sammeln und neue Handlungsalternativen ausarbeiten? Ändere ich die Strategie oder beharre ich auf ihr? Wie ist der optimale Mittelweg zwischen Sturheit und zu schnellem Aufgeben?

Letztendlich bietet die Rückmeldung von Ergebnissen die Möglichkeit, zu untersuchen, ob Maßnahmen die prognostizierte Wirkung hatten und ob die Annahmen zur Realität richtig waren. Aus der Analyse der Folgen einer Aktion kann man die Zukunft besser vorhersagen. Waren die Voraussetzungen gegeben? Stimmte das Bild von dem Wirkungszusammenhang? Wurde die Maßnahme korrekt ausgeführt? Oder war die Realität so unüberschaubar, dass die Komplexität nicht erfassbar war?

Eigentlich ganz einfach, sollte man meinen. Experten sollten diesen Vorgang doch sicher beherrschen. Doch wie weiter oben bereits angedeutet, tendieren Menschen, und zwar auch Wissenschaftler, häufig dazu, sich mit den negativen Folgen ihrer eigenen Handlung nicht auseinanderzusetzen. Bei der Auswertung der dargestellten Experimente ergab sich, dass der Großteil der Versuchspersonen ein »ballisitisches« Verhalten an den Tag legte: Ist einmal eine Entscheidung über einen Zusammenhang getroffen, wird sie im Verlauf nicht mehr geändert. Dieser hielt zumindest die Kompetenzillusion aufrecht. Man wiegt sich in dem (Irr-)Glauben, dass man ein Problem gelöst hat. Der geneigte Leser wird später noch auf das Thema »Kontroll-Illusion« stoßen und sich an die Parallelität erinnern. Aber auch Experten scheinen, wie man an der Geschichte der neoklassischen Kapitalmarkttheorie sieht, diesem Phänomen zu verfallen. Sie unterstellen ihren Modellen unrealistische Annahmen, wie zum Beispiel Gleichgewichtspreise, Rationalität der Entscheider, lineare Zusammenhänge et cetera, und ignorieren standhaft die Rückmeldungen der Empirie aus Experimenten und Praxis (vgl. Findlay, Williams, Thompson, 2003, S. 93). Einige Forscher begründen das fortgesetzte ballistische Verhalten der Planer (Handeln ohne Korrektur) damit, dass die Werte im Gegensatz zu ihren Handlungen stehen und dass sie sich durch ihr Handeln davon ablenken, die eigenen Fehler zu analysieren.

Eine weitere Beobachtung war, dass Versuchspersonen, die in eine Krise geraten waren, die Variabilität ihrer Maßnahmen drastisch erhöhen, das heißt, sie reagieren mit extremeren Maßnahmen. Sie reagierten entweder zu stark – der geneigte Leser sei an dieser Stelle eingeladen, einmal zu beobachten, wie sich Händler in einer Krise verhalten –, sie lassen Risk und Money Management in der Regel dann außer Acht, oder die Versuchspersonen reagieren viel zu schwach oder mit zu großer Zeitverzögerung; sie resignieren. Auch hier verweise ich auf Themen von Tradern, die »Ladehemmungen« haben und keine Trades mehr eingehen (Reither, 1985).

Die Suche nach der Strategie der Sieger führt uns also immer mehr in Richtung Persönlichkeit des Entscheiders und Planers. Wie reagiert er auf Rückmeldungen? Sieht er sie als Niederlagen an, die ihn antreiben, sein Verhalten zu korrigieren und besser zu werden, oder führt es zu einem ballistischen Verhalten, einer Vogel-Strauß-Politik, bei der aus den Konsequenzen einer Handlung, den Rückmeldungen, nichts gelernt wird? Die Qualität eines Entscheiders beruht darauf, wie er mit Rückmeldungen umgeht. Der Unterschied zwischen einem guten Entscheider und einem schlechten liegt also in seiner *inneren Einstellung, wie er mit Rückmeldungen umgeht.* Entweder er analysiert sie, lernt daraus und zieht die richtigen Konsequenzen oder er vermeidet es, die Ursachen für die Ergebnisse anzuschauen, und setzt den einmal eingeschlagenen Kurs fort. Es geht um die Fähigkeit, Auswirkungen zu erkennen und Entscheidungen zu korrigieren. Auf dem Weg zum Performer, sei es als Spitzensportler, Geschäftsmann oder Händler, muss man aber eine Lernmaschine werden. Indem Sie bereit sind, lebenslang als Trader zu lernen, sorgen Sie dafür, dass Sie nicht nur schnell und konsequent entscheiden können, sondern auch mehr und mehr richtige Entscheidungen treffen.

Die oben skizzierten Ergebnisse verschiedener Experimente haben statistische Signifikanz. Sie ermöglichen einen erhellenden Vergleich mit täglich beobachtbarem Verhalten von Händlern, die unter den Bedingungen von Komplexität und Unsicherheit planen und entscheiden müssen.

Menschen und Entscheidungen unter Unsicherheit

Diese kurze Übersicht hat gezeigt, dass grundsätzlich zwischen einer guten Planung und Entscheidung, wie sie Händler oft im Paper-Trading gemacht haben, und der Praxis des Live-Tradings große Gräben zu beobachten sind, die ich hier überblickartig aufzeige:

Theorie (Paper-Trading)	Praxis (Live-Trading)
Ihre Handelsstrategie ist klar und konsistent.	Die Strategie wird nicht eingehalten, in der Hitze der Gefechts wird sie nicht hinterfragt. 90 Prozent der Händler schaffen es nicht, ihr System zu traden.
Sie wissen, dass sie ihre Stops einhalten müssen.	Trader halten Stops oft nicht ein und holen sie sogar wieder aus dem System, um dem Trade Luft zu geben.
Ihr Risiko Management/Money Management ist fein austariert.	Regeln werden fallen gelassen, sobald längere Verlust- und größere Gewinntrades gemacht wurden.
Sie wissen, was funktioniert: Gewinne laufen lassen und Verluste begrenzen.	In der Praxis werden Gewinn-Trades zu früh glattgestellt. Bei Verlust-Trades verfährt man nach dem Prinzip Hoffnung und greift sogar manuell in sein automatisches Handelssystem ein.
Händler handeln nur eindeutige Signale. Wenn es keine Signale gibt, öffnet der Händler keine Position.	Viele Trader handeln aus Langeweile oder Wut. Schlechtes Gewissen (Was hast du eigentlich den ganzen Tag heute gemacht?) führt dazu, auch halbgare Signale zu handeln. Dasselbe gilt bei »verpassten« Gelegenheiten, die man scheinbar wieder »einholen« muss.
Je mehr Informationen sie über den Markt haben, desto mehr Geld machen sie!	Zahlreiche empirische Studien belegen: Profis prognostizieren nicht besser als Amateure.
Marktinformationen werden vom Markt gleichgewichtet.	Menschen haben unterschiedliche Erwartungen bezüglich der Informationen: Einzelne Marktteilnehmer bewerten die gleiche Information (Unternehmensergebnisse/Zinsentscheidungen) anders als andere und geben ihnen ein unterschiedliches »Gewicht«.

Tabelle 1: Paper- versus Live-Trading

Nur weil ein Mensch per se einen Vorgang oft wiederholt, wird er nicht zum Meister seines Faches. Er kann ihn auch oft falsch machen und damit die im Hirn aktivierten Verschaltungen immer effizienter verknüpfen, bis aus dem schmalen Nervenpfad allmählich eine befestigte Straße wird, die mit zunehmender Nutzung zu einer mehrspurigen Autobahn wird. Übung allein macht also nicht den Meister, sondern nur die *richtige, perfekte* Übung. Nur durch die Ausführung der perfekten Übung, also das ständige Überprüfen der Annahmen über die Zusammenhänge, wird man gut, aber nicht, indem man 20 Jahre lang dieselbe Maßnahme ergreift, dabei die Ergebnisse nicht anschaut und Rückmeldungen ignoriert, die nicht ins innere Bild passen. Ob Sie sich als Händler über vermeintliche Fehlentscheidungen ärgern oder nicht, ist irrelevant. Relevant hingegen ist, ob Sie die Konsequenz aus Ihren Fehlentscheidungen ziehen und ob Sie diese bei der nächsten vergleichbaren Situation vermeiden und eine andere Strategie wählen.

Ist eine nicht zielführende Verschaltung, die sich beispielsweise infolge einer längeren Draw-down-Phase einstellen kann, aktiviert und breit ausgebaut, folgt aus dieser primären Bewältigungsstrategie ein Programm, das das gesamte weitere Denken, Fühlen und Handeln bestimmt. Aufgrund dieses Programms wird ihr Gehirn sich immer wieder diese Bedingungen schaffen und aufrechterhalten. Sind Sie einmal auf ein negatives Ziel gepolt, helfen nur »manuelle« Maßnahmen, diesen automatischen Mechanismus zu unterbrechen; doch dazu später mehr.

Haben Sie dagegen das Programm, dass Sie zuversichtlich sind, dass Sie einen Fehler nicht noch einmal machen und richtig auf schwierige Marktsituationen reagieren, werden Sie erfolgreich. Ihr Gehirn wird sich dann genauso »zwanghaft« darum bemühen, diese Bedingungen aufrechtzuerhalten.

Ich betone an dieser Stelle: Sie sind nicht allein, wenn Sie sich in der rechten Spalte wiederfinden! Es gibt evolutionstechnische Hintergründe, die unser Gehirn über Hunderte Generationen zu diesem Verhalten geprägt haben. Wir handeln immer im Rahmen unseres Kontextes. Die Fragen, die Sie sich immer stellen sollten, lauten: Wie komme ich von der rechten in die linke Spalte? Wie werde ich exzellent in dem, was ich tue? Was kann ich von anderen Performern lernen? Die Erkenntnisse der Gehirnforschung geben Händlern Mut! Mut, besser zu werden und aus schwierigen Phasen herauszukommen. Wir haben gelernt, dass wir ein plastisches, bis ins höchste Alter lernfähiges Gehirn haben – und dass wir es selbst sind, die durch die Art der Nutzung unseres Gehirns bestimmen, wie die Nervenbahnen verschaltet werden.

Ob wir die Möglichkeiten zur Ausbildung komplexer Verschaltungsmuster zu unserem Vorteil oder zu unserem Nachteil nutzen, hängt davon ab, wie wir mit unserem Gehirn umgehen. Dazu gibt es eine wundervolle Geschichte:

Ein alter Indianerhäuptling saß mit seiner Enkeltochter am Lagerfeuer und erzählte wahre Geschichten aus der Vergangenheit. Der alte Häuptling moch-

te seine Enkelin sehr. Als es Abend wurde und die trockenen Holzscheite des Feuers knackten und die Flammen die beiden wärmten, sagte der weise Häuptling nach einer Weile des Schweigens: »Weißt du, wie ich mich manchmal fühle?« »Nein!«, sagte das kleine Mädchen. »In meinem Herzen kämpfen zwei starke Wölfe miteinander. Der eine ist rachsüchtig, egoistisch, aggressiv, grausam und hat viel Angst. Außerdem lügt er viel. Der andere hingegen ist voll Liebe, er ist sanft, mitfühlend und hat Mut. Und er sagt stets die Wahrheit.« »Und«, fragte das Mädchen, »welcher Wolf gewinnt?« »Der Wolf, den ich am besten füttere«, antwortete der Alte.

Die Zeiten ändern sich, doch unser Gehirn hat sich in den letzten 100 000 Jahren nicht verändert. Früher waren einzelne Familien, Gesellschaftsschichten, Gruppen und ganze Kulturen oft bemüht, ihr Wissen und ihre Fähigkeiten nicht an andere weiterzugeben. Heute ist es so, dass der Prozess der Weitergabe von Informationen zwischen Menschen aus unterschiedlichen Familien, Schichten, Gruppen und Kulturen offen gestaltet ist. Auch sind heutzutage die Markteintrittsbarrieren, insbesondere um Händler zu werden, sehr gering. Die weltweite starke Konkurrenz der Broker untereinander hat dazu geführt, dass die Mindestanforderung der Margin-Einzahlungen zum Teil im kleinen dreistelligen Bereich liegt. Handeln Sie nur auf eigene Rechnung, brauchen Sie keine Lizenzen. Sie müssen auch nicht mehr eine Elite-Universität oder eine Ivy League School besucht haben, um traden zu können. Informationen bekommen Sie größtenteils kostenlos. Für den Anfang reicht es aus, die vorhandene Hardware zu nehmen und einfach ein entsprechendes Programm zu installieren. Auch einen schnellen Internetzugang hat heutzutage fast jeder. Vorbei sind die Zeiten, eine teure Standleitung anmieten zu müssen.

Damit kommt der Fähigkeit, Informationen auszuwählen, zu kanalisieren und damit unser Gehirn zu formen, die entscheidende Bedeutung zu, ob wir erfolgreich sind oder nicht.

> *»Die größte Entscheidung deines Lebens liegt darin, dass du dein Leben ändern kannst, indem du deine Geisteshaltung änderst.«*
> Albert Schweitzer

Freude und Fluch eines lebenslang programmierbaren Gehirns

Der Vorteil der Konstruktion eines menschlichen Gehirns liegt darin, dass es entscheiden kann, ob eine durch Erfahrung verursachte Reiz-Reaktions-Schaltung sinnvoll ist, oder ob es Sinn macht, diese wieder aufzulösen und gegen eine andere auszutauschen. Wenn Sie immer noch der Meinung sind, dass einmal entstandene Muster unwiederbringlich bestehen, empfehle ich Ihnen, mit dem Lesen dieses Kochbuchs für Ihr Gehirn aufzuhören. Lesen Sie nicht weiter!

Diejenigen, die jetzt weiterlesen, seien gewarnt. Es gibt kein Zurück mehr. Halten Sie einen Augenblick inne und machen Sie sich klar, was es in letzter Konsequenz für Sie bedeutet, wenn Sie erfahren, dass die bisher in Ihrem Gehirn erfolgten Verschaltungen nicht so optimal laufen, wie es vielleicht für Sie wünschenswert wäre. Es geht darum, zu erkennen, wie man selbst seine Umwelt neu gestalten kann: effektiver und effizienter als bisher. Niemand außer Ihnen selbst kann die Art und Weise verändern, wie und wozu Sie Ihr Gehirn von nun an benutzen. Außen stehende Personen können Ihnen helfen, die richtige Perspektive zu sehen und Sie behutsam wieder zu sich selbst zu bringen. Sie können sich jetzt sofort davon überzeugen, dass der Schlüssel zum Erfolg in Ihnen ist oder Sie können es noch eine Weile hinauszögern. Erfolg entsteht im Kopf! *Sind Sie lieber Opfer oder Magier der Märkte?* Sie erinnern sich, dass es früher schön war, ein Opfer zu sein. Natürlich hätten Sie das früher entrüstet zurückgewiesen. Sie sind doch kein Opfer! Wenn Sie nun tief in sich gehen und lange genug in sich hineinschauen und ganz ehrlich zu sich sind, werden Sie erkennen, dass es stimmte. Es war ja auch gewisser Weise bequem. Man selbst war ja nicht schuld, sondern die anderen. Innerlich stimmte es: Man selbst war gut und hat alles richtig gemacht. Nur das Schicksal hatte es böse mit einem gemeint. Doch da Sie sich entschlossen haben, kein Opfer mehr zu sein, müssen Sie jetzt etwas Schwieriges tun: Verantwortung für alle Taten und Ergebnisse übernehmen. Das erfordert Mut. Wahre Champs und Experten sind mutig. Sie erkennen, dass sie nicht Opfer sind, sondern nur eine *Opferrolle* gespielt haben, die sie von außen aufgetragen bekommen haben. Performer übernehmen die volle Verantwortung bis ins kleinste Detail für ihre Situation. Sie erkennen, dass Herausforderungen Chancen bieten. Sie entdecken, in welchen Bereichen sie sich weiterentwickeln müssen. Sie unternehmen etwas und ihre Einstellung hat sich verändert. Die Einstellung verändert Erfahrungen – und nicht umgekehrt. Sie sind nicht mehr länger Opfer ihrer Erfahrungen. Ihre Erfahrungen ändern sich dadurch, dass sie die

Einstellung geändert haben. Nur wer jetzt in der Lage ist, sich die Ursachen für die eigenen Handlungen beim Traden genau anzuschauen, und, statt diese zu verdrängen, noch einmal durch das Leiden geht, das zu schlechten Ergebnissen geführt hat, akzeptiert die Hintergründe. Dadurch dass Trader sich ihre gemachten Erfahrungen ganz genau ansehen, wird sich der Grund für das damalige Verhalten vollständig auflösen. Die erfahrensten Trader werden Ihnen bestätigen, dass sie die Problemerfahrungen in ihrer Händlerkarriere nicht missen wollen. Sie haben ihnen die größten Erkenntnisse und Lernfortschritte gebracht. Und wenn Sie begreifen, dass es diese Erkenntnisse sind, auf die es ankommt, dann werden Sie von sich aus völlig freiwillig beschließen, diese Arbeit zu tun.

Nutzen wir also die Erkenntnisse der Hirn- und Talentforschung und die Erfahrungen der erfolgreichsten Trader, um den nächsten Schritt zu gehen. Wir sollten das nutzungsabhängige, plastische Potenzial unseres Gehirns nutzen, um besser zu werden und um neue Alternativen für Bereiche zu sehen, wo es bei uns bisher mangelte. Okay, wir wissen jetzt, dass wir Menschen in der Lage sind, jederzeit unsere Nervenbahnen neu zu verschalten. Und wir wissen: Wenn wir besser werden wollen, müssen wir uns aktiv darum bemühen, neue, bisher nicht gemachte Erfahrungen in uns zu verankern.

Ein kleiner Junge fragte eine erfahrene Dame, wie er für sich das Beste aus seinem Leben herausholt. Sie antwortete: »Am besten schaffst du es, indem du wieder wie ein dreijähriges Kind Spaß daran hast und neugierig bist, den Verstand zu benutzen und offen für neue Erkenntnisse zu sein. Geh mutig in die Welt, entdecke und erobere sie. Gib dir Zeit und Gelegenheit, dir Wissen anzueignen. Das hilft dir, hinter die Fassade zu schauen und verborgene, von außen nicht sichtbare Zusammenhänge zu erkennen und dich besser als andere in der Welt zurechtzufinden. Suche Hilfestellung bei jemandem, der dir beides vermitteln kann: Denken und Fühlen.«

Im Kern geht es darum, das Vertrauen in die eigene Kompetenz zu stärken. Wie bei allen Tätigkeiten, bei denen es darum geht, besser zu werden, müssen immer und immer wieder positive Lernschleifen durchlaufen werden. Das setzt voraus, dass der Trader bei seinen täglichen Übungen geistig und emotional fähig ist, aus den Rückmeldungen zu lernen und neue Erkenntnisse in sein zukünftiges Verhalten einzubeziehen. Wir alle sind Realisten und haben unsere Erfahrungen gemacht. Wer als Trader eine Reihe wenig erfolgreicher Trades hinter sich hat, sollte den Grund dafür überdenken.

Doch das ist nicht immer leicht. Ist es die schlechte Order-Ausführung des Brokers, ist es das schlechte Einhalten des eigenen Handelssystems oder passt das Handelssystem nicht zum Markt, et cetera? Oder ist es eine Kombination von alldem? Sie als Händler können sich selbst nicht objektiv beobachten.

Wenn ein Formel-1-Team beim freien Training und Qualifying immer wieder neu Setups durchführt, um den Wagen schneller zu machen, oder wenn der Trainer einen Golfschwung immer wieder mit seinem Coachee durchgeht, dann geht es dabei darum, eine Reihe von Lernschleifen zu erzeugen, die von der Rückmeldung des Ausbilders angetrieben sind. Wenn wir als Trader in die Märkte gehen, können wir uns selbst nicht beobachten. Wir sehen nicht, was wir tun. Wir spüren zwar die Marktbewegungen, wenn sich die letzte Kerze bewegt, aber wir können uns selbst dabei nicht neutral beobachten. Um den Lernprozess zu beschleunigen und falsche Aktionen auszumerzen, bedarf es eines neutralen Beobachters. Wo immer wir Bestleistungen finden, im Sport, im Business, im Konzertsaal oder bei Schachturnieren: Ein Trainer unterstützt junge Talente darin, den Lernprozess so effektiv wie möglich zu gestalten.

Machen Sie es sich bewusst: Ohne reflektiertes Ich-Bewusstsein, bleiben Sie als Trader gefangen in Vorstellungen, die sie von anderen Menschen (Masse und Autoritäten) unbewusst übernommen haben. Entwickelt der Mensch kein reflektiertes Ich-Bewusstsein aus sich selbst heraus unter Mitwirkung eines geführten Trainingsprogramms, bleibt er gefangen in seinem eigenen Bewusstsein, seinem eigenen System. Er ist damit abhängig von den Vorstellungen, die er von anderen Menschen unbewusst und unreflektiert übernommen hat. Er ist damit fremdprogrammiert und in hohem Maße manipulierbar. Das ist nicht wirklich ein Zustand, den sich ein Trader erarbeiten will, wenn er zu den Besten seiner Zunft gehören will.

Warum sollten Sie als Trader sich auf diesen schwierigen Weg machen? Zum einen sollten Sie Ihre Sinne schärfen und Veränderungen, äußerer wie innerer Art, so sensibel wie möglich wahrnehmen, damit Sie sich in andere Menschen hineinversetzen können. Sie wollen als Trader möglichst oft auf der richtigen Seite liegen. Das können Sie am besten, wenn Sie sich in die Gefühlslage (Angst, Gier) der anderen Händler »hineinfühlen«. *Steigern Sie Ihre Empathie und Sie profitieren von Gier und Angst des Marktes.* Als diskretionärer Trader erfassen Sie intuitiv, was in Ihrem virtuellen Gegenüber vorgeht beziehungsweise wie dann die automatischen Handelssysteme als aggregiertes Momentum darauf reagieren. Das ist ein großer Wettbewerbsvorsprung! Wenn Sie Ihr Gehirn wesentlich komplexer, intensiver und vielseitiger nutzen als jemand, der selbstzufrieden auf einer Entwicklungsstufe stehen bleibt, werden Sie aktiv. Sie bestimmen selbst über Ihren Platz in der Trader-Hierarchie, statt den Platz einzunehmen, auf dem Sie zufällig unter dem Einfluss anderer gelandet sind! Sie treffen selbst die Entscheidung darüber, wie sich Ihr Gehirn entwickelt. Es hängt davon ab, wie Sie es nutzen (welche Verschaltungen sich zwischen den Nervenzellen herausbilden, welche sich etablieren und wie komplex sich diese neuen Verschaltungen verbinden). Das ist das Ende der Bequemlichkeit: Ihr Gehirn und das lebenslange Lernen bestimmen Ihre Performance. Nicht der böse Markt, die schlechte Order-Routing-Software, der unfaire Broker, sondern nur Sie selbst sind – in der Summe der Ereignisse – für Ihr Handelsergebnis verantwortlich. Die gute Nachricht: Ist unser Gehirn auf Flexibilität und lebenslanges Feedback einmal erfolgreich programmiert, läuft der Rest von allein ab. Nehmen Sie einen Menschen, der sechs Sprachen beherrscht: Die siebte wird ganz einfach hinzugelernt. Der Schlüssel dazu ist, die Kraft zu haben, sich immer wieder infrage zu stellen und seine Entscheidungen zu überdenken.

Das schafft man nur mit Achtsamkeit gegenüber einmal eingenommenen Haltungen und Einstellungen (»Ich bin ein disziplinierter Trader«) sich selbst, Dritten (dem Markt, Broker) und eigenen Konstrukten (wie dem Handelssystem) gegenüber. Wer es schafft, achtsamer zu sich selbst und seiner Umwelt zu sein, was er mit dieser Wahrnehmung verbindet und was er bei seinen (Handels-)Entscheidungen berücksichtigt, wird weniger automatisch und unreflektiert handeln. Gehirnforschungsexperten sind sich einig, dass dieses Ziel *nicht aus sich heraus* zu erreichen ist, sondern dass dazu ein anderer Mensch gebraucht wird. Wenn die Nervenpfade einmal »breitgetreten« sind, ist es schwieriger (nicht unmöglich), sie neu und besser zu verschalten, als wenn man es von Anfang an richtig macht.

Diese anderen Menschen, seien es Lehrer, Coachs oder Mentoren, wissen, dass nur mühsame Kleinarbeit ihre Schüler, Coachees oder Mentees voranbringt. Der Prozess des mühsamen Herantastens an die eigenen Leistungsgrenzen kann in drei Phasen aufgeteilt werden (Côté et al., 2003; Bloom, 1985):

Einstiegsphase

In dieser Phase sollte das spielerische Element des Handelns dominieren. Die Akteure wollen Freude und Spaß an der Sache haben. Gleichgesinnte und Lehrer sollen ermutigen, unterstützen und für gute Stimmung sorgen. Motivation und Interesse an der Sache bleiben durch erste kleinere Erfolge erhalten. Ein Coach in dieser Phase unterstützt, indem er das Lernen strukturiert. Der zeitliche Aufwand ist eher gering. Es werden erste Erfahrungen gesammelt.

Take-off-Phase

In dieser Phase konzentriert sich das Interesse auf die Bereiche, auf denen herausragende Leistungen erbracht werden. Der Trader sucht jetzt beispielsweise den Markt und den Zeithorizont, in dem er die besten Ergebnisse erzielt. Ergebnisse gewinnen mehr an Bedeutung. Die in der vorherigen Phase erworbenen Fähig- und Fertigkeiten werden ausgebaut. Zu dem anfänglichen Spaß und der reinen Freude am Tun kommt zielgerichtetes, leidenschaftliches Bestreben hinzu. Die Techniken der Leistungsverbesserung werden spezifischer. Der Aspekt des systematischen Aufbaus der Leistung kommt hinzu. Die Wahl des richtigen Lehrers, Trainers oder Coach wird wichtiger, weil die Art der Rückmeldung und das spezifische Eingehen auf den potenziellen Performer wichtiger werden. Gleichzeitig wird die investierte Trainingszeit erhöht. Einher geht die Steigerung der Kompetenz im Vergleich zu direkten Konkurrenten. Die kontinuierliche Weiterentwicklung der eigenen Fähigkeiten wird zum primären Ziel.

Hochleistungsphase/Expertise

In der Spätphase der Expertenentwicklung ist es das erklärte Ziel, Perfektion zu erreichen. Das persönliche Leistungsmaximum wird angesteuert. Die primäre Arbeit liegt darin, so an seiner Technik zu feilen, dass die eigenen Fähig- und Fertigkeiten vollständig entwickelt werden. In dieser Phase wird mit Trainern und Beratern zusammengearbeitet, die in der Branche Anerkennung gefunden haben. Der Trainingsaufwand intensiviert sich und bestimmt den Tagesablauf. Die Tätigkeit ist in den Mittelpunkt des Lebens gerückt. Es erfolgt der Durchbruch zum Experten, zum Profi seines Faches. Komplexe

Fähigkeiten werden verinnerlicht und routiniert abgespult. Ziel ist es jetzt, das Leistungsniveau zu halten und stetig auszubauen.

Côté et al. (2003, S. 95) differenzieren hinsichtlich der Art und Weise des Spielens, Übens und Trainierens im Aufbau von Leistungsexzellenz. Sie prägen den Begriff »deliberate play«.

Dimension	Freies Spielen (Free Play)	Bewusstes Spielen (Deliberate Play)	Strukturiertes Lernprozess (Structured Practice)	Zielgerichteter Lernprozess (Deliberate Practice)
Zielsetzung	Spaß	Spaß	Performance verbessern	Performance verbessern
Perspektive	Prozess	Prozess Experimente	(End-)Ergebnis	(End-)Ergebnis
Überwachung während des Übens	Keine Überwachung	Keine Überwachung	Überwachung	Sorgfältige Überwachung
Korrektur	Keine Korrektur	Kein Fokus auf sofortige Korrektur	Fokus auf Korrektur	Fokus auf sofortige Korrektur
Unmittelbarkeit der Befriedigung	Sofort	Sofort	Sofort und später	Später
Ursprung der Freude	Intrinsisch	Überwiegend intrinisch	Überwiegend extrinsisch	Extrinsisch

Tabelle 2: Merkmale der Prozessstufen zur Exzellenz

Die Anwendung dieses Stufenprinzips ist universell übertragbar auf eine Sportler-, Business-, Forscher- oder Fachgebietkarriere. Die frühe Phase muss erfolgreich durchlaufen werden, bevor zur nächsten Phase übergegangen wird. Vor der mittleren Phase, in der spaßgetriebene Beschäftigung in zielgerichtete Kompetenzentwicklung übergeht, darf nicht in die Phase der Perfektion eingetreten werden. Bleibt die Freude an der Arbeit während dieser Phase nicht erhalten, wird die zur Perfektion führende Lernschleife unterbrochen und es erfolgt der Ausstieg. Mit dem Nachlassen der Freude an der Arbeit sinkt das Durchhaltevermögen. *Ohne Freude, kein Durchhaltevermögen. Ohne Durchhaltevermögen, keine Perfektion.* Bleiben die Erfolge hinter den an sich selbst gestellten Erwartungen zurück, sinkt das

Selbstvertrauen in die eigenen Fähigkeiten. Damit wird deutlich, was durch Studien bewiesen ist: Ein Experte oder ein High Performer zu werden ist weniger in der Intelligenz einer Person begründet, sondern in ihrem Durchhaltevermögen. Allerdings zeigen sich auch typische Fehlerquellen: Bei der Analyse der Ursachen für den Erfolg konzentrieren wir uns in der Regel auf das Thema Perfektion und hartes Lernen. Dadurch vernachlässigen wir bei der Entwicklung von High Performern häufig, dass zuvor die anderen Phasen erfolgreich durchlaufen werden müssen. Stellen Sie sich den Jugendlichen im ersten Schwimmkurs vor, dem gesagt wird, er soll den gleichen Trainingsplan wie Michael Phelbs abarbeiten. Oder einen jungen Radfahrer, der sein Training an Lance Armstrong orientieren soll. Die Abbrecherquote können Sie sich ausmalen. Genauso wenig erwartet ein Lauftrainer von seinen Bambini, dass sie in ihrer Trainingsphase einen Marathon laufen, schon gar nicht unter zeieinhalb Stunden. Betrachtet man es von dieser Perspektive, ist das Zielen auf Perfektion bei einem Trader in der frühen Phase seiner Karriere ein echter Show-Stopper. In jeder anderen Talententwicklung eines Experten ist vollkommen klar, dass das Ziel Perfektion bei einem Anfänger unweigerlich zu Frustration und damit zu einem frühen Ausstieg führt. Warum also überspringt man bei der Trader-Entwicklung häufig diese ersten Phasen?

Die verfrühte Konzentration auf Perfektion und Trainingshärte im täglichen Training vernachlässigt das spielerische Element und das langsame Herantasten an das Traden per se. Damit wird das genaue Gegenteil von dem erreicht, was beispielsweise das Erfolgsmodell der schulischen Talentschmieden in den USA, der sogenannten Kipp (Knowledge is Power Program)-Schulen, ausmacht: geduldiges, detailbewusstes Talentstreben mit Betonung des allmählichen Fortschritts. Wer schon am Anfang keinen Spaß an einer Tätigkeit entwickelt, der wird im späteren Verlauf höchstwahrscheinlich aufgeben, wenn der Wind härter bläst und die Herausforderungen wachsen. Und dass sie wachsen, ist unvermeidlich: Als Trader kämpfen Sie gegen Profis, haben also eine hohe Leistungsdichte. Ihre Gegner sind in der Regel abgeklärt. Weil Sie mit richtigem Geld handeln, steigt der Leistungsdruck. Die Branchenbesten, seien sie Trader, Fußballspieler, Violinisten, Kampfsportler, Rennfahrer oder Tennisspieler, sie alle lieben das, was sie tun, und messen dem täglichen Training eine große Bedeutung zu. Das eigentlich Interessante ist jedoch: In der frühen Phase wird aus Vergnügen trainiert. Später werden die Fähigkeiten um ihrer selbst willen verbessert.

Hochleistungen können nur erbracht werden, wenn der Leistende die Tätigkeit liebt. Dieses handlungsleitende Motiv ist stärker als andere Motivatoren, wie Hunger oder Angst. Sie müssen die Tätigkeit mehr lieben als alles andere. Wie sonst wird jemand dazu gebracht, Stunde um Stunde, Tag für Tag und Monat für Monat auf einen Bildschirm mit Marktkursen und Candlestick-Charts zu schauen. Wie sonst gewinnt eine Tätigkeit eine solche Bedeutung, dass bei der Routine der Auswertung des Trading-Journals, bei der Suche nach neuen Marktnischen und bei der Entwicklung von Indikatoren oder ganzen Handelssystemen die Grenzen zwischen Arbeit und Freizeit verschwimmen?

Die Beziehung einer Person zu Beschäftigungen wie etwa Traden, Sport oder im Business, spiegelt die *Beziehung zu sich selbst wider.* In den Beziehungen mit anderen oder zu einer Tätigkeit, etwa dem Traden, lernt man über sich selbst am meisten. Ohne eigene Wertschätzung wird eine positive Beziehung zu einer Beschäftigung nicht entwickelt. Diese Wertschätzung zu sich und der Tätigkeit kann nur langsam und behutsam aufgebaut werden und muss gepflegt werden. Dieser Entwicklungsprozess darf nicht abgekürzt werden, indem die erste Phase übersprungen und direkt zur späteren Phase übergegangen wird. Dann ist man auf die Bestätigung aus der Tätigkeit an sich angewiesen. Das ist riskant, weil sich leicht Ungeduld einstellt. *Ohne positive Beziehung zu sich selbst, keine posititve Beziehung zum Traden und kein Lernerfolg.* Ausbleibende Erfolge verursachen Nervosität und es geht die Fähigkeit verloren, die Gründe und Zusammenhänge zu analysieren. Wer der Illusion unterliegt, er könne die Phasenfolge abkürzen und bräuchte keine starke emotionale Hingabe zu seinem Fachgebiet, wird scheitern. Ohne die nötige Ruhe und Zeit ist das Vorhaben schon im Ansatz gescheitert. Wie anders als durch die Kombination von Durchhaltevermögen und Selbstbewusstsein kommt jemand in seinem Bereich ganz nach oben?

Innere Bilder als handlungsleitender Prozess

Was unterscheidet den Performer vom Nicht-Performer? Interessant ist hierzu der Ansatz der soziologischen Biografieforschung, das sogenannte »Thomas-Theorem« (vgl. Conzelmann 2001, S. 91): Ohne Einbeziehung der Vorstellungswelten der einzelnen Menschen in eine soziologische Analyse kann nicht geklärt werden, warum verschiedene Menschen auf ein gegebenes Phänomen unterschiedlich reagieren.

Die Vorstellungswelten betreffen die Fähigkeit des Gehirns, bestimmte Bilder und andere Sinneseindrücke mit bestimmten Gefühlen zu koppeln.

> *»Je mehr ich mich auf dieses Bild konzentrierte, umso mehr erkannte ich, dass es wirklich und möglich für mich war, zu werden wie er.«*
> Arnold Schwarzenegger

Arnold Schwarzenegger ist einer von vielen erfolgreichen Performern, der es geschafft hat, durch Visualisieren seiner Ziele sich »auf Erfolg zu programmieren«. Das bildhafte Vorstellen des Ziels ist ein guter Weg, um die Selbstsicherheit zu stärken. Das wiederum erhöht die Selbstdisziplin. Arnold Schwarzenegger erlaubte sich nie, nachlässig zu werden oder ein bereits gesetztes Ziel aufzugeben. Hatte er sein inneres Bild »eingeloggt«, führte das dazu, dass er genau wusste, was er wollte. Und nichts und niemand konnte ihn davon abbringen, sein Ziel zu erreichen, der Beste zu werden.

Was passiert in unserem Gehirn, wenn wir aktiv Bilder der inneren Vorstellungswelt verändern? Zunächst einmal droht dem Organismus eine Störung des bisherigen Gleichgewichts, der inneren Harmonie. Wir erinnern uns: Unser Organismus ist stets bemüht, das Gleichgewicht aufrechtzuerhalten. Gegen alles, was dieses Gleichgewicht zu verschieben droht, setzt unser Gehirn eine Gegenreaktion in Gang, um den Zustand der Ordnung wiederherzustellen. Damit wird deutlich: Nicht die Sinnesorgane, sondern der Aufbau des inneren Beziehungsgefüges genutzter Bilder entscheidet darüber, ob und wie die Veränderungen der Außenwelt wahrgenommen werden. Nicht die »Hardware« (die Sinnesorgane oder die Gehirnwindungen) entscheidet, sondern die Programmierung der »Software«, der Nervenverschaltungen in unserem Gehirn, leitet das Agieren. Auftretende Störungen beantwortet unser Gehirn mit Handlungsmustern, die es als geeignet wahrnimmt. Entweder wird ein bestehendes Bild erweitert oder modifiziert. Das Gehirn ergänzt fehlende Teile der Wahrnehmung durch Informationen, wie es »sinnvoll« erscheint → wer will da noch von objektiver Wahrnehmung reden. Es werden damit neue Informationen in alte Gedächtnisinhalte eingebaut. Das hört sich doch gar nicht so problematisch an, oder? Wenn Sie beispielsweise Zeuge eines Verkehrsunfalls sind, vermischen sich die Bilder davon mit dem Bild eines zuvor erlebten Verkehrsunfalls. In einem Test wurde Freiwilligen ein Video gezeigt und ihnen dann eine Frage bezüglich eines Verkehrsschildes gestellt. Obwohl in dem Video kein Verkehrsschild zu sehen war, neigten die Befragten dazu, es in ihren Erinnerungen zu beschreiben.

Falls ein einmal angelegtes Bild im Gehirn sehr stabil ist und das neue Bild nicht dazu passt, verweigert unser Gehirn die Öffnung und Erweiterung der einmal gefassten Vorstellung. Das Gehirn filtert das neue, störende Bild heraus. Sozialpsychologen bezeichnen dieses Phänomen auch als »Blinden Fleck«. Damit fungiert dieser Prozess, dass nicht zu dem vorhandenen Bild passende Bilder nicht angenommen werden, als Abwehrmechanismus. Das gilt sowohl für die eigenen inneren Vorstellungen und Erfahrungen als auch für die kollektiv gemachten Erfahrungen. Wenn Sie als Trader zum Beispiel einen Selbstsabotagemechanismus in sich haben mit dem geprägten Bild »Du verdienst es nicht, in finanziellem Wohlstand zu leben«, dann passt ein neues Bild, etwa ein Setup, das danach schreit, eine Position zu eröffnen, die Sie zu Wohlstand und finanzieller Freiheit führt, nicht ins Bild (Dasselbe gilt auch für den Algorithmus, den Sie nicht programmieren). Sie werden das neue Bild ignorieren und Sie werden in diesem Fall die Position nicht eingehen. Ihr Gehirn wird alles daransetzen, sein einmal gefestigtes Bild (Ziel: kein finanzieller Wohlstand, Armut) zu festigen, damit es dem vorgeformten Bild entspricht. Ein anderes Beispiel: Sie sind der Auffassung, Sie müssten als Händler nichts mehr dazulernen, denn Sie kennen alle gängigen Eintritts- und Ausstiegssignale und Chartmuster. Diese Erfahrung wird in den höchsten assoziativen Bereichen Ihres Frontalhirns als ein übergeordnetes und nun Ihre ganze Wahrnehmung beeinflussendes, das heißt Ihre Offenheit bestimmendes, inneres Bild verankert. Dieses übergeordnete Bild hemmt als einmal angeeignete Haltung die Projektion von »Erwartungsbildern« aus den anderen assoziativen Netzwerken des Cortex in das Zwischenhirn. Ein so geprägtes Gehirn hört auf, die in der Außenwelt oder inneren Welt stattfindenden Veränderungen wahrzunehmen. Ihre einmal entwickelten Haltungen und Überzeugungen sind dann so stark in ihrem Frontalhirn verankert, dass sie den Abruf und damit den Abgleich einzelner, oft sogar aller anderen in den assoziativen Rindenbereichen angelegten Wahrnehmungsbilder verhindern. Es ist heute möglich, mit funktionellen bildgebenden Verfahren die im menschlichen Gehirn beim Denken erzeugten Erregungsmuster darzustellen. Dabei wird gezeigt, welche Bereiche im Gehirn stärker und welche weniger stark aktiviert werden.

Ebenfalls spannend sind die Prozesse, die mit funktionellen bildgebenden Verfahren wie dem fMRT *nicht* erklärt werden können: ob der Mensch eine Handlung tatsächlich durchgeführt hat oder ob er sie nur als inneres Bild in seiner eigenen Vorstellungswelt gedanklich vollzogen hat. In beiden Fällen werden im Gehirn identische Vorstellungsbilder wachgerufen. Sowohl das innere Bild des vorgestellten Handlungsablaufs als auch dessen antizipierte Ergebnisse müssen in Form spezifischer Verschaltungsmuster vorhanden sein, damit sie gedanklich abgerufen werden können. D.h. in letzter Konsequenz → Sie haben die Wahl, sich durch wiederholtes Vorstellen imaginierter positiver Verhaltensmuster jederzeit auf eine positive Zukunft zu programmieren.

Warum interessiert Sie als Trader das? Warum ist das relevant? Wir Menschen können uns nur das denken und vorstellen, was wir bereits erfahren, erlebt und als inneres Bild verankert haben. Warum können sich manche Händler nicht vorstellen, dass der DAX intraday mehr als 500 Punkte verliert (wie am 21. Januar 2008, als die Société Générale Jérôme Kerviels 140 000 DAX-long-Positionen schliesst, weil ihnen der angelaufene Verlust zu hoch erscheint)? Weil der DAX sich intraday normalerweise nicht in dieser Bandbreite bewegt.

Wenn Sie sich nicht vorstellen können, erfolgreich zu sein und durchschnittlich 100 Pips oder Ticks zu machen, werden Sie es dauerhaft auch nicht schaffen. Das ist was ich meine, wenn ich zu meinem Klienten sage: »Sie sind ein direktes Produkt ihrer Erfolgsfähigkeit!« Wenn Sie innerlich keine Bilder des Erfolgs haben, werden Sie keinen Erfolg haben. Heißt das: Einmal ein Verlierer, immer ein Verlierer? Nein! Je häufiger Sie real oder gedanklich eine Handlung durchgehen, desto einfacher kann sie wieder abgerufen werden. Die daran beteiligten synaptischen Verbindungen und neuronalen Verschaltungen werden gefestigt, unabhängig davon, ob die Erlebnisse real – durch eigenes Handeln – erneut abgerufen werden oder aus der bloßen Imagination wieder abgerufen werden. Das gilt insbesondere, wenn die Aktivierung eines neuronalen Verschaltungsmusters mit einer emotionalen Erregung einhergeht. Verbinden Sie eine Vorstellung mit einer stark positiven oder negativen Emotion, werden in erhöhtem Maße neuroplastische Signalstoffe ausgeschüttet, wodurch Sie die Synapsen-Verschaltung festigen. Das ist der Grund dafür, dass im Gehirn eines Menschen, der einen Vorgang stark emotional erlebt, wie zum Beispiel ein Händler, der einen längeren Draw-down durchmacht und sich die negativen Folgen dieses Ergebniss lebhaft vorstellt, enorm starke Bilder entstehen. Durch die starke emotionale Beteiligung wird die Verschaltung, die bisher die Breite eines Waldwegs hatte, zu einer mehrspurigen Autobahn ausgebaut. So werden diese Bilder besonders leicht abrufbar und können bestimmend für das gesamte Denken, Fühlen und Handeln der entsprechenden Person werden. Der betroffene Händler hat kaum noch eine Chance, darüber nachzudenken, ob diese Reaktion die richtige ist. Er handelt reflexartig – und zwar so, wie sich die Autobahn entwickelt hat. Erschwerend kommt hinzu, dass sich diese Verhaltenstendenz verstärkt, je größer der Druck ist, unter dem der Händler steht. Je höher dieser Druck wahrgenommen wird, desto wahrscheinlicher wird es, dass der Mensch in sein altes, eingefahrenes Denk-, Gefühls- und Handlungsmuster zurückfällt. Während uns diese eingebaute Automatik in lebensbedrohlichen Situationen zugutekommt, hat sie Nachteile in Situationen, in denen klares Handeln gefragt ist. Sind Sie in einer lebensbedrohlichen Situation, haben Sie nicht die Zeit, lange abzuwägen, welche aller möglichen Entscheidungvarianten unter den gegebenen Umständen die richtige ist. Wenn es um das Überleben geht, ist es wichtig, die Alternativen sofort parat zu haben. Eine Handelsentscheidung hingegen sollte wohlüberlegt sein und in erster Linie mit dem Verstand, *aber auch* mit Intuition gefällt werden.

Lebhaftes, emotionales Vorstellen der negativen Konsequenz einer Handlungsentscheidung führt zu einem Ausbau der nervlichen Verschaltung; hin zur Endlosschleife – die Evolution denkt für Sie.

Wenn es so einfach ist, positive Ergebnisse beim Traden zu visualisieren, warum scheitern dann die meisten Trader? Auch hier zitiere ich Arnold Schwarzenegger:

»Die meisten Menschen, die ich beobachtet habe, konnten keine außergewöhnlichen Fortschritte machen, weil sie niemals an sich selbst geglaubt haben. Sie hatten ein verschwommenes Bild von dem, was sie eines Tages sein wollten, aber sie zweifelten daran, dass sie es verwirklichen konnten. Folglich strengten sie sich nicht genug an, da sie nicht daran glaubten, eine Chance zu haben, ihr Ziel zu realisieren. Und natürlich schafften sie es mit dieser Einstellung auch nicht.«

Um es auf den Punkt zu bringen: Die ganzen Visualisierungs-, Entspannungs- und positiven Affirmationstechniken greifen nicht, wenn der Mensch innerlich nicht daran glaubt, er könne seine Zielbilder realisieren. Nur wer Vertrauen in sich und seine Fähigkeiten hat, wird den Sprung in die Hochleistungsphase schaffen.

Ist Talent erlernbar oder genetisch veranlagt?

Es gibt kein Talent-Gen. Talent ist keine angeborene Fähigkeit. Der Funke zur Genialität ist auch nicht göttlich. Vielmehr geht es darum, die Grenzen des Könnens Stück für Stück auszuweiten. In jedem Bereich, wo es um viel Geld geht, egal ob beim Golf, beim Tennis oder beim Fußball, lassen sich die Besten der Besten mental coachen und holen die letzten drei bis fünf Prozent ihrer Leistungsbereitschaft aus sich heraus. Und – noch wichtiger – es unterstützt Sie dabei das Gelernte ABRUFEN zu können! Das macht dann den Unterschied zwischen der Nummer eins und dem Rest des Feldes aus. Warum ist der Einsatz eines Mentaltrainers dennoch beim Trading bisher kaum verbreitet?

Was tun Sie als Trader, um immer noch bessere Leistungen zu erbringen und schließlich als Sieger aus dem Wettbewerb hervorzugehen?

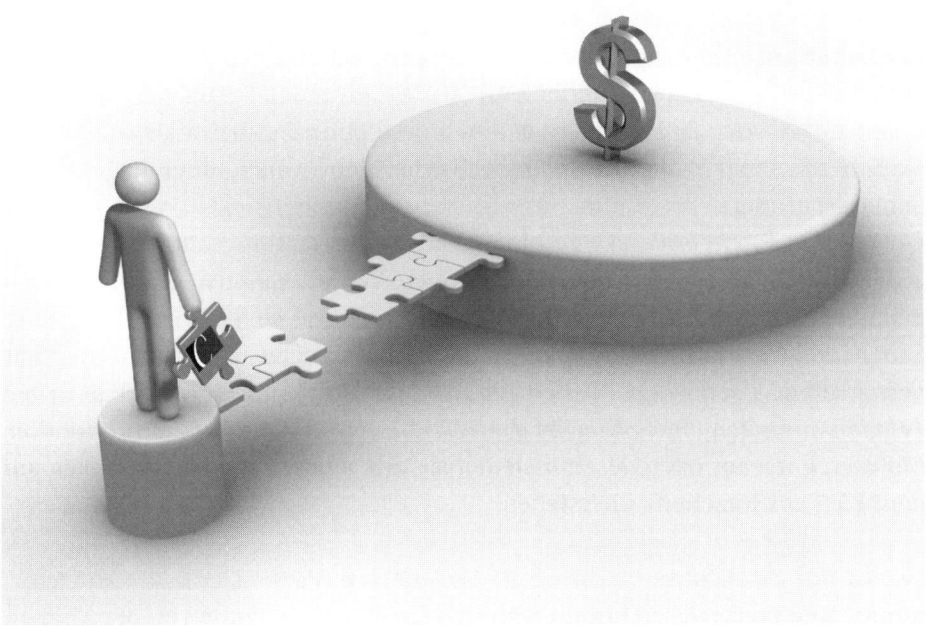

Abbildung 2: Mentaltraining gilt bei Tradern im englischsprachigen Raum als Gehirn-Doping

Nach meiner Erfahrung liegt es daran, dass sich viele Trader der Illusion hingeben, man bräuchte keine speziellen Kenntnisse. Es geht häufig nach dem

Motto: »Was der kann, kann ich schon lange!« Na ja, sag ich da, nur weil Sie Fahrrad fahren können, heißt das noch lange nicht, das Sie eine Etappe geschweige denn die Tour de France gewinnen können. Vielleicht sind diese Trader auch der Meinung, dass Talent erblich ist. Dann müssten die Kinder von André Agassi und Steffi Graf, die beide jahrelang die Tennis-Szene dominierten, sich demnächst in den Top Ten der Tennis-Weltrangliste wiederfinden. Ich würde nicht darauf wetten.

Was unterscheidet den Erfolgreichen von dem nicht Erfolgreichen? In der Regel fehlt Letzterem der unbedingte Wille, zu den Besten zu gehören. Die Besten ihres Fachs üben ihre Lernschleifen nicht häufiger als die anderen, die auch trainieren. Sie üben *viel mehr* als die anderen und sie üben in der gegebenen Zeit *intensiver*. Wie wir aus der Talentforschung wissen, brauchen Talente zirka 10 000 Stunden harte Übungsarbeit, um herausragende (Weltklasse-)Fähigkeiten zu entwickeln, Fähigkeiten, die sie aus der Masse der Trainierenden herausheben. *Talent ergibt sich aus dem sehr lange aufrechterhaltenem Arbeitsinstinkt, einer positiven Lernschleife!* Wenn der Funke zur Genialität also nicht genetisch verankert ist, scheint die *Aufrechterhaltung des Arbeitsinstinkts* während dieser 10 000-Stunden-Regel der kriegsentscheidende Faktor zu sein. Wird der Weg des Performers nicht als »Zeitpunkt-Verhalten«, sondern als Prozess einer Lernschleife verstanden, die sich über einen sehr langen Zeitraum hinweg stufenweise entwickelt, wird deutlich, wie sich ein Talent entwickelt. Sein eigenes Talent zu fördern und seine Grenzen auszuweiten erfordert es, die richtigen Verhaltensweisen immer wieder einzuüben, bis sie zur Gewohnheit werden. Genauso steigern Sie Ihre Fähigkeiten und Fertigkeiten als Trader. Es gibt zahlreiche Untersuchungen aus verschiedenen Bereichen, die belegen, dass nur sehr wenige, die Talent in den Jugendjahren zeigten, später zu den Weltbesten gehörten. Egal ob Sportler, Musiker, Forscher oder Geschäftsleute, sie alle müssen die Durststrecken auf dem Weg zur Exzellenz überstehen.

2.2 Aufgabe des Paradigmas vom Homo oeconomicus

Die Gegenüberstellung des idealen und des tatsächlich beobachteten menschlichen Verhaltens, wie sie in Tabelle 1 dargestellt wird, wirft Fragen auf. Warum verhalten sich Menschen scheinbar widersprüchlich zu ihren eigenen Zielen? Die Wissenschaft baut sich Modelle von der Realität, um Prognosen über die Entwicklung abgeben zu können. Bei der Modellbildung haben mathematisch stringente Systeme auf Wissenschaftler eine stark anziehende Wirkung. Dabei scheinen die Einfachheit und die Bequemlichkeit eine große Bedeutung zu haben. Die Modell-Annahme der traditionellen Finanzlehre eines rational handelnden, nur nach eigenem Nutzen strebenden Menschen, also eines Homo oeconomicus, ermöglicht es, quantifizierbare Aspekte in den Vordergrund zu stellen. Dabei wird der Entscheidungsprozess des Menschen an sich als Black Box behandelt. Damit ignoriert man zwar die in der Realität vorkommende Ungewissheit, doch nimmt dies billigend in Kauf. Einfache mathematische Zusammenhangsbeschreibungen waren den Wissenschaftlern wichtiger, als die Realität richtig abzubilden (vgl. Fladung 2002, S. 2). Der Staatstheoretiker und Philosoph Adam Smith prägte 1776 mit der Veröffentlichung seines Buchs »Der Wohlstand der Nationen« das Bild des modernen Menschen als Homo oeconomicus. Für Smith galt dessen enthemmter Egoismus sowohl als Garant für die Maximierung des eigenen Nutzens als auch für den Wohlstand der Nationen. Impliziert wird angenommen, dass soziales Verhalten zwangsläufig folgt, da dies in einer Gesellschaft dauerhaft von Vorteil ist.

Die Mehrheit der finanzwissenschaftlichen Modelle beruht auf der Annahme rational agierender ökonomischer Menschen. Damit einher geht eine »Entpsychologisierung der Ökonomie« (Benz, Frey, 2001, S.3). Interessant ist in diesem Zusammenhang, dass die Fiktion des Homo oeconomicus trotz gegenteiliger Erkenntnisse aufrechterhalten wurde. Die Koexistenz von Ökonomie und Psychologie wurde gefestigt, ohne dass die beiden Disziplinen sich gegenseitig befruchteten. Damit wurde ein Konflikt offensichtlich: Finanztheoretische Modelle, die auf der Annahme eines rationalen Entscheiders basierten, konnten die Realität nicht abbilden.

Dabei soll die Mathematik als Instrument zur Beschreibung der Realität doch nur eingesetzt werden, wenn realistische Annahmen erfüllt sind (vgl. Tvede, 1990, S. 16). Viele der psychologischen Erkenntnisse hingegen waren inkompatibel mit den ökonomischen Lehren. Schon die Terminologie »Anomalien« (Markt-Anomalien oder die Verhaltens-Anomalien) weist daraufhin, dass eine beobachtbare Realität anscheinend keine Entsprechung in den Modellen findet.

Der Vollständigkeit halber muss erwähnt werden, dass sich die Wirtschaftswissenschaftler erst seit der Ära der Neoklassischen Theorie, Mitte des 20.

Jahrhunderts, von der Psychologie entfernten. So oder so, es zeigt sich, dass Wissenschaftler, also Experten, dieselben Fehler mit der Fiktion des rationalen Entscheiders machten, die bei den Probanden der zahlreichen Experimente zu beobachten waren. Sie lösten Teilprobleme in einem Feld, in dem sie sich auskannten, ohne dabei den Bedingungen der Realität gerecht zu werden. Dies zeigte sich bei den Experten sogar noch eklatanter als bei den Laien. Erstere kennen, zumindest sollten sie das, die menschlichen Schwächen bei der Lösung eines Problems. Dennoch machten sie dieselben Fehler. Erinnert Sie das vielleicht an den Trader, der sich aller Fehler, die gemacht werden können, bewusst ist; der weiß, wie man es in der Theorie richtig macht, aber dann in der Praxis doch in alte Verhaltensmuster verfällt? Unter diesem Aspekt sehe ich das scheinbar »irrationale« Verhalten der Trader und anderer Planer und Entscheider in der Praxis als das natürliche Verhalten an. Irrational ist nur, dass es in den klassischen Modellen nicht vorgesehen ist.

Ein wissenschaftliches Konzept, das dies berücksichtigt und die Abkehr von der Annahme des rationalen Entscheiders eingeleitet hat, ist das Konzept der begrenzten Rationalität von Herbert Alexander Simon. Demnach treffen Menschen Entscheidungen unter der Bedingung unvollständiger Information. Sie beenden die Informations- und Alternativensuche, sobald sie eine Lösung finden, die sie zufriedenstellt, auch wenn sie wissen, dass es eventuell eine bessere Lösung gibt. Dies ermöglicht die Berücksichtigung kognitiver Modelle des Entscheidungsprozesses unter Einbeziehung von Risiko und Unsicherheit (hervorzuheben sind hier insbesondere Kahneman u. Tversky, 1979, »Prospect theory: Decision Making Under Risk«).

Bildgebende Verfahren (wie die funktionelle Magnetresonanztomografie [fMRT]) fügten dem Modell der begrenzen Rationalität innere, indirekte Vorgänge hinzu. Sie ermöglichten es, herauszufinden, welche Gehirngegenden (also eher die für die rationalen oder eher für die emotionalen Prozesse zuständigen Bereiche) bei den jeweiligen Schritten des Entscheidens involviert sind. Dem Element der begrenzten Rationalität wird das Element des Irrationalen hinzugefügt, dessen man versucht habhaft zu werden, indem man analysiert, welche Gehirnregion an welcher Stelle der Entscheidungsfindung beteiligt ist.

Schon 1955 hat Simon (vgl. Simon, H.A., S. 99ff.) sein Konzept der beschränkten Rationalität, »Bounded Rationality«, der Annahme der Neoklassiker des rationalen Entscheiders entgegengestellt. In seinem Modell treffen Agenten (Manager) Entscheidungen unter Unsicherheit und bei Kosten der Informationsbeschaffung in nicht rationaler Weise. Es gibt keine absolute Markttransparenz – schon allein dadurch, dass die Marktteilnehmer nur so lange nach Informationen suchen, bis sie der Meinung sind, der Informationsstand genügt. Simon nennt dies den »Aspiration Level«. Des Weiteren geht er von einer beschränkten Kapazität der Teilnehmer aus, Informationen zu verarbeiten. Inhaltlich führt er die Begrenztheit von kognitiven Fähigkeiten, Intelligenz und Motivation an. Die geänderten Modellannahmen von Simon bewirkten einen veränderten Erklärungsansatz. Menschen orientieren sich mit ihren Entscheidungen nicht nur an der Maximierung ihres Einkommens. Damit wurde ein entscheidender Schritt getan, indem das Bild des Homo oeconomicus dem des Homo reciprocans wich (vgl. Falk, 2001). Dieser orientiert sich an dem Nutzen, den er selbst als befriedigend wahrnimmt. Dieser Nutzen kann durchaus im Gegensatz zu materiellem Nutzen stehen. (Falk, 2001, S. 15: »Der Homo reciprocans ist viel eher bereit, auch finanziell unvorteilhafte Maßnahmen zu akzeptieren [zum Beispiel als »zu hoch« wahrgenommene Steuern zu zahlen], wenn das Verfahren, das zu der entsprechenden Maßnahme geführt hat, als gerecht wahrgenommen wird.«) Er richtet sich bei seinen Handlungen mehr daran, ob Aktionen als fair oder unfair wahrgenommen werden.

Eine allgemeingültige Rationalität weicht in dieser Sicht der »subjektiven Rationalität«, die von Rothkopf geprägt ist: »Für den Menschen kann es in bestimmten Börsensituationen nämlich auch rational sein, sich mit der Befriedigung anderer Bedürfnisse zu befassen. Hierdurch erhöhen oder maximieren sie auch ihren Nutzen. Man betreibt zwar keine finanzielle Profitmaximierung, dennoch ist für jeden Einzelnen das Verhalten, das aus dem Motiv folgt, rational, da es für die Person wichtig ist, das Bedürfnis zu befriedigen« (Rothkopf, 2003, S. 20f.).

Statt der zentralen Variablen der Geldmaximierung sind subjektive Nutzenbestandteile, wie beispielsweise Moralkonformität, Ansehen oder Status, bei der Maximierung von Zielen von Bedeutung.

Die Abkehr vom Homo oeconomicus ist von großer Bedeutung. (Fehr, 2001, S.1. beschreibt die Aufgabe als »derzeit die seit Jahrzehnten folgenreichste wissenschaftliche Revolution ... die, wenn sie erfolgreich ist, ... eine bessere, relevantere Ökonomik hervorbringen [wird]«.)

Dieser Paradigmenwechsel führt zur Annahme, dass Menschen als soziales Wesen entscheiden und bei ihren Entscheidungen an andere denken. Auch wenn wir Familie, Freunde und Kollegen nicht explizit miteinbeziehen, so prägen »die anderen« unsere Einstellung zur Welt und regulieren unsere Handlungsalternativen. (Um es zu verdeutlichen und das Bild klarer zu machen: Handlungsalternative können sein: A1: Ich warte ab; es gibt keine Einstiegssignale. A2: Ich gehe in den Markt, da ich den ganzen Tag nur beobachtet habe.

Uns prägen die Einstellungen »der Anderen«, etwa in dem Sinne, das eine innere Stimme uns die Frage »der anderen« antizipiert: »Und was hast Du den ganzen Tag gemacht?« Und wir denken vielleicht: Du fauler Hund. Du musst fleissig sein. Auch wenn die rationale Alternative A1 ist, ist es in diesem Fall schwierig, dieser auch nachzugehen.) Der Wunsch zur Gruppenangleichung (Affiliation) wird körperlich durch das Hormon Oxytocin gesteuert. Es beeinflusst alle Arten sozialer Interaktionen. Die Gruppeneinbindung beeinflusst in hohem Maße die Bereitschaft des Entscheiders, etwas zu leisten, etwas zu wagen. Das wiederum bestimmt sein Selbstwertgefühl, das immer einen Gruppenkontext hat. Man ist wertvoll für andere. Wer etwas gegeben hat, hat nach den Regeln der Reziprozität auch Anspruch auf Gegenleistung. Beim Handeln und Planen unter den Bedingungen von Unbestimmtheit, Unsicherheit und Komplexität hat die wahrgenommene Zugehörigkeit zu einer Gruppe einen starken Einfluss. Betrachtet man den Entscheider als sozial handelndes Individuum, ergeben sich solide Erklärungsansätze für Herdenverhalten oder Gruppendenken. Wenn der Mensch als soziales Wesen agiert, zielt er auf ein Gruppenklima ab, das auf wechselseitigem Vertrauen und Achtung basiert (vgl. Janis, 1972, Groupthink). Solidarisches Verhalten bedeutet, sich an die Norm der Gruppe zu halten. Will der Einzelne den Zusammenhalt der Gruppe, muss er sich an bestimmte Normen und Konfliktlösungsmethoden halten. Anstatt schnell und flexibel auf die sich ändernde Umwelt oder Marktbedingungen zu reagieren, orientiert er sich am Konsens seiner Bezugsgruppe. Das Gruppendenken des Homo reciprocans birgt mehrere Probleme: Zum einen strategische Inflexibilität und damit Langsamkeit. An der einmal eingeschlagenen Strategie wird festgehalten, auch wenn sie schlecht ist. Zum anderen verhindert Gruppendenken, von der »Dummheit« der Gruppe zu profitieren. (Als Beispiel seien hier die Händler genannt, die auch noch in einem völlig überkauften Markt long gehen.) Der Homo reciprocans wägt zwischen konkurrierenden Zielen ab, beispielsweise zwischen Erhaltung des »Gruppenfriedens« und Maßnahmenoptimierung.

Die methodische Weiterentwicklung funktioneller bildgebender Verfahren bietet Ökonomen wesentliche Impulse bei der Suche nach Motiven für scheinbar irrationales Verhalten. Durch die Messung von Gehirnaktivitäten ist man durch den naturwissenschaftlich nachvollziehbaren Blick in die Arbeit des Gehirns nun in der Lage, bessere Erklärungen menschlicher Entscheidungen zu treffen. Vorher haben Forscher lediglich Schlussfolgerungen oder »Linearkombinationen« aus psychologischen und anthropologischen Erklärungsmodellen gezogen. Jetzt haben wir eine Chance, dem Gehirn beim Denken zuzusehen.

Grundsätzlich bleibt festzustellen, das sich Performer, die Spitzenleistungen in ihrer Nische bringen wollen, seien es Trader, Sportler, Manager oder Ärzte, stets Strategien überlegen, wie sie besser werden können. Erfolgreiche Trader beschäftigen sich so lange mit getätigten und nicht getätigten Orders, analysieren ihr Trading-Journal und ihr Handelssystem, bis sie alles verstanden haben. Man kann die Arbeit eines Traders, der sich auf Chartmustererkennung spezialisiert hat, mit der Arbeit eines erfolgreichen Radiologen vergleichen. Während angehende Medizinstudenten in einer Röntgenaufnahme nur schemenhaft Schwarz-Weiß-Schattierungen auf den Bildern erkennen können, kann ein erfahrener Radiologe, der sich Abertausende von Aufnahmen angesehen hat, in diesen Schwärzeverteilungen kleinste Unstimmigkeiten erkennen und daraus präzise Anzeichen einer pathologischen Veränderung feststellen. Es kommt also darauf an, sich die Lernschleife Aktion → Rückmeldung → Analysieren der Annahmen und Modellzusammenhänge → Aktion anzuschauen. Das Lernen von Wahrnehmung kann allerdings beschleunigt werden, indem man sich ungewöhnliche Signale im Kopf vorstellt, um Anomalien, wie beispielsweise auf Röntgen- oder MRT-Aufnahmen, besser erkennen zu können.

Um zu sehen, ob es möglich ist, etwas zu ändern an diesen den Einzelprofit schädigenden menschlichen Verhaltensweisen, beschäftigen wir uns im Folgenden damit, ob sich Gehirnverschaltungen grundsätzlich ändern lassen.

2.3 Aufgaben des Gehirns

Bei allen Ihren Tätigkeiten, die Sie machen, sei es, dass Sie Ihre Hand zum Mund führen, wenn Sie essen, sei es bei der Bedienung Ihres Computers, sei es beim Lesen dieses Buches, gebrauchen Sie Ihr Gehirn. Sie gebrauchen es 24 Stunden am Tag, 7 Tage die Woche, 365 Tage im Jahr, um sich in der Umwelt, in der Sie leben, zurechtzufinden. Wir haben eben über Lernschleifen geschrieben und wie wichtig sie sind. Sie entscheiden, ob Sie zu einem Champ werden oder zum Rest der Meute gehören, ein No-Name bleiben. Viele erfolgreiche Trader, seien es Händler, die auf eigenes Risiko handeln, oder solche, die gegen Erfolgsbeteiligung bei Hedgefonds oder Prop-Trading-Firmen arbeiten, erstellen »Trainingspläne«, man könnte sie auch Erfolgsanleitungen nennen, wie man zum Performer wird. Aber wieso gibt es so wenige Bedienungsanleitung wie diese, die ihnen helfen, ihr Gehirn so für sich einzusetzen, sodass sie das Beste aus ihm herausholen? Wäre es nicht intelligent, es für ihre Ziele einzusetzen, um erfolgreicher zu werden? Warum wenden Leiter der Abteilung Trading-Entwicklung, Head of Risk, oder Handelschefs dem Erfolgsfaktor Gehirnverschaltungen Brain Building so wenig Aufmerksamkeit zu? Das kann zwei Gründe haben: Sie wissen nicht, dass es wichtig ist. Oder sie gehen davon aus, dass man an einmal festgefahrenen Verhaltensweisen nichts ändern kann. Gegen Ersteres gibt es mittlerweile zahlreiche Literatur zum Thema Behavioral Finance, Behavioral Economics und Neuroökonomie. Letzteres soll hier an dieser Stelle thematisiert werden.

Wenn Sie der Meinung sein sollten, dass Ihr Gehirn *von allein* richtig funktioniert, so wie es funktionieren soll, dann sind Sie im Irrtum. Wie Ihr Gehirn in diesem Moment funktioniert, stellt lediglich ein Abbild der sich im Laufe der Zeit gebildeten neuronalen Synapsenverschaltungen dar. Und wie diese Verschaltungen angelegt sind und auf welche Weise sie zur Lösung von Problemen herangezogen werden, hängt davon ab, wie Sie Ihr Gehirn dazu in der Vergangenheit benutzt haben. Vielleicht fragen Sie sich jetzt, ob die Art und Weise, wie Sie Ihr Gehirn verwenden, dazu geführt hat, dass Sie bestimmte Dinge kaum noch durchführen können. Auch wenn Sie ein funktionierendes Gehirn bei der Geburt in die Wiege bekommen haben, so heißt das nicht, dass Sie es nicht beachten und sorgsam pflegen müssen. Nur weil Sie Muskeln haben, werden Sie auch nicht zum Spitzenathlet. Im Gegenteil: Da Ihr Gehirn lebenswichtig ist, müssen Sie es genauso pflegen, wie Sie die Beziehung zu einem Kind, zu sich, anderen Menschen, oder zu einem Job pflegen müssen. Auch ist die Annahme, Ihr Gehirn sei genetisch vorpro-grammiert und daran ließe sich nichts oder wenig ändern, durch die moderne Gehirnforschung mittlerweile klar widerlegt. Es ist bequem, zu sagen, Sie sind für diese oder jene Schwächen nicht verantwortlich zu machen. Die neuen wissenschaftlichen Erkenntnisse belegen, dass es nur an Ihnen liegt (medizinische Schädigungen des Gehirns einmal außer Acht gelassen), ob Sie ursprünglich vorhandene Schwächen ausgleichen oder verstärken und ob Sie Ihre Stärken und Begabungen weiter ausgebaut oder vernachlässigt haben. Sie entscheiden, was Sie aus Ihren Erbanlagen machen. Der einzige Grund, warum Sie bisher davon abgehalten wurden, sich um die Performance Ihres Gehirns zu kümmern, besteht darin, dass Ihnen, bevor Sie dieses Buch gelesen haben, niemand erklärt hat, worauf es ankommt. Mit der richtigen (Gehirn-)Trainingsmethode ersparen Sie sich schmerzliche Erfahrungsjahre und verkürzen Ihre Lernzeit, die Sie benötigen, bis Sie ein erfolgreicher Trader/Champ sind. In anderen Disziplinen, wie Tennis, Golf und zum Teil auch in der Formel 1, sind mentale Trainingsmethoden zur Leistungssteigerung gang und gäbe. Bei Tradern hat vor ein paar Jahren die Entwicklung begonnen, sich extern beobachten zu lassen, um eigene Fehler auszumerzen, den Lernprozess in Schwung zu halten und interne (Gehirn-) Vorgänge zu optimieren. Da unser Gehirn als hochkomplexe Nervenzellenverschaltung über alles bestimmt, was wir denken, fühlen und wie wir handeln (Kognition), macht es Sinn, sich die Prozesse näher anzuschauen. Schließlich wird auch Ihre Beurteilung, wie sich der Markt entwickeln wird und wie Sie sich in diesem rauen Umfeld geschlagen haben, letztendlich vom Gehirn gesteuert. Als Mental-Coach ist man bestrebt, die bisherigen Überzeugungen, Haltungen und Einstellungen eines Menschen dahingehend zu verändern, dass sich neue Muster herausbilden, sodass er sich in der Umwelt besser zurechtfindet als vielleicht ein Konkurrent. Konkrete Ansatzpunkte liegen darin, die Lernprozesse zu beschleunigen, aber auch im Fall bestehender Ängste, die denk- und handlungsbestimmend zu werden drohen, Sicherheit bietende innere Bilder beim Trader zu erzeugen. Es wird sich zeigen, dass es möglich ist, Tradern, die in eine Sackgasse geraten sind, neue Lösungswege aufzuzeigen.

Untersuchungen der modernen Hirnforschung belegen, dass es keine Intelligenz-, Sucht- oder Egoismusgene gibt, die uns in eine Richtung drängen. Es gibt nur genetische Veranlagungen und spezifische Anfälligkeiten, bei denen es keinen Zwang gibt sie einzugehen. Des Weiteren wurde das fast 100 Jahre gültige Dogma der Unveränderlichkeit einmal im Gehirn entstandener Neuronenverschaltungen aufgegeben. Stand der Dinge ist, dass das Gehirn auch im Erwachsenenalter in hohem Maße strukturell formbar ist. Zwar können sich die Nervenzellen nach der Geburt nicht mehr teilen. Die komplexen Verschaltungen lassen sich jedoch zeitlebens an sich ändernde Nutzungsbedingungen anpassen. Alles das, was Menschen tun und wie sie handeln, beruht auf ihren Erfahrungen, insbesondere den psychosozialen Erfahrungen (wir erinnern uns an den Homo reciprocans). Erfahrung ist als im Gedächtnis verankertes Wissen über erfolgreiche oder erfolglose Strategien des Denkens und Handelns zur Lösung eines Problems definiert. Erfahrungen sind das Ergebnis eigener Bewertungen der subjektiven Reaktionen auf Veränderungen der Umwelt. Nicht rational erworbenes Wissen, sondern eben diese Erfahrungen steuern die Erwartungen, lenken die Aufmerksamkeit, bewerten Vorgänge und bestimmen die Reaktion auf die Umwelt. Um als Mental Coach erfolgreich arbeiten zu können, ist es sinnvoll, dass man weiß, dass einmal vorhandene Gehirnverschaltungen, die nichts anderes als Erfahrungen darstellen, durch neue Erfahrungen überschrieben werden können. Im Folgenden werde ich beschreiben, was im Gehirn passiert, wenn Erfahrungen und Befindlichkeiten verändert werden, und welche Voraussetzungen dafür gegeben sein müssen. Sie werden sich vielleicht fragen: Warum ist das für angehende und erfahrene Trader relevant? Wenn Sie etwa das Gefühl haben, »Ich lerne langsam«, dann kann es sinnvoll sein, zu wissen, dass Sie dieses Gefühl beziehungsweise diese Erfahrung ersetzen können durch ein zielführenderes Gefühl: »ich bin ein guter Lerner«. Oder wenn Sie innerlich überzeugt sind: »Ich bin kein guter Trader«, ist es sinnvoll, sich zu überlegen, wie das Gehirn genutzt werden kann, um etwas Zielförderndes zu denken. Die Gehirnverschaltung ist nur ein Produkt dessen, wie wir es bisher genutzt haben. Wenn Sie es anders nutzen, verschaltet es sich neu. In diesem Buch geht es darum, zu belegen, dass Menschen aktiv die Möglichkeit haben, ihr Potenzial im vollen Umfang auszuschöpfen. Dabei werden die neuesten wissenschaftlichen Erkenntnisse berücksichtigt, die deutlich machen, dass der Bau und die Funktion des menschlichen Gehirns optimiert ist, um psychosoziale Aufgaben zu lösen, und weniger zum rein logischen Denken: das Gehirn als Sozial- und nicht als Denkorgan. Es ist unumstritten, dass Gefühle und Emotionen auf unsere Wahrnehmung und unser Denken, genauso wie auf die Bildung von Erfahrungen und Überzeugungen, großen Einfluß haben.

Im Laufe der Evolution haben sich drei verschiedenen Gehirntypen entwickelt,

a) das programmgesteuerte,

b) das initial programmiergbare und

c) das zeitlebens programmierbare

Gehirn. Die zeitlebens programmierbaren Konstruktionen sind diejenigen, die es im Lauf der Zeit nicht geschafft haben, eine Nische zu erobern, in einem bestehenden Lebensraum etwas besonders gut zu machen (gut hören, riechen, laufen, klettern et cetera). Er kann von allem ein bisschen, aber nichts besonders gut. Das führt zu der Notwendigkeit, dass er sein Gehirn offen hält für viele Optionen. Für ihn war es nicht nötig, zum Zeitpunkt der Geburt ein völlig ausgereiftes Gehirn zu haben. Es brauchte sich noch nicht so schnell und so spezifisch in einen hoch komplexen Lebensraum einzufügen. Mit der Entwicklung einer komplexeren und dynamischeren Welt bot sich dem »Alles-aber-doch-nichts-richtig-Könner« jedoch die Chance, die hoch spezialisierten Arten zu überholen. Letztere waren aufgrund ebendieser Spezialisierung nicht mehr in der Lage, sich der wandelnden Umgebung anzupassen. Diejenige Art, deren Gehirn sich nur auf eine spezifische Umgebung angepasst hatte, hatte Schwierigkeiten, sich an eine andere Umgebung anzupassen, während die Generalisten in der Lage waren, komplexe Veränderungen auf mehreren Sinneskanälen zu erfassen und darauf vorausschauend zu reagieren. Aus programmgesteuerten Organismen entwickelten sich die nicht mehr ausschließlich genetisch gesteuerten Individuen, deren endgültige Verschaltungen sich erst später stabilisieren. Zum Schluss dieser Entwicklung standen die zeitlebens programmierbaren Konstruktionen. Diese konnten ihre eigenen Nutzungsbedingungen festlegen und sich quasi selbst strukturieren. Das Gehirn konnte sich quasi selbst aussuchen, was aus ihm werden sollte. Es war in der Lage, sich eine Welt zu schaffen, in der es leben konnte. So ist ein menschliches Gehirn konstruiert.

Programmgesteuerte Konstruktionen

Gehirne von Würmern, Schnecken oder Insekten mussten dafür sorgen, dass die im Inneren herrschenden Bedingungen auch dann bestehen bleiben können, wenn sich die äußere Umwelt verändert. Es musste ein Informationsaustausch gewährleistet sein, damit die innere Ordnung bestehen bleiben kann. Von der Komplexität her erinnert es an den Regelkreis unseres Klimaanlagen-Beispiels. Wenn der gemessene Istwert vom Sollwert abweicht, wird ein gegenregulatorischer Mechanismus in Gang gesetzt. Das reicht für eine Welt, in der sich nichts ändert und nichts Neues, Bedrohliches passiert. Sobald jedoch eine Störung oder eine Veränderung im äußeren System eintritt, kann das primitive System nicht früh genug Abhilfe schaffen und reagieren. Je mehr Verschaltungen es im Gehirn zwischen den unterschiedlichen Sinnen (Sehen, Hören, Tasten, Schmecken, Riechen) gab, desto besser entsprach das innere Bild dem Bild der Außenwelt. Nichtsdestotrotz hängen die Gehirne von Insekten, Spinnen, Würmern et cetera alle von genetischen Programmen und den damit fest verbundenen Konstruktionen ab. Zur Erfüllung des genetischen Auftrags »Bleib am Leben und erzeuge Nachkommen« gab es zwei Möglichkeiten: Erstens mehr Nachkommen zu erzeugen oder zweitens Nachkommen zu zeugen, die eine bessere Überlebensfähigkeit haben. Letzteres ist nur mit einem komplexen, funktionierenden Gehirn möglich. Aus der ständig sich entwickelnden Variabilität der Gene folgte, dass sich die Programme entwickelten, die das Gehirn auf Veränderungen der äußeren und inneren Welt besser einstellen konnten. Die Weiterentwicklung des Gehirns war also von äußeren Umständen einer sich ändernden, immer komplexer und dynamischer werdenden Umwelt getrieben. Dadurch wurde die innere Welt zwar zunehmend komplexer, aber auch besser steuerbar. Vitale Körperfunktionen (Stoffwechsel, Atmung, Verdauung et cetera), Verhaltensweisen (kämpfen, fliehen, Nahrungsbeschaffung) und Strategien der Reproduktion (Partnersuche und Partnerauswahl, Brutpflege) konnten sich ändernden Umweltbedingungen besser anpassen. Die Art mit dem sich besser an den spezifischen Lebensraum anpassenden Gehirn konnte sich durchsetzen. Das galt aber nur, solange die Bedingungen konstant blieben. Die einmal genetisch programmierte Installation zur Steuerung einer Verhaltensweise kann jedoch nur schwer verändert werden.

Initial programmierbare Konstruktionen

Im Gegensatz zu den genetisch programmgesteuerten Gehirnen lassen sich die übrigen Zellgruppen relativ leicht durcheinanderbringen. Ihnen wird lange Zeit nicht gesagt »was später aus ihnen werden soll«, wohin sie sich entwickeln. Damit werden die embryonalen Zellen nicht durch die Gene, sondern durch das Bedingungsgefüge gelenkt und wirken gleichzeitig selbst an dessen Gestaltung mit. Unter Bedingungsgefüge soll an dieser Stelle die Mischung aus Signalstoffen, Hormonen und Transmittern verstanden werden. Äußere

Bedingungen beeinflussen demnach die embryonale Entwicklung. Das war gegenüber den rein programmgesteuerten Konstruktionen ein eindeutiger Wettbewerbsvorteil. Die Anforderungen waren zweigeteilt. Zum einen brauchten die Warmblüter ein Gehirn, welches schnell und effizient auf Gefahren und Bedrohungen reagiert, also möglichst streng genetisch programmiert ist. Wie löste Mutter Natur diesen Konflikt? Sie entwickelte neben dem streng nach einem genetischen Programm funktionierenden Gehirn, das für die Aufrechterhaltung der inneren Ordnung zuständig ist und Bedrohungen abzuwehren hat, einen neuen Gehirnbereich, dessen Verschaltungen zum Zeitpunkt der Geburt noch nicht genau festgelegt sind. Es formte sich erst aus der Art und Weise, wie es genutzt wird und welche Erfahrungen es gemacht hat. Das hatte unter anderem den Vorteil, dass die Besitzer dieser Gehirne bei der Aufzucht ihrer Nachkommen ihre Bedingungen selbst gestalten konnten. Dabei ist die Gehirnentwicklung der Nachkommen in der frühen Phase durch die Eltern prägbar. Ein Pferd, das von einem Zebra aufgezogen wird, wird sich später lieber einer Herde Zebras anschließen als einer Herde Pferde. Es hat kein genetisches Programm, das ihm mitteilt: Du bist ein Pferd. Seine Verschaltungen werden erst nach seiner Geburt von den Erfahrungen programmiert.

Verlustängste, auch diejenigen, Geld zu verlieren, haben einen gemeinsamen Ursprung. Es ist wichtig, diesen Ursprung zu kennen, wenn man mit den Verlustängsten arbeiten möchte. Die nachhaltigste Erfahrung ist diejenige, die hilft, Ängste zu bewältigen. Wenn ein Neugeborenes von der Mutter getrennt wird, bekommt es Angst. Erinnern Sie sich an die Schreie eines Kätzchens, Kükens oder Hundewelpen, wenn man es von seiner Mutter wegnimmt. Die Angst produziert eine interne Stressreaktion. Damit festigen sich die Nervenbahnen und -verschaltungen, die das Neugeborene benutzt, um seine Angst zu bewältigen. Ist die Angst bewältigt und das Junge wieder bei seiner Mutter, sind die entsprechenden Schaltungen besser ausgebaut und effektiver. Das hat zur Folge, dass es zukünftig noch intensiver bemüht ist, die Angst vor der Trennung gar nicht mehr aufkommen zu lassen, indem es sich merkt, was geholfen hat, die Mutter wieder zu finden: ihr Geruch, ihr Aussehen, ihr Verhalten. Und es festigt damit alle Nervenbahnen, die es befähigt haben, zurück zur Mutter zu finden. Je früher und einprägsamer diese Erfahrung war, desto besser sitzt sie fürs Leben. Obwohl sie aussehen wie angeborene Instinkte, sind es in der Kindheit gemachte Erfahrungen von Stress und Angst. Je langsamer sich das Gehirn entwickelt und je länger es dauert, bis alle Verschaltungen endgültig verknüpft sind, und je unfertiger das Gehirn bei der Geburt ist, desto mehr eigene Erfahrungen können verankert werden.

Zeitlebens programmierbare Konstruktionen

Der Vorteil eines Gehirns, das bestimmte Verschaltungen erst im Verlauf weiterer Entwicklungen durch die Art ihrer Nutzung knüpft und festigt, liegt in der besseren Anpassung an eine sich ändernde Umwelt. Hinzu kommt, dass nicht nur die eigene Lebensbewältigung flexibler ist, sondern auch die Art und Weise, Nachkommen in der erworbenen Fähigkeit zu unterrichten. Die Weitergabe gewonnener Fähig- und Fertigkeiten an die nächste Generation ist der Anfang der kulturellen Evolution. Da es unseren Vorfahren nicht gegönnt war, eine Nische zu finden, die sie dominieren, haben sie eine Fähigkeit entwickelt, sich als Sippe zu behaupten. Damit konnten sie die unterschiedlichen Fähigkeiten und Begabungen der einzelnen Mitglieder zu einem Ganzen formen, das mehr konnte als jeder Einzelne allein. Die Chance war aber nur bei den Gruppen gegeben, die untereinander eng verbunden waren und in denen jeder die besonderen Fähigkeiten des anderen genau kannte. Unter diesen Umständen war es sinnvoll, ein Gehirn zu haben, das lernfähig und umsichtig war und dessen Verschaltungen möglichst lange prägbar blieben. Bei der Partnerwahl kam es jetzt neben physischen Merkmalen verstärkt auf psychische Merkmale und den ihnen zugrunde liegenden genetischen Anlagen an. Den größten Fortpflanzungserfolg hatten diejenigen, deren Nachkommen versprachen, besonders bindungsfähig und umsichtig zu sein. Die Verschaltungen möglichst lange offenzuhalten war nur unter der Bedingung möglich, dass durch die Eltern genügend Schutz vor äußeren Bedrohungen geboten wurde. Damit wiederum wurde die Basis für einen sich über Generationen verstärkenden Prozess angelegt. Je sozialer das Verhalten der Eltern gegenüber dem Kind war, desto langsamer durfte das Gehirn ausreifen und desto lernfähiger wurde es. Damit wurde ein Verhalten belohnt, das ein starkes Band zwischen den Eltern und ihren Nachkommen und zur Sippe knüpfte. Und dies wurde in die Gehirne der Nachkommen eingebrannt. Spezialwissen und spezifische Fähigkeiten innerhalb der Gruppe konnten entstehen und Ressourcen gebildet werden, die zur Abwehr äußerer Feinde dienten. Dabei wurden gemeinsame Ziele und Überzeugungen, gerade auch über stabile Sozialstrukturen, an folgende Generationen weitergegeben. So kam es, dass sich in der Entwicklungsgeschichte vom Primaten zum Menschen die Entwicklungsgeschwindigkeit des Gehirns stets verlangsamte. Weitere anatomische Veränderungen förderten die dauerhafte Bindung zwischen Mann und Frau, die wiederum Voraussetzung für die Ausbildung eines vernetzten, dauerhaft lernfähigen Gehirns und die dafür erforderliche Festigung sozialer Beziehungen war. Interessant ist in diesem Zusammenhang, dass die genetischen Unterschiede zwischen dem heutigen Menschen und einem Zwergschimpansen nur zwei Prozent betragen.

Daraus folgt, dass anscheinend nicht »materielle«, DNA-kodierte Unterschiede den Ausschlag zwischen den verschiedenen Qualitäten eines Gehirns geben, sondern immaterielle, geistige. Während der Entwicklung der primitiven Nervensysteme der ersten Tiere hin zu komplizierten, lebenslang lernfähigen Gehirnen der Menschen entstand die Fähigkeit, selbst innere Bilder in Form von Ideen und Vorstellungen über sich und die Außenwelt zu erzeugen. Damit ist aus der Entwicklungsgeschichte des Gehirns belegt, dass wir Menschen in der Lage sind, über unser Denken, Fühlen und Handeln, also über unsere Kognitionen, selbst zu bestimmen. Wir entscheiden mit jeder Sekunde aufs Neue, ob wir stehen bleiben oder wachsen und besser werden. Innere Bilder sind die Grundlage dieser Entscheidung. Sie lenken unsere Fähigkeiten und halten unsere innere Ordnung aufrecht. Damit hat uns die Evolution eine Riesenchance gegeben. Wir sind nicht mehr nur von unserer angeborenen DNA abhängig, sondern haben die Wahl, uns für Wachstum, Weiterentwicklung und Perfektion zu entscheiden. Exzellenz ist trainiert und nicht angeboren. Höchstleistung beruht nicht auf genetischer Disposition, sondern auf zielgerichtetem, kontinuierlichem Lernen.

Die Entwicklungsgeschichte des Menschen hat gezeigt, dass dieser Vorgang ein Prozess ist, der eine gewisse Zeit dauert. Daraus kann man zum einen die Notwendigkeit von Demut und Geduld, zum anderen die Notwendigkeit des Nachdenkens über das eigene Verhalten ableiten. Charakterzüge wie Aufrichtigkeit, Bescheidenheit, Umsichtigkeit, Wahrhaftigkeit, Verlässlichkeit und Verbindlichkeit werden zu Haltungen, welche die Offenheit unseres Gehirns bedingen. Und unser Gehirn muss offenbleiben, damit die Feedbackschleifen lebenslanges Lernen zulassen. Nur wer diesen Sprung schafft und sich selbst und sein Verhalten reflektierend beobachten kann, beginnt, sich als autonomes, freies, selbstständig entscheidendes Wesen zu begreifen. Alle, die diesen scheinbar schwierigen Weg nicht gehen, werden in ihren alten bestehenden Vorstellungen und Ideen über sich selbst und die Umwelt verhaftet bleiben, die ihr Umfeld ihnen aufgezwungen und aufgedrängt hat. Damit ist es unmöglich, ein Potenzial auszuleben, das einem ein lebenslang programmierbares Gehirn gegeben hat. Wer beim Traden zu den Top-Performern zählen will, hat keine andere Wahl, als sich zu einem selbstreflektierenden Ich-Bewusstsein zu entwickeln. Trader gewinnen nicht durch schnellere Muskelreflexe, bessere Sinneswahrnehmung wie besseres Hören, Sehen oder Riechen den Konkurrenzwettkampf, sondern nur dadurch, dass sie sich selbst und ihr Verhalten stets reflektieren. Was ist passiert? Wie kann ich besser werden? Wie kann ich schnell besser werden? Handeln Trader blind wie die Masse, entsprechen damit also dem Bild sozialen Verhaltens, verlieren sie Renditechancen. Wer beim Investieren von Motiven wie Heimatliebe, also dem Fokus auf Werte im eigenen Land, geleitet wird oder nur in bekannte Bereiche investiert, orientiert sich dann an stammesgeschichtlich bewährten sozialen Mustern, trifft aber keine optimalen Renditeentscheidungen. Sage ich damit: Investiere nicht in einheimische Aktien, Anleihen und Indices? Nein. Ich weise nur auf die Auswirkungen unserer stammesgeschichtlichen Historie auf menschliches Entscheidungsverhalten hin.

Der kurze Abriss des Entwicklungsweges des Gehirns zeigt auch, dass wir alte Bilder nicht von allein loswerden. Schließlich hat der soziale Charakter des Gehirns – und nicht die Fähigkeit des rationalen Denkens – Generationen von Menschen geholfen, innere Orientierung zu geben und sich in einer rauen Umwelt zurechtzufinden. Wie schaffen wir es nun, unseren Kopf lebenslang offenzuhalten, neue Ideen und Fähigkeiten zu entwickeln und diese an bestehende Bilder anzupassen, damit wir das Potenzial unseres Gehirns nutzen?

Jeder weiß, wie frei man sich fühlt, wenn man die Welt wie ein Kind wieder unbefangen und vorurteilslos betrachten kann. Wird die Fassade der scheinbaren Fehlerlosigkeit und Vielwissenheit eingerissen, sind alle die Beschränkungen und limitierenden Bilder eines normalen Erwachsenen aufgehoben. Es gibt dann kein »Ich kann doch nicht ...«, »Ich muss doch ...« oder »Das hat noch nie funktioniert ...«. Stattdessen fühlt man wie der Kopf wieder frei wird. Man kann tief durchatmen und spürt, wie sich die eigenen Grenzen erweitern. Eigentlich ist dieser Vorgang etwas vollkommen Natürliches. Die Fähigkeit, sich zu öffnen und seine Fähigkeiten zu erweitern, ist dem menschlichen Gehirn konstruktionsbedingt eingebaut. Schaut man sich die Fähigkeit zur Öffnung und Erweiterung genauer an, wird deutlich: Es handelt sich um eine Matrix, nach der innere Muster (handlungsleitender innerer Bilder) erzeugt, gespeichert und abrufbar gemacht werden. Und wie wir mittlerweile wissen, lässt dieses (Lern-)Verhaltensmuster einüben und dadurch die Gehirnanatomie zum Vorteil ändern. Neuronen stärken Synapsen, die aktiv sind, und entfernen Synapsen, die stumm bleiben.

Der Vorteil, den eine kindliche Einstellung beim Lernen hat, ist die Mühelosigkeit des Lernens. Man lernt schneller, weil in häufigerer Abfolge mehrere Synapsen gleichzeitig aktiv werden, um ein Aktionspotenzial im nächsten Neuron in der Reihe auszulösen. Dadurch werden sämtliche aktive Synapsen gestärkt und haben bei der nächsten Aktivierung einen stärkeren Einfluss auf das Empfangsneuron. Diesen Prozess nennt man Langzeitpotenzierung, englisch abgekürzt LTP. Reize werden miteinander assoziiert, wenn sie zur gleichen Zeit eintreten. Angst (beispielsweise Versagensangst) verhindert diesen Vorgang, Spaß am Lernen fördert die Stärkung von Synapsen im Neuron.

Vorhandene Bilder können, wie oben beschrieben, theoretisch beliebig erweitert werden. Neue zielführende Bilder lassen sich dagegen nicht beliebig schaffen. Es ist nur möglich, ein neues handlungsleitendes Bild zu schaffen, solange es nicht dem Gesamtbild widerspricht. Wenn eine neue Vorstellung oder Idee gegen alles verstößt, was der Mensch bisher gedacht, gefühlt und gemacht hat, wird sie nicht verankert werden können, es sei denn, diese Vorstellung ist relativ unwichtig für den Aufbau und Fortbestand der betroffenen Lebensform. Diese Informationen sind jedoch nicht vollkommen verloren, sondern werden in andere Speicher zwischengeschoben. Sie werden dann abrufbar und mit bestehenden Bildern verknüpfbar, wenn sich die äußeren Verhältnisse ändern und neue Ideen und Vorstellungen zur Bewältigung gebraucht werden – also immer dann, wenn eine Krise eingetreten ist. Unter diesem Aspekt bietet die Krise, zum Beispiel eine Phobie aufgrund einer länger anhaltenden Verlustserie, eine Chance, einen großen Entwicklungsschritt zu machen und bestehende nicht zielführende Bilder und Vorstellungen abzustreifen, neue Einstellungen aus anderen Schichten hochzuholen und ein besseres Bild zu formen.

Notfälle: Bedingungen, die es höheren Schichten
unmöglich machen, zu arbeiten

Gerät ein Mensch in eine Notsituation, wird eine Notfallreaktion in Gang gesetzt, die das nackte Überleben sichern soll. Wie später noch genauer zu belegen ist, wird ein drohender Verlust im selben Gehirnareal verarbeitet, in dem die Todesangst erzeugt wird. Die abgerufenen Reaktions- und Handlungsmuster sind in älteren Gehirnregionen abgespeichert und sind dadurch auch fester verankert und besser abrufbar als andere, später hinzugekommene Reiz-Reaktions-Muster. Im Gehirn entsteht eine sich rasch ausbreitende Unruhe und eine undifferenzierte Erregung. Dadurch kommen die jüngeren, hochkomplexen und deshalb labilen Verschaltungsmuster durcheinander und es können von ihnen keine handlungsleitenden (vernünftigeren) Aktivierungsmuster aufgerufen werden. Der Händler, der sich in einem längeren Draw-down befindet, gerät in Panik. Die tiefen, alten, bereits in der Kindheit angelegten und stark geweiteten Muster bestimmen nun sein Handeln. Falls die Angst so stark ist, dass auch auf diese früh erworbenen Verschaltungsmuster nicht zurückgegriffen werden kann, werden noch tiefer im Gehirn abgelegte Bilder lebendig. Das Gehirn aktiviert nun stammesgeschichtlich bedingte, sehr stabile Reiz-Reaktions-Verschaltungen, die bereits vor der Geburt in unseren Genen verankert waren: das Kampf- oder Flucht-Verhalten. Was sich in diesem Fall genau im menschlichen Gehirn abspielt und wie Sie aus der Zwickmühle wieder herauskommen, wird in Kapitel 4.1.5 genauer beschrieben.

Der Vorteil verblassender, kleiner und unbedeutender werdender Bilder

Die Ideen und Vorstellungen eines Menschen über sich und die äußere Welt modifizieren sich ständig. Damit einher geht, dass sich die inneren Bilder und die gemachten Erfahrungen kontinuierlich an die Veränderungen anpassen. Sie kommen jeden Tag abends mit einem veränderten Gehirn von Ihrer Trading-Station zurück. Alte Bilder verblassen, treten immer weiter in den Hintergrund und werden damit immer unbedeutender. Es gibt bestimmte Situationen, in denen es Sinn macht, dass die inneren Bilder verblassen und in den Hintergrund treten. Das geschieht insbesondere in Situationen, in denen mit diesen Bildern heftige Emotionen verbunden sind und ein Verhalten ausgelöst wird, das der Entwicklung des Menschen nicht förderlich ist. Verblasst zum Beispiel das bei manchen Menschen tief sitzende Bild »Viel Geld verdienen ist unmoralisch«, so hat das Verblassen dieses Bildes bis hin zu dem umgekehrten Bild «Geld verdienen macht Freude« Vorteile im Wettbewerb um begrenzte Ressourcen. Weshalb aber kann ein Bild nur dann geändert werden, wenn die von diesem Bild gesteuerten Reaktionen, Fähigkeiten und Verhaltensweisen nicht mehr zum Überleben gebraucht werden? Das Gehirn erkennt, dass Teile des alten Musters unnötig oder sogar hinderlich sind. Sich tief innerlich zu weigern, Geld verdienen zu wollen, kann als unerwünschtes

Verhalten bezeichnet werden. Wie kommt es, dass Sie Dinge tun, die Sie eigentlich nicht tun möchten (wir wollen uns an dieser Stelle nur auf das Thema »Geld verdienen und erfolgreich sein« konzentrieren)? Der Grund dafür, dass sich Menschen ohne Bedienungsanleitung für ihr Gehirn so schwer tun, Überzeugungen zu ändern, liegt darin, dass die Werte und Überzeugungen, die sie haben, mit einer höheren, logischen Ebene verbunden sind.

Die Einstellung »Viel Geld zu verdienen ist asozial« ist eine nicht notwendig auf sich selbst bezogene Überzeugung. Die höhere logische Ebene ist die Identität. »Ich bin sozial« ist eine Aussage zur Identität einer Person. Um zu seinem Ziel zu kommen, kann man entweder ein nicht förderliches Einstellungsbild, welches ein entsprechendes Verhalten auslöst, ändern, etwa in: »Geld verdienen macht Freude.« Oder man kann eine neue Identität für sich entwickeln: »Ich bin finanziell erfolgreich.« Die Arbeit an Überzeugungen ist ein sehr wirksames Instrument der Persönlichkeitsentwicklung.

Dieses Beispiel zeigt, dass es sinnvoll ist, mit Mental-Coaching-Techniken Bilder aktiv in den Hintergrund zu stellen und verblassen zu lassen, beziehungsweise die Emotion von den Bildern zu trennen. Will man besser werden und zum Kreis der Experten gehören, macht es Sinn, sich aktiv mit der inneren Vorstellungswelt zu befassen. Sie können sich entscheiden, diesen Vorgang mithilfe von Mental-Coaching zu systematisieren und zu optimieren, oder Sie können hoffen, dass Genosse Zufall Ihnen hilft. Sie haben also die Wahl, das Richtige zu tun. Wir haben uns bisher mit den Anforderungen an ein Gehirn befasst und dargestellt, wie es sich im Laufe der Entwicklungsgeschichte parallel zu den gestellten Anforderungen entwickelt hat. Wie wichtig innere Bilder als Handlungsanleitung sind, wurde verdeutlicht. Im folgenden Kapitel sollen die idealen Persönlichkeitsmerkmale eines Performers herausgearbeitet werden, an denen sich ein Trader orientieren kann.

2.4 Persönlichkeit – mentale Stärke als Erfolgsfaktor für Ihr P/L

Erfolg als Trader beginnt im Kopf. Mentale Stärke zu haben ist planbar und trainierbar. Höchstleistung ist nicht genetisch bedingt. Nach welchen idealen Persönlichkeitsmerkmalen Sie Ihr Gehirn entwickeln und wie Sie es benutzen sollten, um das Beste aus sich herauszuholen, wird im Folgenden dargestellt.

2.4.1 Impulskontrolle/Disziplin

Lesen Sie Trading-Bücher oder Artikel, tauchen immer wieder dieselben Feststellungen auf. »Emotionen haben an der Börse nichts zu suchen«, »Halten Sie Ihre Emotionen zurück« oder »Nutze Angst und Panik, Wut und Ärger zu deinem Vorteil«.

Schön! Aber, wo steht denn WIE?

Wo sind die Stellschrauben, an denen ein Trader drehen muss, um erfolgreich zu werden, diszipliniert seine Karriere zu planen und den täglichen Kampf mit seinem größten Feind – sich selbst – zu gewinnen? Wie schafft er es, seine Emotionen beim Handeln unter Kontrolle zu halten? Die Forschungsergebnisse weisen darauf hin, dass sich sehr erfolgreiche Menschen nicht durch ihre intellektuellen Fähigkeiten oder einen hohen IQ-Wert von weniger erfolgreichen Menschen unterscheiden, sondern durch ihr Durchhaltevermögen. Die sehr Erfolgreichen lassen sich nicht so schnell von Rückschlägen entmutigen und bringen zu Ende, was sie angefangen haben. Die Logik ist: Wer sich langfristig für ein anspruchsvolles Ziel begeistern kann und dieses Ziel beharrlich verfolgt, überwindet Hindernisse, schafft sich das erforderliche Handwerkszeug und Know-how an und erwirbt so überhaupt erst die Möglichkeit, Höchstleistungen zu erbringen. Eine hohe Impulskontrolle beziehungsweise geringe Impulsivität ist der Schlüssel zum Erfolg. *Geringe Impulsität geht einher mit hoher innerer Sicherheit.* Nur wenn Sie das schaffen, kann aus Ihnen ein erfolgreicher Trader werden. Im Gegensatz dazu stehen hoch emotional handelnde Trader, die zwanghaft ihren Handlungsimpulsen nachgeben, auch wenn sie diese als irrsinnig erkannt haben. Geringe Impulsivität wird nur mit *innerer Sicherheit* erreicht. Diese Eigenschaft wird durch die richtige Impfung, wie mit Feedback, insbesondere mit Misserfolgen, umzugehen ist, erworben. Nur wer es schafft, sich von Misstrades nicht herunterziehen zu lassen, wird dauerhaft erfolgreich traden können. Damit werden *Sicherheit erzeugende Maßnahmen* und *Erfolgsattribution*, also wie Trader die Folgen ihrer Handlung begründen, zur stützenden Maßnahme. Sie machen keinen Fehler, wenn Sie eine Position mit einem Verlust realisieren. Sie machen aber einen Fehler, wenn Sie sich nicht an Ihr Handelssystem halten. Mit dieser Einstellung bekommen Sie das Zepter in die Hand. Ich setze an dieser Stelle voraus, dass der Trader seinen Trading-Stil kennt und er die Nische getestet hat, die am ehesten zu seinen Interessen passt. Sie werden nur so gut sein, wie Ihr natürlicher kognitiver und emotionaler Informationsverarbeitungsstil zu der Marktnische passt.

Sicherheit bekommt man nur durch Üben und Ausprobieren, also mit dem Durchlaufen von Lern- und Feedbackschleifen. Dabei sollten Reaktionen auf *alle* Möglichkeiten der Rückmeldung eingeübt werden: Erfolge, Probleme und Hindernisse! Diese drei Rückmeldungen können Trader in ihrer Vorstellung vorwegnehmen. Sie können und müssen, wenn Sie erfolgreich sein wollen, im Geist kritische Situationen visualisieren, die Reaktion darauf einüben und vorwegnehmen. Damit setzen Sie neue Verschaltungsmuster in Gang, die verhindern, dass Sie in kindlich oder stammmesgeschichtlich basierte Reiz-Reaktions-Muster zurückfallen. Ist eine »Was tue ich wenn«-Reaktion eingespielt, kann der Trader auch in stressigen Situationen richtig reagieren und bleibt entspannt, statt emotional zu reagieren. Ohne ein mental vorweggenommenes, vorprogrammiertes Gefühl dafür, was Sie tun, wenn Sie unter Druck geraten, fällt es Ihnen schwer, schnell und richtig zu reagieren und Ihr Depot zu retten. Um Ihre Impulskontrolle zu verbessern, müssen Sie sich vorstellen, wie Sie reagieren, wenn der »Notfall« eintritt. Formel-1-Spitzenteams üben vor Beginn der Saison in einem sogenannten Boxenstop-Tag in rund 100 Boxenstops jeden Handgriff, wie sie besser werden und was sie im Notfall tun können. Piloten, ob in der zivilen oder militärischen Luftfahrt, üben am Simulator *ständig* die Reaktion auf Triebwerksschäden und andere schwere Störungen. Bevor Sie einen Bootsführerschein machen, werden ebenfalls zahlreiche »Mann über Bord«-Manöver geprobt. Überraschungen sind ein großer Feind. Wenn ein Feind auftaucht, greift Ihr Gehirn auf »Kampf-Flucht-Verhalten« zurück. Jedes Training (bei der Demo) ist wertlos, wenn wir uns überraschen lassen. Lassen wir uns als Trader von hektischen Marktbewegungen, hoher Geschwindigkeit und Heftigkeit der Bewegung aus der Ruhe bringen, weil wir darauf nicht vorbereitet sind, kann es leicht dazu kommen, aus einer guten Position auszusteigen oder einen wenig erfolgversprechenden Trade einzugehen.

Allerdings gibt es nichts Schlimmeres, als bei einem misslungenen Trade zu verweilen. Wenn Sie nach einem schlechten Trading-Tag alle ihre Misstrades im Kopf noch einmal durchspielen, dann ist das unter psychologischen Aspekten so, als wenn Sie tatsächlich an Ihrer Trading-Station sitzen und immer wieder Fehler machen. Seien Sie vorsichtig mit dem, was Sie denken!

Eines der hartnäckigsten Fehlurteile ist, zu glauben, dass hartes Training allein Expertise bringt. Die Idee, dass Anstrengung allein zu besseren Ergebnisses führt, rührt aus der Wahrnehmung, dass erfolgreiche Menschen hart arbeiten. Daraus schließen wir, dass aus harter Arbeit überdurchschnittlicher Erfolg resultiert. Die Annahme eines einfachen Wirkungszusammenhangs zwischen Anzahl der Wiederholung derselben Kompetenz und Steigerung der Expertise ist zu einseitig und nicht erschöpfend. Zwar besteht eine Korrelation zwischen Anstrengung (Üben) und Fähigkeit. Untersuchungen zeigen, dass die Besseren mehr Trainingszeit und Mühe auf sich nehmen als die (im Hochleistungsbereich) Schlechteren. Kinder und Jugendliche dagegen messen sich hauptsächlich *an sich selbst* und wollen ihre eigene Leistung steigern. Auch Champs vergleichen sich nicht mit anderen und fürchten sich nicht vor externen Rückmeldungen (vgl. Heller, 2002).

Aufbau und Festigung mentaler Stärke

Wir haben herauskristallisiert, dass erfolgreiche Menschen aller Lebensbereiche etwas gemeinsam haben: Sie erarbeiten sich eine detaillierte »Strategie«, die sie im Alltag konsequent umsetzen. Prof. Dieter Kronzucker betont bei seinen Reden über Barack Obama, dass der 44. Präsident der Vereinigten Staaten seinen einmal gefassten Plan, abgesehen von kleinen Details, 1:1 über einen langen Zeitraum hinweg umgesetzt hat. Bestseller-Autoren, die Millionen von Büchern verkaufen, erarbeiten sich einen Plan, wie sie am effektivsten die Wünsche der Menschen ansprechen und befriedigen, und setzen ihn auch bei widrigen Umständen um. Dasselbe gilt für Trading-Legenden, die ihr Potenzial auch in Stresssituationen abrufen können, auch dann, wenn sie unter hohem Druck stehen, beispielsweise nach einer längeren Reihe von Verlust-Trades. Der wahre Champ reagiert ruhig und gibt den irrationalen Marktteilnehmern eine Chance, Fehler zu machen. Sein Selbstbild hängt nicht am Erfolg, er misst den Erfolg an sich selbst. Over-Traden ist für Top-Performer genauso wenig ein Thema wie Over-Confidence und Dispositionseffekt. Kostolany sagte einmal: »90 Prozent der Börsenspieler haben keine Ideen, geschweige denn Überlegungen. Sogar Rennfahrer und Totospieler haben mehr Ideen und Motivation. Börsenspieler gehen meist blind mit der Masse.« *Champs hängen nicht am externen Erfolg, sondern messen sich nur an sich!* Die großen Bewegungen am Markt sind keine Reaktion auf fundamentale Nachrichten, seien es Zinsentscheidungen, BIP-Zahlen oder Auftragseingänge oder Ähnliches. Die größten Bewegungen werden von wenigen Marktteilnehmern hervorgerufen, welche die nötige Größe und den Intellekt haben, diese 90 Prozent zu einem Herdentrieb anzustacheln und sie in einen »emotionalen Hinterhalt« zu führen. Mit anderen Worten: Wenn Sie als Trader nur mit statischen Charts, Mustern und Indikatoren arbeiten, agieren Sie wie ein America's Cup-Segler, der vielleicht ein paar Bücher über Nautik und Wettkampf gelesen hat, statt die taktischen Angriffe und strategischen Wechsel der Gegner eingeplant zu haben.

Wie stellen Sie fest, ob Sie sich nur an Ihrer eigenen Performance orientieren?

Die Antwort liegt in der Selbstbeobachtung! Messen Sie sich an Leistungen anderer oder an der eigenen Entwicklung? Interessiert es Sie, wie viele Punkte der Kollege im Chat, der vielleicht dasselbe Handelssystem auf dem gleichen Markt im gleichen Zeitintervall handelt, heute wieder gemacht hat? Menschen, die nur auf die eigene Leistung schauen, berührt dies nicht. Sie prüfen nur: Was habe ich gut gemacht, wo habe ich noch Lernpotenzial? Nur auf die eigene Performance zu schauen ist in unserem Kulturkreis nicht selbstverständlich. In der Trading-Szene, wo auf Messen und Kongressen alle mit Superrenditen blenden und der eine den anderen übertrumpft, bedarf es großer Disziplin, bei sich und seinem Trainingplan zu bleiben. Gehen Sie einmal in sich und machen Sie folgende Auswertung für sich:

5 Merkmale von Händlern, die sich mit anderen vergleichen.	5 Merkmale von Händlern, die sich NICHT mit anderen vergleichen.
1. Sie denken bei jedem Trade: »Den hätte ich besser machen können.« »Andere haben den Exit früher gesehen.«	1. Sie sind sich Ihrer selbst und Ihres Tuns beim Handeln sicher.
2. Sie unterschätzen und vergessen Ihre eigenen Stärken und Fähigkeiten.	2. Sie lernen von anderen. Ihrer Fähigkeiten sind Sie sich wohl bewusst. Sie wissen was Sie wissen und was Sie *nicht* wissen.
3. Sie denken sich: »Ich habe nie Erfolg.« »Nur die anderen haben Glück!« »Warum immer ich?«	3. Sie sehen den Trader-Kollegen als Partner an, der Sie motiviert, besser zu werden.
4. Sie sind neidisch auf die Erfolge der Trader-Kollegen.	4. Sie freuen sich über die Erfolge anderer Händler. Das motiviert Sie, noch mehr an sich zu arbeiten.
5. Sie idealisieren andere.	5. Sie haben ein tiefes Grundvertrauen in sich selbst.

Tabelle 3: Was für ein Trader-Typ sind Sie?

Transformationsprozesse

Auf der Schwelle zwischen Take-off- und Hochleistungsphase geschieht noch etwas anderes. Experten verschmelzen mit ihrer Tätigkeit und sie können es kaum erwarten, wieder an ihren Arbeitsplatz zu gehen. Ihre Augen glänzen, wenn sie über das Traden sprechen. Die Beziehung zwischen ihnen und ihrer Tätigkeit hat sich geändert. Auf dem Weg zum Experten ist es anfangs so, dass sie das Talent haben, im Stadium der Exzellenz hat das Talent sie. Der Unterschied zwischen Arbeit und Spiel verschwimmt. Ihre Beschäftigung wird nicht mehr als Arbeit empfunden. Haben Sie einmal Bill Gates genau zugehört? Für ihn war der Aufbau eines Imperiums keine Arbeit, das war 100 Prozent Spaß. Es ist wie eine Symbiose. Die Leidenschaft entwickelt sich und die Qualität des Lernprozesses steigert sich. Sie sind im Flow.

Auf dem Weg dahin muss erlernt werden, mit allen Arten von Rückmeldungen, insbesondere mit Misserfolg, umzugehen. Diejenigen, deren Selbstbild von Erfolg oder Misserfolg abhängt, sind bei negativem Feedback schnell entmutigt, nach Erfolg agieren sie übermäßig riskant. Beides wird zum Drop-out aus der Lernschleife führen. Aussagen wie »Den Entry hätte ich früher sehen müssen, aber ich schaffe das nicht, weil ich mich nicht entschließen kann« deuten darauf hin, dass eine neutrale Sichtweise nicht möglich ist und Erfolge als nebensächlich erscheinen oder ganz unter den Tisch fallen. Macht jemand sein Selbstbild abhängig vom Erfolg und hat er vielleicht in einem frühen Stadium seiner Karriere Erfolg, so führt dies häufig dazu, dass die Disziplin nachlässt. Das wiederum führt bei Tradern, die einen unerwartet guten Trade gemacht haben, häufig dazu, dass sie ihr Risk und ihr Money Management vernachlässigen und sich auch nicht mehr an ihr Handelssystem halten. Bei Pokerspielern, die einen großen Pott gewonnen haben und die ihr Selbstbild auf Erfolg stützen, führte derselbe Mechanismus dazu, dass die Gegenspieler auf einmal ihre »Tells« lesen konnten und bei Händen raisen, bei denen sie unter »normalen Umständen«, aufgrund des schlechten Chance-Risiko-Verhältnisses folden würden. Als Ergebnis hatten beide, Trader und Pokerspieler, nachher mehr Geld verloren, als sie gewonnen hatten. Schade um das schöne Geld. Dabei können sie dieses Verhalten abstellen.

Also was zeichnet einen Performer aus? Sein positives Selbstbild hängt nicht ab von der Art der Rückmeldungen. Und, er verfügt über ein hohes Maß an Konzentration und Durchhaltewillen.

2.4.2 Konzentration und Durchhaltevermögen

Die Überzeugung von sich selbst, etwas bewegen zu können, ist ein weiterer, sehr wichtiger Erfolgsfaktor im Transformationsprozess vom Leistungspotenzial hin zur Exzellenz. Psychologen sprechen hier von »Selbstwirksamkeit«. Gemeint ist die Überzeugung des Einzelnen, durch eigenes Handeln ein gewünschtes Ziel erreichen zu können. Menschen mit ausgeprägter »Ich kann das!«- und »Ich schaffe das schon«-Einstellung setzen sich anspruchsvolle Ziele und lassen sich selten von diesen abbringen.

Bandura (1997, S. 369) erklärt es so: Persönliche Zielsetzungen (goal-setting) und Selbstwirksamkeits-Überzeugungen (self-efficacy) spielen eine vermittelnde Rolle in der Entwicklung zu Höchstleistungen: »Beliefs in (...) efficacy determine who chooses to pursue (...) activities and how much they gain from training programs.« Dieser Vermittlungsprozess (mediating process) bedeutet: »Efficacy beliefs produce their effects. Such beliefs influence how people feel, think, motivate themselves, and act" (Bandura 1997, S. 116). Der Glaube daran, selbst etwas leisten zu können, bestimmt demnach,

a) »ob eine Aufgabe in Angriff genommen wird« (der Entschluss, zu den besten Tradern zu gehören),
b) »bei welchem Schwierigkeitsgrad aufgegeben wird« (Drop-out aufgrund Erfolglosigkeit),
c) »ob die Aufgabe erfolgreich bewältigt wird« (täglich durchschnittlich 100 Ticks zu machen bei einem durchschnittlichen Chance/Risiko-Verhältnis von x und einem theoretischen Draw-down-Risiko unter y Prozent) (Huber, 1999, S. 194).

Anders ausgedrückt: Aus der Selbstwirksamkeits-Überzeugung (believe) *wird tatsächliches Handeln.* Vielleicht werden Sie sich fragen: »Wie komme ich als Trader zu der Einstellung?« Carol Dweck, Psychologin von der Stanford University, stellte dazu in Untersuchungen Anfang der 1990er-Jahre fest, dass Menschen besonders von sogenannten Bewältigungskognitionen profitieren: Aussagen wie »Ich glaube an mich«, »Ich mache es« oder »Ich bin optimistisch« sind typische Beispiele. Menschen gleicher Intelligenz, jedoch negativ eingestellt (»Das habe ich noch nie gemacht«, »Bei mir wird das bestimmt nichts«), haben beim Erfolg eher das Nachsehen. Auch hier bestimmen Bilder über die eigene Leistungs- und Bewältigungsfähigkeit das zukünftige Handeln. Dreht man an diesen Stellschrauben, werden die Weichen zur Höchstleistung richtig gestellt.

Begabungs- und Expertenforscher sind sich einig, dass der aktive Lerner permanent bereit ist, seine eigenen Leistungsgrenzen nach oben zu korrigieren. Dazu bedarf es einer »positiven Haltung gegenüber Leistung«, die wiederum den »Matthäuseffekt«bewirkt: »Wer hat, dem wird (noch mehr) gegeben.« Dieser Satz aus dem Matthäusevangelium wurde von Merton (1968) geprägt. Cole/Cole nannten es »Akkumulation der Chancen« (»accumulative advantages«). Der positiven Haltung zur Leistung folgt die höhere Bereitschaft, zu lernen, härtere Trainingsbedingungen zu akzeptieren und eine lebendigere Zielvorstellung zu erzeugen, die wiederum Erfolge wahrscheinlicher macht. Die Erfahrung des »Mehr an Vertrauen« in die eigenen Fähigkeiten schafft zusätzliche Leistungsanreize und erhöht das eigene Engagement und die Frusttoleranz. In der Sozialpsychologie wird dieses Phänomen auch als »Sich selbst erfüllende Prophezeiung« (selffulfilling prophecy) bezeichnet.

2.4.3 Wille zum Erfolg

Während ich dieses Buch schreibe, betreue ich eine kleine Gruppe privater Day-Trader, die ihre Profit/Loss-Performance verbessern wollen. Da Erfolgserlebnisse ausblieben, baten sie mich um Unterstützung. Im ersten Gespräch fragte ich danach, bei welchen Verhältnissen welche Ergebnisse erzielt werden. Bei welchen Tageszeiten und bei welchen Marktverhältnissen (Volatilitäten/Seitwärts- oder Trendmarkt et cetera) sind Sie besonders profitabel? Bei welchen sind Sie besonders unprofitabel? Gibt es Situationen, in denen Sie stur Ihr Handelssystem durchhandeln und Ihrer Intuition folgen? Unter welchen Umständen reagieren Sie nervös, haben entweder »Ladehemmung« oder gehen Trades ein, auch wenn die Bedingungen nicht gegeben sind? Sind Sie im Position Trading oder beim Scalpen erfolgreicher? Wenn auf diese Fragen keine Antwort kommt, bitte ich sie, mit mir gemeinsam ihr Trading-Journal durchzugehen. Wenn dann die Antwort kommt: »Ich führe kein Trading-Journal«, stellt sich bei mir automatisch die Frage des Commitments, des Willens zum Erfolg. Wer Höchstleistung erreichen will, einerlei ob Spitzensportler oder Trader, sollte Buch darüber führen, welche Maßnahme gut funktioniert und welche weniger gut. Nur so lässt sich objektiv entscheiden, wie das Training weiter strukturiert wird. Weshalb wird diese Gelegenheit verpasst, die sogar kostenlos ist? Meinen Sie, dass Tennisprofis, Golf-Pros, Formel-1-Fahrer, America's Cup-Segler oder Triathleten, die unbedingt aufs Siegertreppchen wollen, eine Chance auslassen, um besser zu werden? Ein

Trainerkollege meinte einmal zu mir: Wenn es bewiesen wäre, dass es von Vorteil ist, dass sich die Athleten die Zungenspitzen abbeissen würden, läge hier ein Haufen Zungenspitzen. Übertragen gesprochen: Ist der Wille zum Erfolg da, würde der Trader auch extreme Massnahmen annehmen. Wie kommt es, dass sich einige Menschen dem Feedback öffnen, andere hingegen sich dem entziehen? Diejenigen, die erfolgreich sind und noch besser werden wollen, machen sich über ihre Lernschleifen stets Gedanken. Wie kann ich besser werden? Was könnte ich noch machen? Wie kann ich neue Methoden entwickeln, um meinen Vorsprung auszubauen, schneller zu lernen und besser zu werden? Auch hier zitiere ich ein Erlebnis von Arnold Schwarzenegger: Er wusste, dass es notwendig war, mehr zu geben als die anderen. Besonders bezeichnend für seine Disziplin ist ein Vorfall aus seiner Jugend, als er in den Trainingsraum einbrach, weil dieser sonntags geschlossen war. Arnold gehörte nicht zu denen, die ein Training ausließen. Ganz oder gar nicht, war sein Motto. Sein Erfolg gibt ihm recht.

Bequemlichkeit und Desinteresse am stetigen Leistungsfortschritt hingegen führen nicht zur Exzellenz. Wer es vorzieht, lieber eine halbe Stunde vorher seine Trading-Station zu verlassen, anstatt das Trading-Journal auszuwerten und den morgigen Tagesablauf zu planen, ist bequem. Ich verrate Ihnen ein Geheimnis: Weder das Trainingsprogramm von Lance Armstrong noch das von Michael Phelbs, Roger Federer, Tiger Woods oder einigen Trader-Legenden und erfolgreichen Geschäftsleuten ist bequem. Ich frage Sie: Wie sollen Menschen das anstrengende Erlebnis einer Reihe von Misstrades unbeschadet durchstehen, wenn sie nicht einmal in der Lage sind, ein paar Minuten am Tag zum Führen ihres Trading-Journals aufzuwenden? Sie erinnern sich vielleicht an die Aussage weiter oben: Menschen, die Höchstleistung bringen, haben eine große Leistungsbereitschaft. Sie lieben es, viel für ihren Erfolg zu tun. Der Drang zur Verbesserung bewirkt, dass solche Menschen ihre Beschäftigung lieben. Top-Performer wissen, dass nach all den Anstrengungen am Ende ein Leistungshoch steht. Wer das Bild des Leistungshochs mit den damit einhergehenden positiven Emotionen nicht im Kopf projizieren kann, wird sich nicht überwinden können, sich selbst immer wieder infrage zu stellen und von sich stets zu verlangen, beim nächsten Training noch ein kleines bisschen besser zu werden. Ohne den Drang, zu den Besten zu gehören und dabei auch kleinere und größere Anstrengungen auf sich zu nehmen, werden Sie zu den Drop-outs gehören. Das Ziel muss in Ihnen brennen! Nur wer weiß, wie sich der Erfolg anfühlt, wird den Willen zum Erfolg aufbringen und sein persönliches Leistungsmaximum täglich neu austesten. Darauf werde ich weiter unten zurückkommen.

Der Weg zur Meisterschaft, egal ob als Spitzensportler, Musiker, Schachspieler oder Top-Trader, ist steinig und steil. Stundenlanges Üben auf dem Putting Green, vierstündiges »einsames« Training von Elite-Violinisten, das wiederholte Nachspielen von Eröffnungspartien beim Schach, stundenlanges Suchen nach neuen geeigneten Marktnischen oder nach dem besserem Fitting des bestehenden Handelssystems, all das erscheint Außenstehenden als langweilig und stumpfsinnig. Die Bereitschaft zu solchen Anstrengungen unterscheidet im Hochleistungsbereich die Schlechteren von den Besseren.

Weiter oben wurde das Thema vom Transformationsprozess behandelt, das hier wieder aufgegriffen werden soll. Diese scheinbar dem menschlichen Nutzen widerstrebende Quälerei, bei der Michael Phelps oder Lance Armstrong täglich zirka 6000 Kalorien verbrennen, ist auf Dauer nur durchzustehen, wenn sich das Ergebnis nicht nur lohnt, sondern wenn es dem Akteur etwas *bedeutet*. Gerade bei extremen Ausdauersportarten will der Akteur nicht nur sportliche Teilziele erreichen. Er hat vielmehr das Bewusstsein, alle Arten von Hindernissen bewältigen zu können, einerlei, ob sie körperlicher, physischer oder psychischer Natur sind. Es geht um etwas Größeres!

Können Menschen ihren Willen frei beeinflussen? Kann ich wollen, was ich will? Diese seit Jahren heftig diskutierte Frage wird nicht nur von Neurologen immer wieder untersucht! Als gesichert kann festgestellt werden, dass im menschlichen Gehirn Bereitschaftspotenziale *vor* der eigentlichen willentlichen Handlung beziehungsweise Entscheidung angelegt sind. Auch wenn eine Handlung extern, etwa durch von außen elektrisch stimulierende Elektroden, ausgelöst wurde, gaben Versuchspersonen an, sie hätten willentlich gehandelt. Dies zeigt, dass Menschen Handlungsabläufe, die sie nachweislich nicht willentlich steuern, im Nachhinein als Ergebnis ihres eigenen Willens ansehen.

2.4.4 Ego oder Erfolg

Die Tennislegende Pete Sampras sagte einmal: »Ich gehe einfach raus und gebe mein Bestes. Ich mache mir da keinen Kopf. Und wenn es einmal nicht geklappt hat, war das auch kein Beinbruch, sondern ein Hinweis auf Verbesserungschancen!« Wie schaffen Sie es, dass Sie beim Traden nur auf die eigene Performance und nicht auf das Ergebnis schauen?

Kein Zweifel
Kein Vergleich mit anderen, sondern nur mit sich selbst
Keine Angst vor Misserfolgen; Misserfolge motivieren, noch besser zu werden
Keine Sorge über das, was andere denken

Tabelle 4: Eigenschaften eines guten Live-Traders

Der persönliche Umgang mit Gewinn und Verlust, Erfolg oder Misserfolg entscheidet darüber, ob Sie die Transformation von der Take-off-Phase in die Hochleistungsphase schaffen. Derjenige, der Erfolg zur Selbstbestätigung braucht, bekommt Probleme, wenn es einmal nicht so gut läuft. Beobachten Sie einmal, was mit Ihnen passiert, wenn Sie mehr als 100 Punkte mit einem Trade gemacht haben, egal ob Profit oder Loss. Wie ändert sich Ihre Stimmung? Sind Sie immer noch ungerührt und überlegen sich, was Sie gut oder schlecht gemacht haben? Wie reagieren auf Sie die äußeren Einflüsse?

Für den High Performer ist Erfolg selbstverständlich. Nicht, dass er sich über den Erfolg nicht freut. Er bleibt nur ruhig, ruht in sich und ist voll Vertrauen. Hintergrundgeräusche werden ignoriert, es gibt keinen Zweifel daran, dass man im Falle des Misserfolgs aus der Rückmeldung lernt und beim nächsten Mal besser wird. Dazu ist es wichtig, dass er sich keine Sorgen darüber macht, was andere, die nicht zu seinem engeren Kreis gehören, über ihn denken. Dies ist nur möglich, wenn er viel natürliches, nicht übersteigertes, Selbstvertrauen hat. Menschen, die für ihr positives Selbstbild ein positives Feedback von außen brauchen, reagieren emotional und irrational, wenn der erhoffte Erfolg nicht eintritt. Diesen Zusammenhang verdeutliche ich exemplarisch in einem Interview mit einem Tennisspieler, der erst in relativ spätem Alter in das internationale Turniergeschehen eingegriffen hat:

»Am Anfang habe ich auch gut gespielt. Einfach – ja – weil ich da nichts erwartet habe, weil ich gedacht habe: Oh, große, weite Welt hier, schön, dass ich hier mitspielen darf. Dann spielte ich locker, denn ich erwartete einfach von mir, dass es jetzt so weitergeht, und wollte natürlich immer mehr erreichen. Doch gerade das führte dazu, dass ich mich dadurch selbst viel zu arg unter Druck gesetzt habe – dann ging es eher schief (...). Aber ein solides Spiel, dass ich einfach einen konstanten Level hatte, gab es nicht. Das war eben sehr gut oder sehr schlecht. Das hing dann auch mit meinem Selbstvertrauen zusammen. Wenn ich ein paar Siege hatte, war es da. Aber es war

auch sehr schnell wieder weg. Deswegen gab es einfach in meiner Karriere sehr viele Schwankungen. Es gab einige Highlights, aber dann auch wieder viele Durststrecken. Es war eigentlich immer ein Auf und Ab.«

Wer nicht Selbstvertrauen aus sich selbst heraus hat, sondern von äußeren Einflüssen abhängig ist, wird bestimmt von Versagensängsten. Diesen folgen in allen Bereichen emotionale »Schlingerkurse«, die bei Tradern als Entscheidungs-Anomalien, wie etwa Sunk-Cost-, Regret-Avoidance-Effekt oder Dispositions-Effekt, betitelt werden. Die Transformationsphase wird nur mit wachsendem Stärkebewusstsein erreicht. Der Durchbruch in die Weltspitze gleicht einem Reifungsprozess, der nicht nur die branchenspezifischen Leistungskomponenten (bei Tradern etwa das Erlernen von Chartmustern und Entwicklung eigener Indikatoren), sondern vielmehr die Gesamtpersönlichkeit betrifft. Damit emanzipiert sich der Trader von personeninternen und -externen Wirkgeflechten. Hier zitiere ich einen meiner Klienten, der trotz guter Anfangserfolge im Forex-Markt einen schlimmen Draw-down erlitten hat und nach der Zusammenarbeit Folgendes sagte:

»Man braucht ein ... allgemeines Selbstbewusstsein. Das kann man dann auch auf dem Markt zeigen. Deswegen hat die Zusammenarbeit mit einem Mentaltrainer ... einige Dinge verändert. Mir sind dadurch Sachen bewusst geworden, die nicht immer schön sind, wo ich sagen musste: Mensch, vielleicht habe ich über Jahre hinweg etwas falsch gemacht; oder vielleicht hat auch mein Umfeld etwas falsch gemacht? Es ist ja klar, dass das alles nicht irgendwie böswillig gemacht wurde. Da gab es schon Situationen, die nicht einfach waren, die mir sehr schwerfielen. Manchmal habe ich auch gedacht: Oh mein Gott, ist es das wert, alles auf den Kopf zu stellen? Dann braucht man jemand, der sagt: Mach weiter und am Ende wirst du schon sehen! So war es auch bisher. Deswegen bin ich da ganz zufrieden. ... Ich glaube, das war für mich das Wichtigste: zu lernen, mit den Konsequenzen meiner eigenen Entscheidungen leben zu können.«

Unter Experten herrscht Konsens darüber, dass einer der häufigsten Gründe, nicht von einer einmal getroffenen Entscheidung abzuweichen (auch wenn sich diese als nicht hilfreich oder gar schädlich erweist), darin besteht, sich dadurch implizit eingestehen zu müssen, über Jahre hinweg immer den gleichen Fehler gemacht zu haben. Derjenige, der sich dies eingestehen kann und von diesem alten Bild loslassen kann, ist offen für Rückmeldungen und kann analytischer an einen Sachverhalt herangehen.

Unsere Ego-Persönlichkeit haben wir uns selbst unbewusst und unter dem Einfluss unserer Umwelt, sozialen Herkunft und kultureller Erziehung erschaffen. Sie bestimmt unsere Gefühle und unsere automatischen Handlungen. Ihr Zustand entscheidet darüber, ob Menschen in ihrem Selbstvertrauen schwanken oder emotional stabil sind. Wie Sie im Rahmen einer Übung des mentalen Trainingsprogramms selbst erfahren werden, sind Sie mehr als Ihre Gefühle, Beobachtungen, Stimmungen und Gedanken. Ihr Körper, Ihre Gefühle und Ihre Gedanken sind nur ein Teil von Ihnen. Je früher Sie lernen, Ihre Reaktionen, Gefühle und Gedanken zu beobachten, desto eher sind Sie in der Lage, zwischen Ihrem (oft passiv übernommenen und nicht zielführenden) Ego-Bewusstsein und Ihrem wahren Selbst zu unterscheiden. Letzteres wollen wir als den »inneren Zeugen« bezeichnen. Je einfacher es für Sie wird, Ihre Vorstellung über sich selbst zu abstrahieren, desto leichter fällt es Ihnen, die vorhandenen Bilder über sich oder Ihre Werte und Fähigkeiten abzuändern. Das ist sinnvoll, denn ein fester Glaube, nur eine geringe Selbstwirksamkeit (self-efficacy) zu besitzen, lässt sich aus der Beobachterperspektive einfacher aufbrechen. Das wiederum ist sinnvoll, damit Sie auch bei aufkommenden Schwierigkeiten besser »dranbleiben«. Dieses verbesserte Durchhaltevermögen erhöht wiederum die Chance, es in die Höchstleistungsphase zu schaffen. Im Zuge der Sozialisation werden wir von unserer Umwelt zu einer eingebildeten, unbewusst anerzogenen Identität geformt, wobei sich die meisten Menschen mit ihrem Körper identifizieren:»Ich bin der Körper.« Wer glaubt, er sei *nur ein Körper*, der kann ihn auch nicht beeinflussen. Je tiefer verwurzelt dieser Glaube ist, desto weniger ist der Mensch in der Lage, sich selbst und seinen Körper, seine Stimmung und seine Gedanken zu steuern. Die Ergebnisse zahlreicher experimentell entwickelter Biofeedback-Methoden belegen das genaue Gegenteil: Menschen können scheinbar naturgegebene Symptome willentlich beeinflussen. Schon durch einfache Übungen kann man nachweislich die Körpertemperatur erhöhen oder den Hautleitwert verändern. Es gibt Indianerstämme und persische Sufi-Meister, die sich durch jahrelanges Üben in eine so tiefe Trance versetzen können, dass es möglich ist, Pfeile durch empfindliche Körperteile zu bohren, auf einem Nagelbrett zu sitzen oder über glühende Kohlen zu laufen. Genauso können indische Jogi und chinesische Zen-Meister ihre Atmung, ihren Herzschlag und eine Reihe weiterer Körperfunktionen regulieren, die normalerweise autonom von tieferen Zellen ihres Gehirns gesteuert werden. Jeder Vertreter der Schulmedizin wird, wenn ihm diese Fähigkeiten vorgeführt werden, an allem zweifeln, was er bisher in seinen westlichen Lehrbüchern gelernt hat.

Unser Ego, also der Teil unserer Persönlichkeit, der sich als getrennt von den anderen erfährt, ist davon überzeugt, dass wir nichts verdient haben, vor allem nicht die Erfüllung unserer lang gehegten Wünsche. Das Ganze hat einen Sinn: Im Laufe der Zeit hat das Ego Leid und Schmerzen erfahren und versucht, uns davor zu bewahren. Es hilft uns damit, in dieser Welt zu leben und zu agieren. Statt es zu bekämpfen, sollten wir nachsichtig mit ihm sein und es lenken. Warum, werden Sie sich vielleicht fragen, sollten wir als Händler uns überhaupt mit dem Ego beschäftigen? Weil es zu großen Teilen vom Unterbewusstsein gelenkt wird und unsere Gewohnheiten beinhaltet und steuert. Es legt fest, was wir tun und was wir nicht tun. Es trifft auf einer tieferen Ebene Entscheidungen, bevor unser Verstand uns die Begründung für die Entscheidung liefert.

2.4.5 Flow und Erwartungshaltung

Größer zu sein als der Rest und Teil eines Größeren zu sein, als man selbst, beschreibt der amerikanische Psychologe und Glücksforscher Mihaly Csikszentmihalyi als Flow-Erlebnis. Die fesselnde Wirkung einer Beschäftigung, die immer neue Anforderungen eines mittleren Schwierigkeitsgrades an den Menschen stellt, ist unabhängig vom Tätigkeitsbereich. Wenn sich Menschen in diesem Zustand befinden, geht ihnen alles scheinbar mühelos von der Hand. Kennzeichen dieses Zustandes ist, dass jegliches Zeitgefühl verloren geht. »Du fühlst dich großartig«, »Ich wurde von einer Welle getragen, alles schien zu klappen! Timing, Entry und Exit ... funktioniert alles«.

Ein Flow besteht aus einer Folge von Spannungserzeugung und -lösung, von Furcht vor Misserfolg, Triumph über die Umstände und erneuter Furcht vor Misserfolg, Triumph über die Umstände und erneuter Furcht vor Misserfolg, worauf dann wieder der nächste Triumph folgt ... Das Glücksgefühl, den Misserfolg überwunden zu haben, führt automatisch zu mehr Antrieb. Violinisten, Maler oder Bergsteiger trainieren und arbeiten nicht, um den Leistungsgipfel zu erreichen, sondern um des Trainierens und Arbeitens willens. Die Analyse von Biografien sehr erfolgreicher Trader ergibt, dass es ihnen nicht um den Gewinn per se geht, sondern um die perfekte Trading-Methode. Der exorbitante Gewinn war dann das nette Nebenprodukt. Wer im Flow ist, ist von äußeren Reizen unabhängig und geht völlig in der Sache auf. Man ist absorbiert. Der legendäre Formel-1-Weltmeister Ayrton Senna sagte einmal »Ich lasse mich selbst los. Und alles Denken hört auf, alles fließt natürlich ineinander.« Damit beschreibt er, wie im Flow-Zustand die Illusion der Trennung zwischen dem Ego und der eigenen Existenz aufgehoben ist. Die Frage, die Sie sich vielleicht jetzt stellen, ist:

Wer denkt eigentlich? Die Existenz oder das Ego-Ich?

Äußere Kennzeichen eines Flow sind die Entrücktheit, Schwerelosigkeit, ein Schwebezustand, völlige Hingabe, absolutes Wohlbehagen, in sich Versunkensein. Wer will diesen Zustand des höchsten Glücks bei einer Tätigkeit nicht genießen?

Unabhängig davon, ob Sie es »in the zone«, »im Fluss sein« oder »Ekstase« nennen – mit der Aufhebung der Dualität entsteht eine Glückserfahrung, in der Menschen Außergewöhnliches leisten und über sich selbst hinauswachsen.

Csikszentmihalyi charakterisierte den Zustand mit sieben Merkmalen:

a) Herausforderung

Das Verhältnis zwischen der Fähigkeit und der Anforderung der Tätigkeit muss ausgeglichen sein. Der Akteur muss also der Aufgabe gewachsen sein. Übersteigt die Schwierigkeit der Aufgabe die Fähigkeit bei Weitem, führt dies zu Angst. Fehlt die Herausforderung ganz, ist man unterfordert und es stellt sich Langeweile ein. Der optimale Erregungszustand des Flow zwischen Langeweile und Angst liegt an der Grenze unseres Könnens oder leicht darüber hinaus. Um es mit Arnold Schwarzenegger auszudrücken: *Die letzten drei oder vier Wiederholungen lassen den Muskel wachsen. »Dieser schmerzhafte Bereich trennt den Gewinner vom Rest. Das fehlt den meisten Menschen. Sie haben nicht den Mut weiterzumachen und zu sagen, dass sie den Schmerz ertragen werden, ganz gleich was passiert.«*

b) Einheit von Handeln und Bewusstsein

Der Handlungsablauf wird glatt und man erlebt automatisch, wie fließend ein Schritt in den nächsten übergeht. Wenn man in seinem Handeln aufgeht, verliert man das Bewusstsein, getrennt zu sein. In diesem Zustand kommt kein störender Gedanke aus dem Ego-Bewusstsein.

c) Klare Ziele und Rückmeldung

Nur wenn die Anforderungen eindeutig sind und Rückmeldungen ungefärbt interpretiert werden, schafft man die Bedingung, in den Flow zu kommen. Ungenaue und missverständliche Ziele lenken ab und der Flow wird unterbrochen!

d) Kontrolle

Nur wenn man selbst der Auffassung ist, man hat das Geschehen unter Kontrolle, ergeben sich die richtigen Bedingungen. Man hat auch bei hohen Anforderungen das sichere Gefühl, das Geschehen im Griff zu haben.

e) Konzentration

Alles Denken verschwindet. Alle Gedanken, die nicht unmittelbar auf die Tätigkeit gerichtet sind, werden ausgeblendet. Nur wer sich ausschließlich einer Sache widmet, kommt in den Flow, bei dem die Konzentration vollkommen ohne Willensanstrengung gelingt. »Deine Gedanken wandern nicht herum, Du denkst an nichts anderes.«

f) Veränderung der Zeitwahrnehmung

Einmal im Flow – wandelt sich die Zeitwahrnehmung radikal. Man gerät gewissermaßen in einen Zeitstrudel, bei dem Stunden vergehen wie Minuten.

g) Selbstvergessenheit

Wenn man völlig in der Tätigkeit aufgeht und mit ihr verschmilzt, gerät das eigene Selbst in den Hintergrund. Reflexion und Ich-Bewusstsein spielen keine Rolle mehr.

Die Frage, wie man Erfolg haben kann, lässt sich damit beantworten, dass man »es fließen lässt« und dabei die oben genannten Bedingungen strikt einhält. Auch ergibt sich bei genauer Analyse, dass der Aspekt der Ungeteiltheit und das Einswerden mit der Aufgabe als sinnvoll, positiv und belohnend empfunden wird. Im Gegensatz dazu werden beim rein zweckrationalen Tun, bei dem man – unter psychologischen Aspekten betrachtet – fremdbestimmt agiert, nur die Folgen des Übens als positiv bewertet.

Csikszentmihalyi hat beobachtet, dass der Mensch nach jedem Eintauchen in den Flow eine komplexere Persönlichkeit geworden ist: »Nach jedem Flow wissen wir, dass das Selbst gewachsen ist.« Dieses Wachsen über die eigenen Grenzen hinaus ist der Schlüssel zur Höchstleistung. Gehirnentwicklungs-technisch betrachtet haben diejenigen, die in ihn eintauchen, die Chance des Gehirnwachstums und der Weiterentwicklung genutzt.

Menschen wünschen sich, in diese Flow-Erfahrung zu kommen, weil es auch um inneres Wachstum geht. Die primäre Motivation ist, aus dem Zustand der Langeweile und aus dem Zustand der Angst herauszukommen. Die Aufgabe eines Coach ist es demnach, das Niveau der Tätigkeit so zu bestimmen, dass die Balance zwischen subjektiv wahrgenommener Anforderung und dem Können erreicht ist. Beim Golfen gibt es einfache und schwierige Plätze, Musiklehrer geben ihren Schülern Stücke mit unterschiedlichem Schwierig-keitsgrad, zukünftige Rennfahrer beginnen in der Regel im Kartsport, ihre ersten Rennerfahrungen zu machen. Doch beim Traden gibt es keine Märkte, die einfach oder schwierig sind. Sie müssen sich als Trader an einer inhomo-genen Masse aus erfahrenen Hedgefonds-Händlern, blutigen Anfängern und Locals mit jahrelangem Trading-Hintergrund messen. Die Kunst ist deshalb, während Ihrer Karriere im Flow-Kanal zu bleiben.

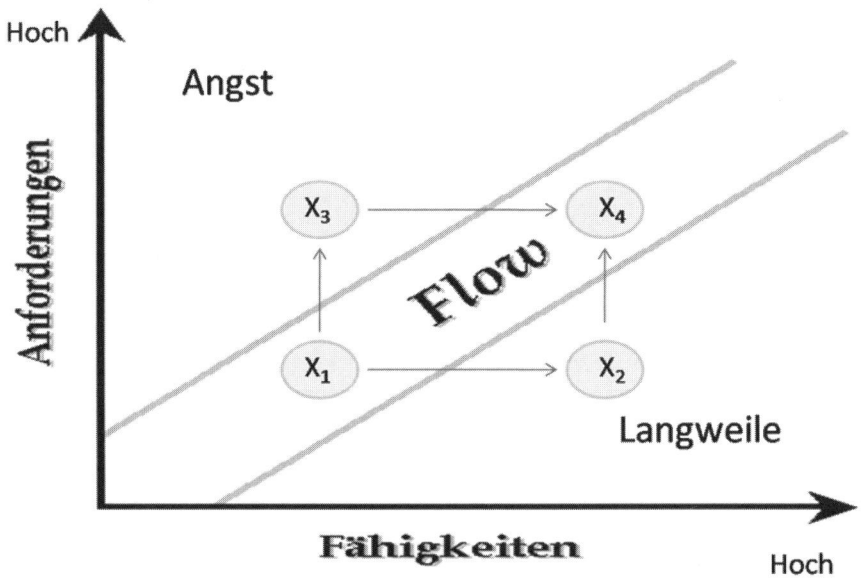

Abbildung 3: Flow-Kanal

Um den Verlauf einer charakteristischen Flow-Erfahrung und die wachsende Komplexität des Bewusstseins zu skizzieren, wird im Folgenden der Prozessverlauf beschrieben. Am Anfang seiner Händlerkarriere (X1) steht der zukünftige Händler einer Situation gegenüber, bei der er kaum Fähigkeiten hat. Seine Herausforderung besteht vielleicht darin, sich die Software des ausgesuchten Brokers runterzuladen und die Order-Maske richtig zu bedienen. Für erfahrene Händler ist das natürlich nicht schwierig, doch der Novize hat seine Freude daran. Er muss sich anfänglich sehr darauf konzentrieren, beispielsweise die Chartsoftware zu bedienen. Beschäftigt er sich eine Weile mit der Software und dem Markt, wird er, mit starker Hingabe, Konzentration und Begeisterung, auch schon hierbei kleinere Flow-Erfahrungen machen. Im Laufe der Zeit, der Trader hat vielleicht erste Seminare und Bücher gelesen, verbessert er seine Fähigkeiten. Aber es beginnt, ihn zu langweilen, sich die Live-Kurse nur im Chart anzuschauen (X2). Es kann auch sein, dass der junge Händler, kurz nachdem er weiß, wie er Orders eingibt, direkt mit dem Handeln loslegt. Zu diesem Zeitpunkt fehlt ihm noch die Erfahrung, welche Indikatoren und Chartmuster er handeln kann. Vielleicht setzt er ein austariertes Risiko- und Money Management ein, das ihn vor allzu großen Rückschlägen bewahrt. Kommen dann die ersten negativen Erfahrungen, reagiert er unsicher (X3) und bekommt Angst davor, gegenüber seinen Kollegen, mit denen er sich austauscht, schlecht dazustehen.

Wie bereits oben beschrieben, ist das Gehirn bemüht, einen Gleichgewichtszustand (Harmonie) herzustellen. Doch weder Angst noch Langeweile sind positive Zustände. Gibt unser Novize nicht aus Langeweile oder Angst auf, muss er sich ein neues Ziel setzen, zum Beispiel, eine Trading-Nische zu finden, seinen Trading-Stil herauszufinden und seine Stärken in dieser Nische zu entdecken. Der gute Coach achtet darauf, dass sich der junge Trader sowohl Wissens- als auch Persönlichkeits- und finanzielle Ziele setzt. Damit steigen nach und nach die Fähigkeiten des Händlers und er wird sich wieder in den Flow-Kanal begeben. Der junge Händler wird vielleicht ein paar weitere Wochen Glücks- und Flow-Momente erleben, nur ist seine jetzige Fähigkeit deutlich höher, er kann auf komplexere Situationen reagieren als vorher, mittlerweile hat er ein Risiko- und Money Management, das er auch einhält. Wird er sich jedoch nicht weiterentwickeln, besteht wieder die Gefahr, dass er sich entweder langweilt oder ängstlich wird und sich so Frustration einstellt. Dann gilt es, durch erneute Motivation und das Setzen höherer komplexer Ziele wieder in den Flow-Kanal zu kommen.

Wer jetzt jedoch glaubt, er könne den Flow-Zustand automatisch herstellen, der irrt. Man kommt nicht automatisch in den Flow oder »in the Zone«, nur weil die Bedingungen gegeben sind. Kreative Ideen beim Kochen oder für einen neuen Handelsansatz kommen Ihnen auch nicht, wenn Sie stur nach Plan arbeiten, sondern eher unter der Dusche, beim Autofahren oder wenn Sie an etwas ganz anderes denken.

Als wichtige Erkenntnis sollten Sie mitnehmen, dass Sie aller Wahrscheinlichkeit nach nur an Ihre Leistungsgrenzen kommen und diese erweitern, wenn Sie sich für die Sache richtig begeistern und sich ihr vollkommen hingeben. Wer nicht intrinsisch (von innen heraus kommend) motiviert ist, stets besser zu werden und seine persönlichen Leistungsgrenzen, sein Wissen und seine Persönlichkeitsmerkmale auszuweiten, wird mittelfristig nicht im Flow-Kanal bleiben. Und wer nicht darin bleibt, wird auf längere Sicht frustriert reagieren, statt sich von Mal zu Mal auf eine »höhere Ebene« zu bewegen. Wenn Sie das beherzigen, wird aus Entfremdung Engagement, Freude ersetzt Langeweile, Hilflosigkeit wird ersetzt durch das Gefühl der Kontrolle und Ihre mentale Stärke hilft Ihnen, sich selbst zu stärken, statt fremdbestimmt zu agieren.

Überhöhte Erwartungshaltung

Wie Sie auf eine Rückmeldung reagieren, ob Sie sie als positiv oder negativ bewerten, hängt in hohem Maße von den Erwartungen ab, die Sie an sich stellen und von denen Sie meinen, dass andere sie an Sie stellen. Setzen Sie die Erwartungen zu hoch an und sind Sie nur zufrieden, wenn ein sehr positives Ergebnis eintritt, machen Sie sich das Leben schwer. Ihre Zufriedenheit oder Unzufriedenheit ergibt sich aus der Differenz der erwarteten Leistung minus tatsächlich erbrachter Leistung. Ist der Saldo negativ, sind Sie enttäuscht. Ist er positiv, sind Sie zufrieden.

Zufriedenheit = erwartetes Resultat – wahrgenommenes Resultat

Sehr einfach! Menschen mit sehr hohen Erwartungen an sich selbst werden schnell enttäuscht, wenn die Rückmeldungen unter diesem hohen Niveau sind. Bleibt diese negative Differenz über einen längeren Zeitraum bestehen, weil entweder die Erwartungshaltung nicht reduziert wird oder keine besseren Rückmeldungen kommen, führt dies zu schmerzhaften Erkenntnissen. So passiert es oft, dass sich Menschen in solch einer Situation zurückziehen, statt aktiv herauszugehen und ihr Trainingspensum zu erhöhen oder nach Alternativen zu suchen. Diese Vermeidung von Selbsterkenntnis führt bei Tradern häufig dazu, dass sie immer längere Pausen einlegen und die Motivation immer weiter sinkt. Ihr Selbst will sie vor dem Schmerz der Selbsterkenntnis schützen und wendet eine Strategie an, die sich in ihrer frühen Kindheit bewährt hat: Rückzug und Trotz. Hier gibt es zwei mögliche Auswege: Stärkung der Selbstwirksamkeit oder Lösung aus dem Verhaftetsein in vergangenen Vorstellungen (von der zu hohen Erwartungshaltung an sich selbst).

Die Marktgegebenheiten können Sie nicht beeinflussen. Es ist Ihnen auch unmöglich, die Markterwartung und die Absichten aller anderen Marktteilnehmer einzuschätzen. Der Job eines Traders oder eines Investors ist, im Anlagehorizont die wahrscheinlichste Marktentwicklung zu prognostizieren. Und selbst wenn Sie diese für den Bruchteil einer Sekunde wüssten, so würde die Änderung nur eines Parameters in einem so komplexen Wirkungsgeflecht wie den Märkten eine vollkommen neue Beurteilung der Lage bedeuten.

Zahlreiche sozialpsychologische Experimente zum Thema Selbstwirksamkeit unterstützen folgende Hypothese: Bekommen Menschen negatives Feedback und meinen, dass sie selbst wenig daran ändern können, führt dies dazu, dass sie sich schlechter fühlen. Und wenn sie sich schlechter fühlen, werden sie schon bald schlechtere Ergebnisse abliefern. Für den anderen Fall gilt: Sind Menschen der Auffassung, etwas ändern zu können, führen negative Rückmeldungen nicht zu einer Verschlechterung der Stimmung.

Der Weg, sich aus den negativen Folgen einer überhöhten Erwartungshaltung zu lösen, führt über das Nichtverhaftetsein. Nichtverhaftetsein ist wie ein Feuer, das die unbewusst geschaffenen Bedingungen, beispielsweise ein zu hohes Selbstideal oder die eigene Vergangenheit, verbrennt. Damit einher gehen die darin begründeten Emotionen, Gefühle und Gedanken. Nichtverhaftetsein bedeutet nicht Gleichgültigkeit, sondern Verzicht auf die Früchte der Handlungen. Es ist wie der berühmte Künstler, der stundenlang und selbstversunken sein Bild malt, es perfekt macht, dann das fertige Werk achtlos in die hinterste Ecke seines Ateliers stellt und schon dabei ist, ein neues Meisterwerk zu erschaffen. Tue stets dein Bestes, ohne dabei auch nur irgendeinen eigenen Nutzen zu verfolgen! Wer so handelt, der weiß, dass eine richtige Handlung immer ein positives Ergebnis hervorbringt. Das Nichtverhaftetsein erweitert das menschliche Bewusstsein. In diesem Zustand ist Trennung des Bewusstseins mit der Tätigkeit verschwunden und der Prozess des Besserwerdens, des Über-sich-hinaus-Wachsens hin zur Exzellenz, wird als evolutionäre Herausforderung angenommen. Wenn wir über diesen Prozess erfahren, dass wir ein Teil eines Größeren sind, fließt die Leistung aus uns heraus und wir können mühelos in die Höchstleistungsphase eintauchen. Das ist es, was sich unbewusst jeder Händler wünscht. Erfolg und Geld folgen automatisch.

Die Wege aus der Angst und aus der Langeweile, das Resultat aus Unter- oder Überforderung, wurden klar beschrieben. Anfällig für Depressionen ist derjenige, der sich selbst für unfähig hält, aus eigener Kraft eine Herausforderung zu bestehen. Durch die Unterdrückung der Selbsterkenntnis kommt es zu einer Spaltung der Persönlichkeit, die im Wachstumsprozess eine elementare Einheit ist. Flow und Wachstum kann nur erleben, wer mit seiner Handlung verschmilzt. Man kann nicht mit dem Tun eins werden, wenn die eigene Persönlichkeit geteilt ist zwischen Ideal und wahrgenommener Realität. Angst, Langeweile, Depression, aber auch positive Gedanken, die nicht zum Selbstbild passen, sind Störungen. Und Störungen beeinflussen die Lernfähigkeit des Menschen erheblich.

Ich fasse zusammen: Unsere Auffassung darüber, ob wir selbst unsere Ziele aktiv erreichen können, beeinflusst unsere Stimmung. Das Loslassen von hemmenden, zu hohen Erwartungen eröffnet riesige Leistungspotenziale und macht den Weg frei für Höchstleistung.

Diese Erkenntnis bezieht sich auf (halb-)diskretionäre Trader genauso wie auf Trader, die ein automatisches softwarebasiertes Handelssystem und die manuellen Eingriffsmöglichkeiten des Systems nutzen. Viele Trader halten die Differenz zwischen hohem Ideal und wahrgenommener Performance-Realität nicht aus und beginnen in der Draw-down-Phase, ihre Parameter manuell zu verändern und Stop Loss Orders oder sogar Positionsgrößen manuell einzugeben. Nur weil Händler eine Software einsetzen, also das Symptom verschoben haben, sind sie die Ursache nicht angegangen und es kommt trotzdem wieder auf sie zurück.

2.4.6 Positives, kontrafaktisches Denken versus Selbstzerfleischung

Rückschläge, negative Rückmeldungen, schlechte Erfahrungen und schwierige Lebensumstände formen einen Menschen. Werfen Sie einen Blick auf erfolgreiche Hedgefonds-Manager und Händler, werden Sie feststellen, dass diese Tiefphasen durchleben mussten. Sie merkten, dass ihr System nicht aufging. Was die Erfolgreichen von den weniger Erfolgreichen unterscheidet, ist nicht, dass die Ersteren weniger Schwierigkeiten und Probleme hatten. Das Gegenteil ist der Fall. Nur Träumer sind der Überzeugung, dass großartige Performer *immer* großartige Resultate erzielen. Thomas Edison sagte einmal, er habe hundertmal gelernt, wie man die Glühbirne nicht erfindet. Er nahm die Rückmeldungen als Hinweis dafür, neue erfolgversprechende Ziele in Angriff zu nehmen. Einer der Trader, mit denen ich zusammenarbeite, wurde durch äußere Umstände gezwungen, neue Trading-Ansätze in verschiedenen Zeithorizonten zu entwickeln. Sein Arbeitgeber hatte beschlossen, den Datenfeed zu wechseln, was Scalpen unmöglich machte. Anstatt sich darüber zu ärgern und zu resignieren, nicht mehr scalpen zu können und deswegen eventuell den Arbeitgeber zu wechseln, suchte er neue erfolgversprechende Wege. Er entwickelte sehr erfolgreich seine Swing-Strategie weiter. Positives Denken bedeutet, Lernerfahrungen der Vergangenheit von ihrer nützlichen Seite zu sehen. Dazu müssen Sie in der Lage sein, Dinge mit Abstand zu betrachten und aus verschiedenen Perspektiven zu beobachten. Es gilt, eine vorteilhaftere Sicht der Dinge zu finden und Nutzen aus Erfahrungen und Rückmeldungen zu ziehen. Schauen wir uns die Ergebnisse unseres Händlerlebens an, stellen wir fest, dass das Nachdenken über Rückmeldungen häufig starke Emotionen auslöst, die wiederum unser zukünftiges Handeln leiten. Die Sozialpsychologie nennt diese Art nachträglicher Weisheit »kontrafaktisches Denken«. Es ist eine Methode, die eine Antwort auf die Frage erlaubt: »Was wäre gewesen, wenn ...« Der Rückblick in der Wenn-Form bietet die Chance, einen Aspekt der Vergangenheit mental, durch die Vorstellung, wie es hätte sein können, abzuändern. Jeder kennt und benutzt diese Form des Denkens: Nach einem Unfall kann er denken: »Was hätte ich anders gemacht, wenn ich gewusst hätte ...?« Wir haben stets die Wahl zwischen positivem oder negativem Wenn-Denken. Das negative Wenn-Denken, »upward counterfactual thoughts«, erhöht das Leid und weckt unangenehme Emotionen: »Wenn ich nicht hier entlanggegangen wäre, wäre nichts passiert.« »Wenn ich umsichtiger gewesen wäre, hätte ich den Unfall vermieden.« Positives Wenn-Denken, »downward counterfactual thoughts«, wirkt erleichternd und spendet Trost: »Zum Glück habe ich eine Haftpflichtversicherung.« Oder: »Es hätte schlimmer kommen können.«

In dieser Weise denken Händler häufig über ihre Trading-Resultate nach. Wenn wir uns sagen: »Wenn ich das Entry-Signal früher gesehen hätte, dann hätte ich heute einen satten Gewinn gemacht …« oder »Hätte ich ein besseres Handelssystem, bräuchte ich nicht mehr selbst traden und läge in Hawaii am Strand«, denken wir im negativen Wenn-Denken, dann bedauern wir uns und unsere Vergangenheit. Sagen wir hingegen: »Wenn ich nicht gezwungen gewesen wäre, mich zu einem Momentum-Trader zu entwickeln, hätte ich viele Handelschancen nicht genutzt und hätte nicht so ein robustes System« oder »Wenn ich nicht so viel Geld in so kurzer Zeit verloren hätte, hätte ich mir nie eine neue Trading-Nische gesucht«, erleichtern wir mit diesen positiven Wenn-Formen unser Leben.

Der Trader, der durch äußere Umstände gezwungen war, ein neues System zu erlernen, hat erfahren, wie man es nicht macht. Dann hat er ein neues System aufgebaut und gleichzeitig das Bewusstsein dafür geschaffen, dass Rückschläge zwar immer lästig sind, aber nicht immer bedrohlich. Wer diese Robustheit nicht besitzt, für den sind längere Verlustphasen äußerst schmerzhaft.

Letztere scheinen an einem Syndrom zu leiden, das der Optimismus-Forscher Professor Martin Seligman als »gelernte Hilflosigkeit« bezeichnet. Es beschreibt den Zustand, dass Menschen meinen, sie könnten negative Motivationen (zum Beispiel Schmerz) nach längeren Verlustphasen nicht mehr abstellen, obwohl sie es (objektiv betrachtet) könnten. Objektiv können sie sowohl ihr System umstellen als auch subjektiv die innere Reaktion auf den Reiz (das Realisieren von Verlusten) umkehren, indem sie sich dissoziieren. Meiner persönlichen Auffassung nach ist das Festigen dieses Bildes, gemeint ist die erlernte Hilflosigkeit, durch die Gesellschaft eine der Hauptursachen, die dem Menschen bei der Entwicklung von Exzellenz im Wege stehen. Es fängt mit den Eltern an, die sagen: »Das kannst du nicht«, und geht über Bezugspersonen weiter. Bei ihnen ist das innere Bild, gegen den Schmerz gibt es bei Verlust kein Mittel, fest verankert. Das Wissen darum, dass unser Gehirn bis ins höchste Alter lernfähig ist, bekräftigt den Leser, dass eine Veränderung dieser Einstellung möglich ist. Es ist manchmal nicht ganz einfach, aber sicherlich möglich.

Wir haben jetzt beschrieben, welche Voraussetzungen gegeben sein müssen, um als Händler exzellent zu werden. Im folgenden Kapitel wird Neuroökonomie das Thema sein. Dabei wird der Stand der Gehirnforschung dargelegt, die untersucht, wie Menschen finanzielle Entscheidungen treffen. Im nächsten Abschnitt wird der innovative Ansatz der Behavioral Finance als Teil der New Finance überblicksartig beleuchtet. Dabei geht es um systematische Fehler beim Entscheidungsverhalten von Marktakteuren. Durch die Kombination verhaltenswissenschaftlicher und ökonomischer Aspekte werden Markt- und Verhaltens-Anomalien erklärbar. Dazu werden die Aufnahme und Verarbeitung von Informationen sowie Erwartungsbildungen und Rückkoppelungen zwischen den getroffenen Entscheidungen und Prozessen analysiert. Der wesentliche Unterschied zwischen Modern Finance und New Finance liegt in der Annahme, dass Individuen nicht ihr Erwartungs-Nutzen-Verhältnis maximieren, sondern bei ihren Entscheidungen verschiedene Heuristiken verwenden.

Zunächst wird die Aufgabe des Gehirns in einer sich immer schneller ändernden Umwelt beleuchtet werden. Dabei wird untersucht, wie eine gute Installation aussieht, was eine mangelhafte, nicht zielführende Installation zur Folge hat und wie die fehlerhafte Installation behoben werden kann.

3. Neuroökonomie – so funktioniert Ihr Gehirn

Das Forschungsgebiet der Neuroökonomie untersucht das Verhalten von Menschen in ökonomischen Entscheidungssituationen mittels bildgebender Verfahren, um die Aktivitäten des Gehirns zu beobachten. Diese Beobachtungen dienen dazu, Erkenntnisse über die Rationalität und Emotionalität bei Entscheidungen zu gewinnen (vgl. Dickhaut, McCabe, Nagode, Rustichini, Smith, Prado, 2003, S. 5). Dieser Forschungsbereich hat gerade in den vergangenen Jahren eine ungeahnte Dynamik erfahren. Die Anzahl der wissenschaftlichen Veröffentlichungen in diesem Bereich explodieren. Bevor Sie erkennen, welche Erkenntnisse der Neuroökonomie Sie für Ihren Alltag als Trader nutzen können, gehe ich kurz darauf ein, auf welchen drei Ebenen der neuro-biologischen Gehirnforschung Untersuchungen stattfinden. Auf der obersten Ebene wird die Funktion der größeren Hirnareale untersucht. Gezeigt wird, welche Aufgaben verschiedene Gebiete der Großhirnrinde, die Amygdala (Mandelkern, der wesentlich an der Entstehung der Angst und der Bewertung und Wiedererkennung von Situationen beteiligt ist) oder die Basalganglien (Kerngebiete unterhalb der Großhirnrinde, die an exekutiven Prozessen wie Antrieb, Spontanität, Willenskraft, Affekt, sequentielles Planen und Antizipation beteiligt sind) haben. Auf der Ebene darunter werden die Vorgänge innerhalb von Hunderten oder Tausenden von Zellenverbänden analysiert. In der untersten Ebene werden die Vorgänge einzelner Zellen und Moleküle näher untersucht. Die größten Erkenntnisfortschritte sind auf der obersten und der untersten Ebene zu verzeichnen, nicht jedoch auf der mittleren Ebene. Welche Codes einzelne Zellen verwenden, wenn sie untereinander Informationen austauschen, ist gut erforscht. Die Reizweiterleitung zwischen verschiedenen Zellverbänden, also wie Hunderte Millionen von Nervenzellen miteinander kommunizieren, ist dagegen kaum bekannt.

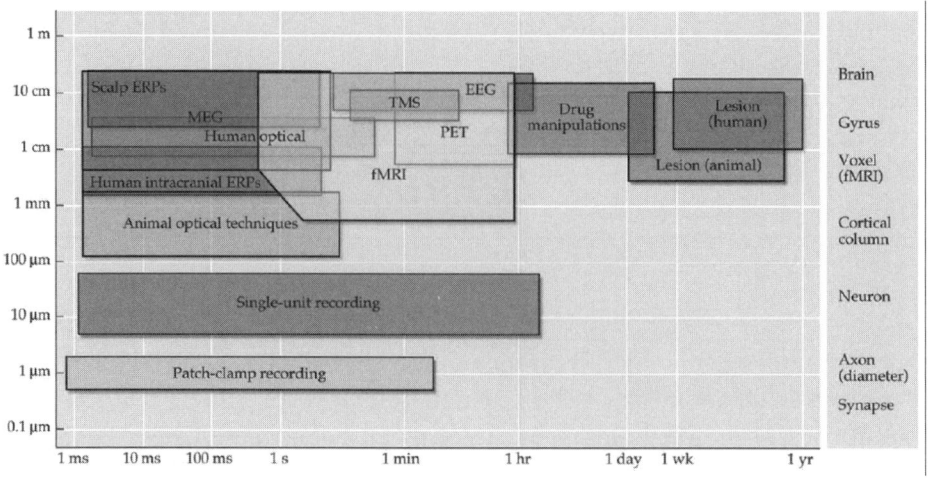

Abbildung 4: Überblick über bildgebende Verfahren nach Scott Huettel

Bei der Untersuchung, wie unser Gehirn funktioniert, verwendet die moderne experimentelle Gehirnforschung auf der obersten Organisationsebene des Gehirns bildgebende Verfahren. Dazu gehören funktionelle Magnetresonanztomografen (fMRT) der neusten Generation und die Positronen-Emissionstomografie (PET). PET stellt die räumliche Verteilung eines verabreichten Radiopharmakons in den aktiven Gehirnregionen bildlich dar. Sie messen den Energiebedarf einzelner Hirnregionen und besitzen eine räumliche Auflösung im Millimeterbereich. fMRT (oder englisch »fMRI«, functional magnetic resonance imaging) verfolgen Änderungen im Gehirn, indem sie abbilden, wie sich die »Marker« verändern, wenn die Versuchsperson Aufgaben löst. MRT als nicht invasives Verfahren wird auch Kernspintomografie genannt. Mit der funktionellen MRT werden Hirnareale lokalisiert, deren Aktivitäten mit bestimmten Funktionen korrelieren. Die zu untersuchende Person wird in die Röhre gelegt, in der ein starkes statisches Magnetfeld angelegt wird. Zunächst werden strukturelle Aufnahmen des Gehirns gemacht, ohne dass die Versuchsperson eine Aufgabe lösen soll oder ihr ein Reiz gezeigt wird. Der kurze elektromagnetische Puls verändert die Ausrichtung der Spins der Atome im Gehirn. Nach der Aufnahme des Ruhezustands des Gehirns folgt der Vergleich mit den Aufnahmen, wenn der Teilnehmer auf äußere (optische, akustische und fühlbare) Reize reagiert. Es werden Aufnahmen mit hoher räumlicher und guter zeitlicher Auflösung gemacht, welche die Sauerstoffsättigung des Blutes aufzeichnen. Dieses Verfahren nutzt im Gegensatz zu PET keine radioaktiven Tracer-Substanzen, hat aber den

Nachteil, dass der Proband einem konstanten Geräuschpegel von zirka 100 Dezibel ausgesetzt ist, der jedoch mittels Kopfhörer auf zirka 30 Dezibel gesenkt werden kann.

Warum sich das MRT-Signal verändert, soll ein Modell zeigen.

Abbildung 5: Wie entsteht die Aktivität in bestimmten Gehirnarealen, wie wird sie gemessen und wie wird sie lokalisiert?

Im Gegensatz dazu scannt PET die Ausbreitung des Radiopharmakons und korreliert dies mit bestimmten Gehirnaktivitäten. Es misst im Gehirn lokale Anstiege des Glukoseverbrauchs, die mit der Zunahme der neuronalen Aktivitäten korrelieren. Dazu injizieren die Forscher ein radioaktives Isotop, das sich zum Beispiel in Glukosemolekülen befindet. Aufgenommen von den gerade aktiven Neuronen, verbleibt das radioaktive Isotop in den Nervenzellen. Während des radioaktiven Zerfalls strahlt das Isotop Hochenergiepositronen ab, die in der näheren Umgebung auf Elektronen treffen. Beim Zusammentreffen werden Positronen und Elektronen vernichtet und die Energie geht in zwei Gamma-Quanten über, die sich in die entgegengesetzte Richtung ausbreiten. Am Kopf platzierte Gammastrahlendetektoren registrieren und sammeln die Informationen. Dadurch wird der Ort der Isotope bestimmt. Später lassen sich die Informationen von einem Computer als Gesamtbild darstellen. Dadurch können die Forscher untersuchen, wie die Rezeptoren bestimmter Neurotransmittersysteme im Gedächtnis verteilt sind und welche Areale besonders aktiv sind.

Zur Lüftung eines der größten Geheimnisse der Welt, wie unser Gehirn funktioniert, durchleuchtet dieser Scanner das Gehirn, während dem Menschen ein Input gegeben wird, und schaut ihm dadurch (fast) live beim Denken zu. Die wichtigsten Handwerkszeuge vieler Kognitionsforscher liefern eine überwältigende Flut von Bildern und Daten und ermöglichen den Ökonomen neue Erkenntnisse über das menschliche Denken. Die Aussagekraft dieser Bilder und Daten ist allerdings begrenzt: Die fMRT bildet die elektrische Aktivität der Neurone nur indirekt ab. Sie registriert nur die indirekten Folgen der Neuronenaktivität. Ist ein Areal aktiv, benötigen die dortigen Neurone mehr Glukose und Sauerstoff als die Neurone, die nicht aktiv sind. Allerdings existiert kein direkter Beweis, dass es einen Zusammenhang gibt zwischen Blutfluss und dem neuronalen Energiestoffwechsel.

Die Funktionsweise des fMRT hat mit dem Energieverbrauch des Gehirns zu tun und beruht auf zwei grundlegenden Feststellungen: Ein Neuron braucht nicht mehr Energie zu speichern, als für die kürzeste Aktivität benötigt wird. Nur wenn es über längere Zeit aktiv ist, muss ihm zusätzliche Energie zugeführt werden. Das Gehirn bildet dann ein Energiespeichermolekül, das ATP, wenn es seine Energie neu aufladen will. ATP ist unmittelbar in den Energiestoffwechsel eingebunden. Wird es auf- oder abgebaut, zeigt dies an, dass ein Gehirnareal aktiv ist, weil es mehr Sauerstoff und Glukose braucht als inaktive Gehirnbereiche. Neuronen haben im Gegensatz zu anderen Zelltypen nur relativ wenig Glukose vorrätig.

Braucht ein Muskel aufgrund anstrengender Körper-Übungen mehr Energie, wird er mit zusätzlichem Blut versorgt. Durch das zusätzliche Blut schwillt der Muskel an. Da aber der Raum des Gehirns durch den Schädel begrenzt wird, kann das Gehirn nicht wie ein Muskel anschwellen. Die Gesamtmenge des Blutes muss im Kopf konstant gehalten werden. Im Gehirn wird das Blut dadurch verteilt, dass sich die Blutgefäße verengen oder ausweiten. Erweitert sich ein Blutgefäß, wird der Widerstand verringert, das entsprechende Hirnareal wird besser mit Sauerstoff und Glukose versorgt und die Neuronen können Energie erzeugen.

Wie erkennt nun das fMRT die Bereiche mit verstärktem Blutstrom und damit die erhöhte Gehirnaktivität? Im extern angelegten Magnetfeld nutzt man die unterschiedlichen magnetischen Eigenschaften des sauerstoffarmen und sauerstoffreichen Hämoglobins (= rote Blutkörperchen, wichtiger Sauerstoff-Transporteur). Sauerstoffarmes Hämoglobin (dHb) ist paramagnetisch, das heißt, das Magnetfeld verstärkt sich in seinem Inneren, wenn es einem Magnetfeld ausgesetzt ist. Das sauerstoffreiche Hämoglobin (Hb) dagegen ist diamagnetisch, das heißt, es hat die Tendenz, aus einem Magnetfeld herauszuwandern, beziehungsweise in einem extern angelegten Magnetfeld abzunehmen. Letztendlich nutzt man die beiden unterschiedlichen magnetischen Eigenschaften sauerstoffreichen und sauerstoffarmen Hämoglobins, um den kurzfristig erhöhten Sauerstoffgehalt und damit den Energieverbrauch der Neuronen zu messen. Dabei gilt ein Überschuss an sauerstoffreichem Oxyhämoglobin als Indiz für verstärkte Gehirnzellenaktivität, da die Oxyhämoglobin-Protonen mehr Signale schicken. Diese Eigenschaft nennt man Blood Oyxgen Level Dependency- (BOLD) Effekt. Das BOLD-Signal misst die neuronalen Aktivitäten in einem Voxel, also einem Volumenpixel des Gehirns.

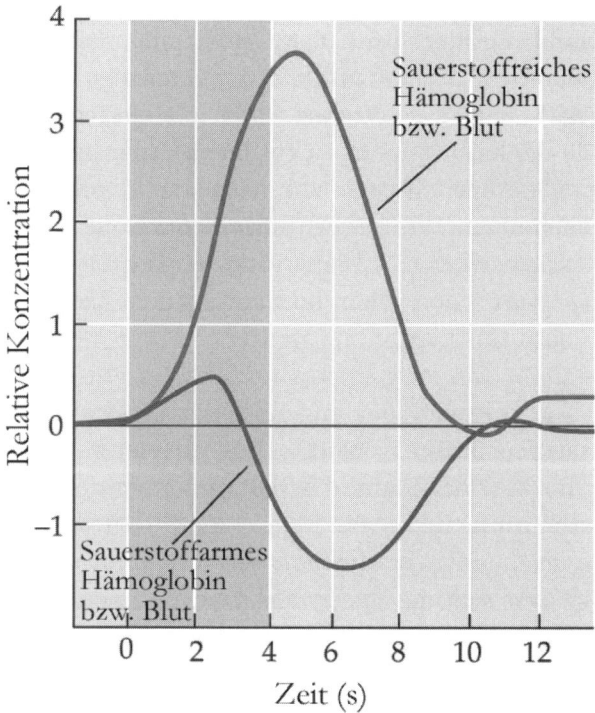

Abbildung 6: Um festzustellen, welche Gehirnzellen gerade aktiv sind, wird das Verhältnis von sauerstoffreichem zu sauerstoffarmem Blut gemessen.

Den zeitlichen Vorgängern der klassischen Elektroencephalografie (EEG) hinken die neuen Methoden zeitlich um Sekunden hinterher. EEGs messen die elektrische Aktivität von Nervenzellenverbänden (Hirnpotenzialschwankungen) quasi realtime (im ms-Bereich). Sie geben jedoch keinen Aufschluss darüber, *wo* sich im Gehirn etwas ändert. Zur Lokalisierung von bestimmten Verhaltensreaktionen sind sie also ungeeignet. Bei der neueren Magnetencephalografie (MEG) lassen sich im Zentimeterbereich Änderungen von Magnetfeldern elektrisch aktiver Neuronenverbände millisekundengenau (1-2 mm-Bereich) sichtbar machen. Beide, EEG und MEG, setzen bei den elektrischen Potenzialen des Gehirns an. Die zeitliche und räumliche Genauigkeit, mit der Hirnaktivitäten beobachtet werden können, stößt bei Neuroökonomen auf großes Interesse. Das Verfahren ist jedoch sehr teuer, da die Sensoren stark mit Helium abgekühlt werden müssen und spezielle abschirmende Kammern notwendig sind.

Die Kombination dieser Technologien ermöglicht es, kognitive Funktionen, Handlungsplanung, Gedächtnisprozesse sowie das Erleben von Emotionen darzustellen. Auch auf der untersten neuronalen Ebene haben völlig neuartige Methoden wie etwa die Patch-clamp-Technik, die Fluoreszenzmikroskopie oder das Xenopus-Oozyten-Expressionssystem zu einem Erkenntnissprung geführt. Inzwischen weiß die Hirnforschung sehr viel mehr über die Ausstattung der Nervenzellmembran mit Rezeptoren und Ionenkanälen sowie über deren Arbeitsweise, die Funktion von Neurotransmittern, Neuropeptiden und Neurohormonen, den Ablauf intrazellulärer Signalprozesse oder die Entstehung und Fortleitung neuronaler Erregung als noch vor einigen Jahren. Selbst was in einem einzelnen Neuron passiert, kann mit hoher räumlicher und zeitlicher Auflösung analysiert und in Computermodellen simuliert werden. Dies ist von großer Bedeutung für das grundlegende Verständnis der Arbeitsweise von Sinnesorganen und Nervensystemen.

Die Arbeitsweise des Gehirns ist zum großen Teil immer noch unbekannt. Wie es die Welt in sich abbildet, wie es sie wahrnimmt, wie es frühere Erfahrungen miteinander verschmilzt und wie es zukünftige Aktionen plant, verstehen wir nach wie vor nicht.

Um es zu verdeutlichen: PET oder fMRT beschreiben Aktivitätszentren und ordnen diesen Arealen bestimmte Funktionen oder Tätigkeiten zu. Wir wissen hierzu aber nur, dass sich im Gehirn an einer bestimmten Stelle etwas abspielt: Wir beobachten, dass Nervenzellen eine höhere Aktivität dadurch haben, dass wir eine geringfügige lokale Zunahme der

Blutversorgung feststellen. Das ist keine Erklärung im eigentlichen Sinne. Die bisherigen Methoden erklären nicht das »Wie«. Sie messen nur sehr indirekt, wo in Haufen von Hunderttausenden von Neuronen etwas mehr Energiebedarf besteht. Das kann man sich so vorstellen, als versuchte man, von außen die Funktionsweise eines Computers zu analysieren, indem man seinen Stromverbrauch misst, während er verschiedene Aufgaben parallel abarbeitet.

Auch wenn viele Bereiche noch unerforscht sind, so hat die Forschung doch herausgefunden, dass im menschlichen Gehirn neuronale Prozesse und bewusst erlebte geistig-psychische Zustände auf das Engste miteinander zusammenhängen und unbewusste Prozesse den vom Willen gesteuerten Prozessen vorausgehen. Die Daten, die mit modernen bildgebenden Verfahren gewonnen wurden, weisen darauf hin, dass sämtliche innerpsychischen Prozesse mit neuronalen Vorgängen in bestimmten Hirnarealen einhergehen – zum Beispiel Imagination, Empathie, das Erleben von Empfindungen und das Handeln. Damit ist der wissenschaftliche Beweis erbracht, dass das Imaginieren wünschenswerter Zustände oder das Ändern unerwünschenswerter Reiz-Reaktions-Abläufe durch Mentaltraining-Techniken wirksame Mittel sind, etwa zur Erzeugung von Kompetenzbewusstsein oder zur Rückschlagsimmunisierung. Wie individuell und einzigartig Ihr Geist und Ihr Bewusstsein auch sind, sie sind Teil des Naturgeschehens und übersteigen es nicht. Geist und Bewusstsein sind nicht »vom Himmel gefallen«, sondern haben sich in der Evolution der Nervensysteme allmählich herausgebildet und sind formbar. Damit ist die Möglichkeit geschaffen, aus einem Amateur-Trader einen Experten zu formen. Wir verfügen über alle Instrumente, mit denen Händler, die sich in einer längeren Draw-down-Phase eine Angststörung zugezogen haben, wieder entspannt und auf Kurs gebracht werden können.

Der genauere Blick auf die neuroelektrischen und neurochemischen Prozesse in unserem Gehirn ermöglicht uns das Verständnis der Gründe für Widersprüche in unserem Geist, also Bewusstsein und Willen, sowie in unseren Gefühlen und Handlungen. »Anomalien« sind biologisch begründbar, denn sie werden vom Gehirn generiert, das hochdynamisch und nichtlinear arbeitet. Wir wollen nun die Gründe analysieren, warum uns unser Gehirn scheinbar unzuverlässige Ergebnisse liefert.

3.1 Kennen Sie Ihr Gehirn?

Möglicherweise haben Sie die Bedeutung gehirnpsychologischer Abläufe für Ihren Handelsalltag noch nicht entdeckt. Die zirka 1,4 Kilogramm schwere feuchte Masse zusammengeknüllten Zellgewebes, das wir Gehirn nennen, lässt uns einen entspannten Abend mit den Liebsten genießen, die Grammatik einer Sprache lernen, einen Freund oder etwas Essbares erkennen, vor Gefahr fliehen, Verluste vermeiden und diesen Satz hier lesen. Das Gehirn ist für alles verantwortlich: dafür, dass Sie morgens pünktlich an Ihrer Trading-Station sitzen und sich einen Überblick über die Märkte verschaffen, dass Sie überlegen können, welche Chartmuster in der Vergangenheit gut funktioniert haben und sich ein fundiertes Urteil darüber bilden können, ob Sie den nächsten Trade eingehen sollten oder nicht. Und das ist gut so. Aber warum sollen Sie sich damit auseinandersetzen, wie das Organ des Lernens funktioniert? Ganz einfach: Wenn Sie wissen, wie ein »Apparat« funktioniert, können Sie ihn besser bedienen und ihn besser nutzen. Wenn ein Motor falsch eingestellt ist, haben Sie die Möglichkeit, ihn richtig einzustellen, wenn Sie wissen, wie er funktioniert. Wenn Sie im Motorrennsport aktiv sind und aufs Treppchen wollen, ist es hilfreich, zu wissen, wie das Fahrwerk funktioniert, um es auf Ihren Fahrstil und die Rennstrecke zu optimieren!

Wir wollen uns hier darauf konzentrieren, zu verstehen, was das Gehirn macht und warum es manchmal nicht das macht, was für Sie das Beste wäre. Es geht hier nur um die »Software«, also die Gedanken, Emotionen und Prozesse, die in Ihrer Schaltzentrale 24 Stunden am Tag ununterbrochen arbeitet. Die Hardware ändert sich mit der Software, die auf ihr läuft. Sie werden erkennen, dass es sinnvoll ist, die geistigen Fähigkeiten ebenso zu schärfen, wie die Muskeln zu trainieren und täglich an unserer Handelstechnik zu feilen.

Vier Systeme in Ihrem Gehirn sind es, die im Wesentlichen Ihr Verhalten und Ihre Entscheidungen bei finanziellen Fragen bestimmen. Es geht um das Entscheidungssystem, das Gedächtnissystem, das Belohnungssystem und das emotionale System. Obwohl das Gehirn nur etwa 2 Prozent der Körpermasse ausmacht, verbraucht es 20 Prozent der Körperenergie. Die größte Energiemenge wird für bewusste Denkprozesse verwendet. Unbewusste Prozesse verbrauchen weniger Energie. Wie diese Systeme aufgebaut sind und wie sie untereinander zusammenarbeiten, wird im Folgenden behandelt.

Unbewusst Entscheidungen treffen

Damit eine Information durch unsere Sinnesorgane Augen, Ohren, Nase, Haut oder Zunge über die Gehirnmasse in unser Bewusstsein kommt, muss eine von drei Bedingungen erfüllt sein: Entweder es geht um Sex, eine Information ist neu und relevant oder es ist Gefahr im Verzug. Alles andere wird von einem Wächter, der entscheidet, ob eine Information in das Bewusstsein kommt, in das Unterbewusstsein geschoben, wo es automatisch (unterbewusst) verarbeitet wird. Diese saubere Trennung in zwei Kategorien, die bewussten Informationen (das, was Sie wissen, sehen und hören et cetera) und die überwiegenden unbewussten Informationen (die Ihr Gehirn unbemerkt speichert), ist sinnvoll für den Trader und für jeden anderen Menschen. Jedoch ist sie stark vereinfacht.

In jeder Sekunde wirken zirka zwei Millionen Sinneseindrücke auf den Menschen ein. Jeder Herzschlag, jede Bewegung eines Muskels, jede Reaktion und Nichtreaktion beruht auf einer Entscheidung. Eine Entscheidung, die in Bruchteilen einer Tausendstelsekunde getroffen wird. Weit mehr als 99,9999 Prozent der Entscheidungen werden unbewusst getroffen. Dabei werden die Informationscluster von Erfahrungen gefärbt. Um die Umwelt objektiv zu sehen – das wollen Sie als Händler –, wäre ein denkbarer Lösungsweg, alle Informationen bewusst wahrzunehmen, um die Färbung zu vermeiden. Jetzt müssen Sie bedenken, dass ein durchschnittliches Gehirn nur sieben plus/minus drei Informationen gleichzeitig bewusst verarbeiten kann. Wie aber sollen die zirka zwei Millionen Informationen pro Sekunde abgearbeitet werden? Eine bewusste Abarbeitung würde, wie der IT-ler sagen würde, zu einem Bufferoverflow führen, ist also objektiv unmöglich. Dass die Unterscheidung bewusste/unbewusste Verarbeitung zu einfach ist, zeigt sich auch darin, dass die automatische Informationsverarbeitung sowohl auf niedrigen Stufen des Gehirns (speziell in den Nervenzellen, die auf die Verarbeitung von optischen Phänomenen spezialisiert sind) als auch auf höheren Stufen des Gehirns (in den Faltungen der Großhirnrinde, wo das ernsthafte Nachdenken organisiert wird) stattfindet.

Im Folgenden befassen wir uns mit dem Teil des Gehirns, der das Handeln des Traders hauptsächlich beeinflussen sollte: die Region, in der das rationale Denken lokalisiert ist. Das bewusste Denken und Entscheiden wird von Gehirnforschern der Großhirnrinde zugeordnet, die etwa die Hälfte des Gehirnvolumens in Anspruch nimmt und sich in eine rechte und linke Hemisphäre aufteilt.

Bild des Gehirns

Der Sitz des hochstufigen Denkens, der Bewusstseinssteuerung, ist der präfontale Cortex (PFC). Er ist unmittelbar über den Augen und hinter der Stirn lokalisiert. Bei ihm laufen alle wichtigen Informationen zusammen, weshalb man ihn auch als Schaltzentrale des Gehirns bezeichnet. Er ist bei der Entstehung von Motivation aktiv und integriert Informationen in bestehende Erfahrungen. Der PFC ist Teil des limbischen Systems. Seine Aufgaben liegen unter anderem im *Planen, Urteilen, Auswählen, Motivieren und in sozialer Kontrolle.* Ist die präfontale Rinde geschädigt, ist die soziale Wahrnehmung eingeschränkt, der Mensch handelt ungehemmter, aggressiver und es fehlen feste Absichten und planende Vorausschau. Der PFC ist verbunden mit den bewussten Komponenten des Ich-Gefühls und des Charakters. Er beteiligt sich an der Einleitung von Handlungen. Er tritt demnach bei allem, was beim Umgang mit Geld und Investitionsentscheidungen in Bewegung gerät, in Aktion.

Planen

Der PFC ist dabei, wenn es um die Vorhersage von Handlungsfolgen geht, wenn Pläne zum Erreichen von Zielen entwickelt werden und wenn Prozesse in zeitliche Sequenzen aufgeteilt werden.

Urteilen

Er stützt das Urteilsvermögen und ermöglicht es, gute von schlechten Entscheidungen zu unterscheiden. Ist er geschädigt, führt das zu Problemen bei der Einschätzung der Relevanz externer Ereignisse.

Auswählen

Unter mehreren Handlungsalternativen wählt er aus und fällt Entscheidungen.

Motivieren

Wenn Sie motiviert sind, Aufgaben zu erledigen, ist es der PFC, der Sie vorantreibt. Schädigungen äußern sich in mangelnder Aufmerksamkeit bis Apathie (»Pseudodepression«) und Antriebsschwäche.

Soziale Kontrolle

Sozial unangemessene, triebgesteuerte Handlungen werden vom PFC unterdrückt. Bei Störungen scheint es so zu sein, als würden bei der Konkurrenz von internen und externen Motivationen die internen überwiegen. Infolgedessen ist die soziale Wahrnehmung eingeschränkt.

Einleitung von Handlungen

Der PFC ist beim Handlungsentwurf, bei der Initiative und bei der Handlungsvorbereitung als Reaktion auf einen signifikanten emotionalen Reiz beteiligt.

Im Folgenden soll auch noch kurz auf den Hippocampus, den Nucleus accumbens und die Amygdala eingegangen werden, weil es Sie als Trader interessieren sollte, wie Ihr Gedächtnis und Ihr internes Belohnungssystem funktioniert und Ihre Emotionen entstehen.

Wie bereits weiter oben beschrieben, ist unser Gehirn unaufhörlich damit beschäftigt, neue Informationen aufzunehmen, zu speichern und wieder abzurufen. Die Aufnahme, Weiterleitung und Verarbeitung von Informationen aus der Umwelt und aus der Innenwelt des Körpers erfolgen über das Nervensystem. Die funktionellen Einheiten des Nervensystems sind die Nervenzellen. Sie sind in Form und Größe sehr variabel. Durch die Aufnahme und die Verarbeitung von Informationsreizen wird die Struktur Ihres Gehirns ständig verändert. Das geschieht, indem die Synapsen (die Verbindungen zwischen den Neuronen) ständig gestärkt oder geschwächt werden. Es bilden sich neue Dendrite (die Bestandteile des Neurons, von denen die synaptische Information aufgenommen werden). Diese leiten die »neuen« Informationen als elektrische Impulse an den Zellkörper weiter. Eine Gedächtnisinformation liegt nicht in einem »Zellbehälter«, aus dem dann Neuronen die Information wieder herauslesen, wie es häufig laienhaft angenommen wird. Vielmehr wird durch eine neue Information in den Neuronen ein bestimmtes Muster aktiviert.

Der Hippocampus

Der Hippocampus koordiniert dabei die an unterschiedlichen Stellen im Gehirn sitzenden Informationen. Er ist eine der zentralen Schaltstationen des limbischen Systems. Pro Hemisphäre gibt es einen Hippocampus. Er fungiert als Schnittstelle zwischen Kurzzeit- und Langzeitgedächtnis. Im Hippocampus fließen alle Informationen der verschiedenen sensorischen Systeme (Sehen, Hören, Schmecken, Riechen und Fühlen; externe und interne, vom Körper ausgehende Signale) zusammen. Er ist es, der die immense Datenfülle, die pro Sekunde an das Gehirn gesendet wird, filtert. Er entscheidet danach, ob die Information dringend, wichtig oder neu ist. Informationen, die mehreren Kriterien entsprechen, werden sortiert an die dafür zuständigen Hirnareale der Großhirnrinde (Neocortex) weitergeleitet, wo dann die Speicherung der Information erfolgt. Er ist nicht nur für die Gedächtnisbildung wichtig, sondern auch bei Lernprozessen und der Verarbeitung von Emotionen.

Als Trader oder Investor dürfen Sie nicht kritiklos das übernehmen, was Ihnen jemand erzählt oder was Sie in einem Chat lesen. Es ist wichtig sich auf die eigene Beurteilung verlassen zu können.

Sie haben den größten Lernerfolg dort, wo Sie auf vorhandene Fähigkeiten aufbauen können. Die neu entstandenen Neuronen und Synapsenverschaltungen müssen als Teil der Netzwerkarchitektur gebraucht werden, um sich in der Folge nachhaltig zu festigen. Nutzen Sie Ihre Fähigkeit zu denken, um stets bestimmte Muster zu erkennen oder Abläufe immer wieder zu lernen! Damit vermeiden Sie bei Ihren Handelsentscheidungen, dass Sie ungeprüft scheinbare Zusammenhänge sehen, die Ihnen eine »Autorität« mitteilt.

Neben der Gedächtnisbildung ist der Hippocampus auch für den Abruf jüngerer Lerninhalte, die nur ein paar Wochen oder Monate alt sind, verantwortlich. Doch wenn Sie sich an etwas erinnern, muss Ihr Gehirn zahlreiche verstreute Informationen und Einzelheiten zu einem Bild zusammensetzen. Es wird angenommen, dass der Zusammenbau nicht so funktioniert, wie wenn ein in Einzelteile zerrissenes Bild wieder zusammengeklebt wird, sondern dass eher eine kreative Wiedervorstellung entsteht (ähnlich einer Collage), die nicht nur einige Löcher aufweist, sondern auch andersfarbige oder falsche Teilbilder beinhaltet.

Nucleus accumbens

Der Nucleus accumbens ist Teil des limbischen Systems und hat eine wichtige Funktion, wenn es um Belohnungen geht. Wenn man im Gehirn nach einem Lustzentrum sucht, das uns Menschen antreibt, dann ist es diese Kernstruktur im unteren Vorderhirn. Es ermutigt uns, aktiv zu werden und nicht apathisch am Schreibtisch zu sitzen und den flackernden Kursen zuzuschauen. Es ermutigt uns besser zu werden und nach immer neuen Mitteln zu suchen, dieses Ziel zu erreichen.

Was verbindet guten Sex, ein gaumenkitzelndes Menü eines Spitzenchefs und einen exorbitanten Gewinn-Trade miteinander? Die Lust! Der Nucleus accumbens ist einer der wichtigsten Teile Ihres Gehirns, wenn es darum geht, das Lustgefühl zu aktivieren. Nur wenn Sie eine Sache ganz besonders gut gemacht haben, sagen die dopaminergen VTA-Neurone dem Nucleus accumbens, dass er etwas Lust austeilen soll, weil eine Aufgabe gut erfüllt wurde. Glücksgefühle verstärken bestimmte Verhaltensmuster, die mit der Belohnung in Verbindung stehen.

Doch das Gehirn soll nicht nur Lust liefern. Es soll Ihnen diese auch versagen. Schließlich kann Lust nur dann motivieren, wenn sie knapp ist. Dazu hat es Mutter Natur so eingerichtet, dass wir überleben und nicht verhungern. Würden wir von einem Glas Latte macchiato mit einer Woge von Lust überschwemmt, die für einen Tag oder länger anhält, hätten wir keinen Antrieb, uns Essen zu besorgen. Im Extremfall, das zeigen Experimente mit Ratten, würden wir unser Interesse an Nahrung, Sex oder Geld verlieren, wenn wir die Möglichkeit hätten, diesen Lustbereich »manuell« zu stimulieren. Olds und Milner hatten 1954 Ratten durch das Einfügen dünner Elektroden in ihr Gehirn die Möglichkeit gegeben, diesen Bereich elektrisch zu stimulieren. Hatten die Nager einmal gelernt, wie sie diese Impulse selbst auslösen können, traten sie tausendmal die Stunde auf diesen Hebel, verloren ihr Interesse an Nahrung oder Partner und starben irgendwann an Erschöpfung. Dieses Verhalten können Sie auch bei Drogensüchtigen beobachten, die sich lieber einen euphorisierenden Drogen-Kick mit ihrem Geld verschaffen, anstatt sich Essen zu kaufen. Eigentlich lieben Sie nicht den tollen Sex, die extravagante Schokolade oder das viele Geld, sondern den kleinen elektrischen Impuls, den der Nucleus accumbens Ihrem Nervensystem gibt, wenn es Sie belohnen will.

Ihr genetischer Auftrag ist, Ihre Gene an die nächste Generation weiterzugeben. Dazu müssen Sie essen, sich vermehren und sich vor Gefahren schützen. Es ist deshalb nötig, sich um alle diese wichtigen Lebensbereiche zu kümmern. Abgebildet wird dieser Wunsch dadurch, dass sich Ihr Gehirn an neue Lustquellen gewöhnt. Trader kennen das: Der erste gute Trade, bei dem Sie vielleicht 1000 Euro mitgenommen haben, wird Ihnen viel mehr bedeuten, als der zweite Roundturn, der Ihnen vielleicht sogar 1100 Euro Profit eingebracht hat. Obwohl der zweite Trade ihnen objektiv mehr Geld in Ihr Depot gespült hat, erzeugt er nicht die gleiche Lust. Der zweite Gewinn gibt Ihnen nicht mehr den »Lust-Kick« wie der erste. Der dritte wird Ihnen weniger Lust geben als der zweite ... Betriebswirte sprechen von einem abnehmenden Grenznutzen eines Lustgefühls. Jetzt, nachdem ein Wunsch befriedigt ist, dürfte Ihr Gehirn nach einer neuen Gehirnglückserfolg bringenden Tätigkeit suchen. Beispiel: Sie finden eine neue Aufgabe, etwa indem Sie neue Indikatoren suchen oder neue Märkte nach neuen Möglichkeiten abscannen. Mit diesem Mechanismus sorgt Ihr Gehirn dafür, dass Sie neben dem physischen Bedarf auch längerfristigen Zielen, wie dem Aufbau eines großen Handelskontos, dem Erbauen eines Hauses oder der Suche nach einem Lebenspartner, nachgehen.

Ihr Gehirn belohnt Sie auch, wenn Sie annehmen, dass eine Aktivität für Sie vorteilhaft ist, wie etwa das Lernen von statistischen Zusammenhängen oder der Erwerb eines Gegenstandes, der Prestige verspricht. Ihr PFC hat dabei die Aufgabe, dass Sie Lust aus sekundären Zielen gewinnen können, indem es diesen Tätigkeiten emotionale Erfahrungen zuweist: viel Geld durch Trading verdienen → Kauf prestigeträchtiger Gegenstände → Aufmerksamkeit beim anderen Geschlecht → Erhöhung der Chance auf Sex und Vermehrung = Belohnung.

Es ist die Erwartung von Lustbefriedigung, die bewirkt, dass wir einem bedruckten Papierbündel (Banknoten), auf denen ein paar Zahlen zu lesen sind, eine so große Bedeutung zumessen. Bedenken Sie dabei immer, dass die emotionale Einfärbung die statistisch zu erwartende Realität übertrieben darstellt.

Gewinnerwartung und Gewinn realisieren

Einen Gewinn in der Zukunft zu erwarten und ihn tatsächlich zu realisieren wird in unterschiedlichen Gehirnbereichen abgearbeitet. Der Nucleus accumbens aktiviert das Belohnungssystem und versetzt seinen Besitzer in positive Erregung, wenn er einen finanziellen Gewinn, also eine Belohnung, erwartet. Je größer der erwartete Gewinn ist, desto stärker ist der Nucleus accumbens aktiviert. Kommt es tatsächlich zu einer Belohnung (der finanzielle Gewinn tritt ein), ist der mediale PFC aktiviert. Auf den Punkt gebracht: Erwartet Ihr Gehirn einen finanziellen Gewinn, feuert es Dopamine ab, die wiederum innerhalb von weniger als einer Zwanzigstelsekunde Signale an das Entscheidungszentrum schicken. Damit werden Sie euphorischer.

Erwarteter Gewinn und unerwarteter Gewinn

Die Unterscheidung zwischen einem erwarteten und einem unerwarteten Gewinn ist für die Analyse menschlichen Investitionsverhaltens aufschlussreich. Werden Sie positiv überrascht und realisieren einen unerwartet hohen Gewinn, werden Glückshormone ausgeschüttet (vgl. Blakeslee, 2002). Dabei werden 3- bis 40-mal *länger* Dopamine abgefeuert, als wenn nur der erwartete Gewinn eingetroffen wäre. Das Gehirn ist ständig auf der Suche nach Neuem. Findet unser Gehirn etwas Bekanntes, erfolgt keine Belohnung.

Wird hingegen die Gewinnerwartung verfehlt, werden weniger Dopamine abgefeuert als vorher und die Motivation, weiterzumachen, lässt nach.

Stellt sich der erwartete Gewinn zeitverzögert (nach einigen Tagen oder Wochen) ein, werden keine Dopamine ausgeschüttet. Das Gehirn bleibt in einem neutralen Zustand. Daraus lässt sich folgende Erkenntnis ableiten:

Ob Sie von Ihrem Erfolg mit einem Glücks-Kick belohnt werden oder nicht, hängt weniger von der Höhe des finanziellen Gewinns ab, sondern vielmehr von den Bedingungen, unter denen das Ergebnis erzielt wurde. Die Differenz zwischen erwartetem und tatsächlichem Ergebnis ist ausschlaggebend.

Da das Gehirn nach Belohnung lechzt, jedoch kein Lustgewinn eintritt, wenn Händler nur das verdienen, was sie auch erwarten, sehnt es sich nach mehr. Gehirntechnisch gibt es keine Unterschiede zwischen einem Junkie, der seine Drogendosis immer wieder erhöhen muss, um den Kick zu bekommen, und dem Investor, der nach immer neuen, sich schnell bewegenden Möglichkeiten sucht, die ein positives Momentum haben. Wegen des erwarteten höheren Lustgewinns eines solchen Ereignisses (mehr als erwartet) ist das Gehirn im Gegenzug auch bereit, höhere Risiken einzugehen. Der dargestellte Zusammenhang zwischen ausgeschüttetem Dopamin, den Erwartungen des Traders und dem Ergebnis (positive und negative Überraschung) bekommt damit einen hohen Erklärungsgehalt für Über- oder Untertreibungsreaktionen der Marktteilnehmer.

Damit stehen Trader vor einem Dilemma: Um den gewünschten Kick zu bekommen, müssen immer riskantere Trades gemacht werden, die jenseits eines vernünftigen Money und Risk Managements stehen.

Der Gegenpol zu Lust ist Angst. Beide sind Teil des menschlichen Selbsterhaltungssystems. Lust zieht uns zu einem gewissen Zustand hin, Angst treibt uns von bestimmten Dingen fort.

Amygdala

In der Amygdala, dem Mandelkern, der auch Teil des limbischen Systems ist, werden Informationen emotional eingefärbt. Sie ist wesentlich an der Entstehung der Angst beteiligt und analysiert beispielsweise Situationen auf mögliche Gefahren. Sie setzt Stresshormone frei und leitet direkt beziehungsweise mittelbar über den Hypothalamus hormonale und vegetative Reaktionen ein. Angst beeinflusst die chemischen Kommunikationssysteme des Gehirns, nicht die Nervenbahnen. Sie aktiviert das sympathische und parasympathische System genauso wie das dopaminergene, noradrenergene und cholinergene System und erhöht damit den Wachheitszustand und die Verhaltensbereitschaft zu Verteidigungs- und Fluchtreaktionen. Beschließt sie, dass Gefahr im Verzug ist, schüttet sie über Hypothalamus, Hypophyse und Nebennierenrinde einen Hormoncocktail von Cortisol und Adrenalin aus.

Kampf oder Flucht

Für den Fall, dass die Amygdala die Notsituation ausgerufen hat, haben Sie drei Möglichkeiten: Sie greifen an (Fight), laufen weg (Flee) oder erstarren zur Salzsäule (Freeze). Diese Zustände äussern sich beim Trader im Overtrading, Vorzeitiges Schliessen der Position im Plus, oder dass er sich nicht traut abzudrücken. Erstarren ist eine elementare Überlebensstrategie. Wir vermeiden dadurch, der Gefahr unüberlegt in die Arme zu laufen, und verschaffen uns dadurch einen Zeitvorteil. Wir können abwarten, ob wir kämpfen oder lieber wegrennen wollen. In der Zwischenzeit bereitet das sympathische System uns auf eine bevorstehende Kampf-oder-Flucht-Reaktion vor und setzt Energie frei, indem es u. a. Blut aus der Haut in die Skelettmuskeln leitet, den Puls und den Herzschlag erhöht, die (Nacken-, Schulter-)Muskeln anspannt und die Pupillen erweitert. Vielleicht kommen Ihnen diese Symptome bekannt vor, wenn Sie am Handelstisch arbeiten. Wenn Sie demnächst vor Ihren Bildschirmen sitzen, achten Sie einmal auf Ihren Puls. Was macht Ihr Atem, wird er schneller und tiefer oder gibt es Atemlosigkeit und Beklemmungsgefühle? Schwitzen Sie vielleicht mehr als sonst oder bekommen Sie kalte Finger oder Füße? All das sind Anzeichen von Angst.

Geld verlieren = Lebensgefahr

Interessant in diesem Zusammenhang ist, dass unser Gehirn dieselben Emotionen bei antizipiertem Geldverlust produziert, wie wenn wir Angst vor einer konkreten Lebensgefahr – zum Beispiel dem berühmten Säbelzahntiger – haben oder jemand uns körperliche Schmerzen zufügt. Das heißt, es werden Hormone ausgeschüttet, die dem Körper signalisieren, dass wir uns auf eine Verteidigungsreaktion vorbereiten müssen, sobald das Gehirn erkannt hat, dass Geld verloren wird! Und weiter? Die Amygdala kommuniziert mit dem Hypothalamus und aktiviert den sympathischen Zweig des autonomen Nervensystems (ANS), versetzt ihn in einen Zustand erhöhter Erregung, die den Körper zunächst erstarren lässt und ihm dann entweder Kampf oder Flucht ermöglicht. Wichtig ist, dass Sie sich jetzt als Trader vorstellen, dass Ihr Gehirn Ihnen signalisiert: Hier liegt eine Notsituation vor! Keine Zeit für philosophische Gedanken! Der reflexive Gehirnteil, Ihr Reptiliengehirn, hat jetzt das Sagen. Das bedeutet, die Informationsverarbeitung läuft unbewusst, schnell und »automatisch« ab! Ihre Ratio hat in diesem Zustand keine Chance gehört zu werden.

3.1.1 Aufbau des Gehirns

Unser Gehirn nimmt Daten über unsere Sinne auf und liefert damit die Basis für Wahrnehmung, Erinnerungen und Absichten für zukünftige Handlungen. Neben den fünf Sinnen Hören, Sehen, Riechen, Schmecken und Fühlen gibt es noch wesentlich mehr Sinne: Kälte und Wärme, Leichtigkeit und Schwere, Beschleunigung und Schmerz, um nur einige zu nennen. Jeder dieser Sinne setzt sich zusammen aus einer Bandbreite von *Submodalitäten*, man könnte sie auch Abstufungen »Untersinne« nennen. Bei der Sinnesmodalität »Sehen« beispielsweise ist zu unterscheiden, ob der visuelle Eindruck farbig oder schwarzweiß ist, ob das Bild groß oder klein ist, ob es glänzt oder matt ist, sich bewegt wie ein Film oder eine Einzelaufnahme ist, ob es verschwommen oder scharf ist, welche Form es hat, beispielsweise quadratisch, rund oder rechteckig, oder wo sich das Bild im Raum befindet. Auditive Submodalitäten, die sich auf Geräusche und Klänge beziehen, unterscheiden sich beispielsweise nach der Lautstärke, der Tonlage, ob sie mono oder stereo wahrnehmbar sind, langsam oder schnell sind, ob es eine Melodie hat, wo der Klang gehört wird et cetera.

Die primäre Empfindung, beispielsweise das Hören von Worten, wird von unserem Gehirn analysiert und in Wahrnehmung umgewandelt. Auf diesen Grundlagen werden Entscheidungen über zukünftige Handlungen getroffen. Wie der Prozess der Umwandlung von Sinneseindrücken in Wahrnehmungen funktioniert, ist unbekannt, da zwischen dem Wissen über die obere und die untere Organsiationsebene eine Lücke klafft. Es ist sogar aus heutiger Sicht gar nicht klar, wie dies mit den heutigen Mitteln erforscht werden könnte. Wenn wir auch nicht wissen, nach welchen Regeln das Gehirn die Welt abbildet und frühere Erfahrungen mit neuen Erfahrungen verschmilzt, so wissen wir doch, wir wie die Erlebnisse, also Erfahrungen, im Nachhinein intensivieren oder abschwächen können. Einfach indem wir die Submodalitäten verändern. Sie machen ein Bild, das Sie von einer Sache oder einem Vorgang haben, größer oder kleiner, farbenfroher oder schwarzweiß, holen es näher heran oder schieben es in den Hintergrund, lassen es heller werden ... Durch das Spielen mit den Submodalitäten, welche die Grundbausteine dafür sind, wie Menschen die Welt erleben, kann die Änderung einer Ausprägung eines Untersinns, also beispielsweise ein Bild schärfer zu machen oder es näher heranzuzoomen, dazu führen, dass sich *die Erfahrung ändert*. Ein Erfolgserlebnis kann verstärkt werden, ein Misserfolgserlebnis kann in den Hintergrund treten. Sie können sich entscheiden, ein angenehmes Erlebnis noch schöner zu machen und ein unangenehmes mehr und mehr unwichtig zu machen. Genauso können Sie aus einem unerwünschten emotionalen Zustand (Verwirrung) in einen besseren Zustand (Begreifen) gehen. Das bedeutet: Sie haben die Kontrolle darüber, ob und wie Sie die Welt wahrnehmen wollen. Anders ausgedrückt: Sie können willentlich entscheiden, welche Bedeutung Sie einer Erfahrung geben, die in Ihrem Leben geschieht. Sie haben jetzt eine Bedienungsanleitung für Ihr Gehirn bekommen.

Wir haben gelernt: Unsere Wahrnehmung, wie die Welt ist, hängt nur mittelbar von der Empfindung des Sinnesreizes ab. Was wir »sehen«, ist lediglich eine begründete Vermutung des Gehirns, entstanden aus der Summe dessen, was die Sinne uns mitteilen. Der weitaus größere Teil des Sehvorgangs hängt mit den internen Regeln zusammen, wie das Gehirn auf einen Sinnesreiz reagiert, also Ihrer »Software«, zusammen mit dem, was sich im visuellen Cortex abspielt. Wie bereits unter mehreren Gesichtspunkten erklärt, ist es die »Software«, die wir aktualisieren können, um Veränderungen zu bewirken. Um die Änderung der Hardware kümmert sich unser Gehirn. Überzeugungen sind Vorstellungen und Ideen, die Menschen als ihre Wahrheit betrachten. Beispielsweise die Überzeugung: »Ich bin ein guter Trader!« Unsere Überzeugungen umgeben unsere Welt wie ein Zaun. Alles, was außerhalb dieses Zauns liegt, ist nicht möglich und nicht real. Die späteren Ausführungen und der Stand der gegenwärtigen Forschung zeigen, dass es in Wirklichkeit von uns selbst, also unseren internen »Programmierungen«, abhängt, was real ist. Wenn Sie überzeugt sind, dass etwas Bestimmtes möglich ist, beispielsweise ein guter Trader zu werden, dann ist es einfacher, dieses Ziel zu erreichen. Betrachten Sie es hingegen als unmöglich, dass man auf lange Sicht gegen den Markt gewinnen kann, werden Sie kaum Zeit und Energie darauf verwenden, um es zu verwirklichen. Um ein exzellenter Trader zu werden, ist es also hilfreich, wenn Sie überzeugt sind, dass Sie es wirklich erreichen können. Tatsächlich besteht eines der wichtigsten Ziele meiner zweitägigen Seminare darin, dass die Teilnehmer meinen Workshop mit der Überzeugung verlassen: Ja, ich kann ein guter Trader werden.

Das Gehirn als Realitätsbaumaschine zieht vorschnelle Schlüsse, ignoriert manchmal arrogant die gemachten Irrtümer und lässt sich leicht täuschen. Aus einer Sinneswahrnehmung folgt nicht automatisch ein *eindeutiges* Bild. Das Gehirn kann auch etwas wahrnehmen, das in Wirklichkeit nicht existiert. Denken Sie beispielsweise an Phantomschmerzen bei Menschen, deren Arm amputiert wurde. Möglich ist auch, *mehrere* Wahrnehmungen aus einer Sinnesempfindung zu erschaffen. Das Gehirn nimmt Reizinformationen entgegen. Dabei sieht es, was es erwartet zu sehen, es hört, was es erwartet zu hören. Ihr Gehirn erwartet, dass sich Ihre Umwelt in bestimmter Weise verhält, und färbt die Wahrnehmung Ihren Annahmen entsprechend! Sie sehen die Realität, wie Ihr Gehirn sie sehen will, nicht wie sie ist! »Moment!«, werden Sie sagen. »Soll das heißen, die Wahrnehmung ist immer gefärbt? Rot ist Rot und Grün ist Grün! Ein Baum ist ein Baum! Ein Wimpel ist ein Wimpel!« Das meinen Sie vielleicht. Noch ... Es gibt viele Möglichkeiten, um sich die oft fehlerhafte Funktionsweise unseres Gehirns zu veranschaulichen. Suchen Sie im Internet einmal das Stichwort »optische Täuschungen« und Sie werden Bilder sehen, die nicht da sind, Bohnen und Räder, die zwar fixiert sind, sich jedoch scheinbar bewegen, oder Jesus und die Mona Lisa, wo niemand ist. Sie glauben das nicht? Wenn ich Sie wäre, würde ich das auch nicht glauben, sondern nachprüfen. Tun Sie das!

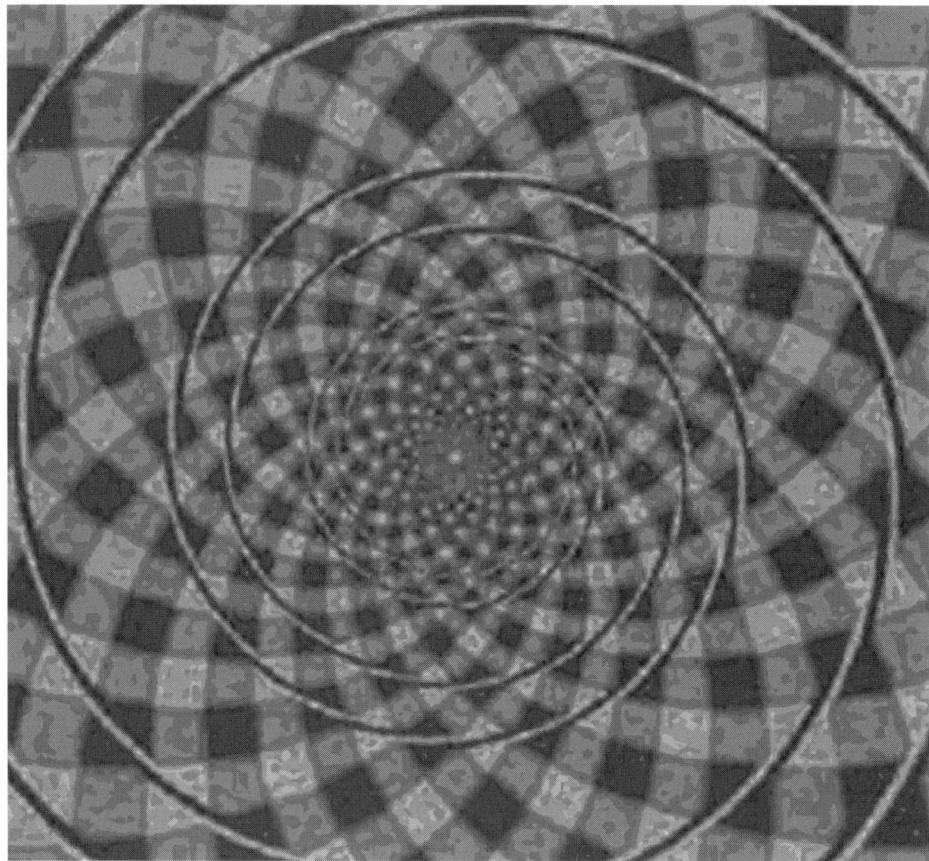

Abbildung 7: Optische Täuschung: Sehen Sie eine Spirale? Ist sie aber nicht! Glauben Sie es, die Kreise sind parallel!

Das Gehirn sieht das, was es sehen will. Was heißt das für den Trader? Warum sollten Sie als Händler mehr über automatische Prozesse Ihres Gehirns erfahren? Ich zeige Ihnen, wie Sie sich vor visuellen Täuschungen schützen und sich für bisher unbewusste Fehler sensibilisieren. Wenn Sie realisieren, wie Ihr Gehirn Wahrnehmungen verzerren kann, werden Sie in Zukunft zweimal hinsehen, ob das entsprechende Chartmuster und das Pattern wirklich gegeben ist oder ob Sie sich dies vielleicht nur einbilden. Sie haben dadurch die Möglichkeit, herauszufinden, was vielleicht bei dem einen oder anderen Misstrade schiefgelaufen ist. (Ich gehe davon aus, dass Sie ein Trading-Journal führen und dass Sie Charts zum jeweiligen Trade abgespeichert haben.)

Um zu veranschaulichen, wie Ihr Gehirn Sie optisch täuscht, wenn es Sinnesreize interpretiert, wird im Folgenden eingegangen auf

► visuelle Täuschungen,
► Verzerrungen,
► Ausblenden,
► vermeintliches Erkennen nicht existierender Muster,
► ein Reiz – zwei Bilder.

Visuelle Täuschungen

Für die Untersuchung der Fehleranfälligkeit unseres Gehirns bei der Darstellung der Realität eignen sich die *visuellen* Täuschungen besonders gut. Hier werden die Schwachstellen im Gehirn bei der Verarbeitung optischer Signale offensichtlich. Sie zeigen deutlich, dass die Interpretation, die uns unser Gehirn für einen Sinnesreiz bietet, nicht richtig sein muss. Sie stellen häufig die impliziten Annahmen dar, die ein Gehirn bei der Erzeugung einer Erfahrung macht. Bei der Verarbeitung der Sinnesinformationen stehen unserem Gehirn viele parallel arbeitende visuelle Verarbeitungsmodule zur Verfügung. Diese Module können entweder zusammenarbeiten, können aber auch gegeneinander arbeiten, um zu einer »Einsicht« zu kommen. Mich persönlich faszinieren besonders imaginierte Bewegungen. Unser Gehirn konstruiert eine Bewegung, wo keine sein kann: Das Gehirn versetzt ein statisches Bild in eine Bewegung.

Kann sich eine Bohne auf einer gedruckten Buchseite bewegen? Betrachten Sie das folgende Bild einmal für ein paar Sekunden!

Das alles zeigt, dass sich unser Gehirn als sehr unzuverlässiger Beobachter erweist. Das sollten Trader immer im Hinterkopf behalten, bevor sie eine Trading-Entscheidung eingehen. Handelt es sich wirklich um eine Wimpel- oder eine Kopf-Schulter-Formation oder ein steigendes Dreieck – oder spielt mir mein Gehirn einen Streich? Sehe ich einen bärischen Keil oder handelt es sich um einen symmetrischen Triangel der 4. Elliot-Welle mit Ausbruch nach oben? Vielleicht bilde ich mir das ja auch gerade ein.

Abbildung 8: Sich bewegende Bohnen auf gedrucktem Papier

Verzerrungen

Zu den bekanntesten optischen Täuschungen gehören Verzerrungen. Auch hier ist bewiesen, dass Menschen nicht exakt sehen. Um die ungeheure Menge an Sinnesreizen, die unser Auge aufnimmt, verarbeiten zu können, werden sie komprimiert und durch Heuristiken verarbeitet, sodass die Gesamtheit der Informationen als Muster wahrgenommen wird. So kommt es, dass unser

Gehirn zu »falschen Annahmen« verführt wird. Die in Abbildung 9 zu sehende Grafik suggeriert Ihnen, dass die Reihen nicht parallel laufen. Es ist, als würde Ihr Gehirn erwarten, dass die Reihen schief sind. Man kann fast fühlen, wie das Gehirn versucht, die Linien so anzupassen, dass sie seinen unterbewusst erzeugten Erwartungen entspricht.

Abbildung 9: Gerade und parallel oder nicht? Prüfen Sie es nach!

Das Erstaunliche an dieser optischen Täuschung ist nicht, dass unser Gehirn etwas falsch darstellt. Die Reihen sind parallel zueinander. Das Erstaunliche ist, dass Sie Ihr Gehirn nicht überzeugen können, es richtig zu sehen, nachdem Sie Ihm auf bewusstem Wege das Gegenteil bewiesen haben. Ganz gleich, wie sorgfältig Sie die Parallelität am obigen Bild nachweisen, Sie werden Ihr Gehirn nicht dazu bringen, seine falsche Interpretation, die Reihen seien irgendwie schief, zu ändern. Die Rationalität in Ihrem Gehirn hat gegen die automatische, blitzschnelle Reizwahrnehmung und -verarbeitung keine Chance. Ich bitte Sie, diesen Abschnitt mindestens zweimal zu lesen.

Bei dem Einzeichnen von Trendkanälen in Ihrem ein-, fünf-, zehn- oder 60-Minuten Chart liegt es nur an Ihrer Interpretation, ob die obere und untere Linie tatsächlich eine Trendrichtung darstellt und ob der missglückte Ausbruch nach oben oder unten Trendstärke beweist oder genau das Gegenteil. Das alles will Ihr Ego nicht hören. Ihr Ego will Sachverhalte vereinfachen, um wertvolle Energie zu sparen und um handlungsfähig zu bleiben.

Ausblenden

Ein weiteres Beispiel der Wahrnehmungsblindheit, das zeigt, wie selektiv das Gehirn entscheidende Informationen wahrnimmt, ist ein kurzes Video von Daniel Simons und Christopher Chabris. Es zeigt eine Gruppe von Basketballspielern, die sich einen Basketball zuwerfen. Eine als Gorilla verkleidete Person, in manchen Versionen ist es auch ein Bär, stellt sich in die Mitte des Bildes und winkt demonstrativ in die Kamera beziehungsweise trommelt auf ihren Brustkorb und verlässt wieder die Szene. Die Zuschauer, denen dieses Video gezeigt wurde, wurden gebeten, die Anzahl der Ballpässe zu zählen. Ergebnis war, dass die meisten der Beobachter den Gorilla übersehen hatten. Der Gorilla (oder Bär) war aber da! Doch die Zuschauer waren so sehr damit beschäftigt, die Ballwechsel zu zählen, dass ihr Gehirn sich dagegen entschied, den Gorilla bewusst wahrzunehmen. Und das, obwohl ein beträchtlicher Teil des visuellen Systems darüber vollständig informiert war. Wie das Gehirn eine solche Manipulation zustande bringt, ist unklar. Es ist unmöglich, die visuellen Daten zu unterdrücken, die mit dem Gorilla verbunden sind. Der Gorilla ersetzt ja kein »gorillaförmiges Loch« im Sehfeld. Beim (optischen) blinden Fleck, bei dem ein Bereich der Netzhaut keine Lichtreize aufnehmen kann, weil sich dort der Sehnervkopf befindet, ergänzt unser Gehirn das Loch. Im Fall des Gorillas agiert unser Gehirn ähnlich. Es füllt den Hintergrund aus mit dem, was hinter ihm steht, wenn der Gorilla nicht dagewesen wäre. Diejenigen Versuchspersonen, die den Gorilla nicht gesehen hatten, konnten sich auch an nichts Auffälliges erinnern. Das zeigt, dass es keine bewusst abrufbare Erinnerungsspur gibt.

Die Fähigkeit des Gehirns, etwas auszublenden wie im oben genannten Fall oder bei sich wiederholenden und unveränderten Reizen, ist eine Folge der Konzentration auf bestimmte Szenen, Geräusche und Bilder. Dadurch fällt es leichter, sich auf mögliche Gefahren besser zu konzentrieren.

Muster erkennen, die nicht da sind

Visuelle Muster zu erkennen ist einer der größten Herausforderungen für unser Gehirn. Wir können geometrische Figuren wie Kreise, Rechtecke und Dreiecke identifizieren, wie sie sich im Raum bewegen und rotieren, vergrößert, verzerrt oder aufgehellt werden. Es gibt davon eine riesige Variantenvielfalt. Dieser Prozess der Suche nach Mustern ist automatisch und hat sich im Laufe der Jahrmillionen der Entwicklung des Gehirns perfektioniert. Bewegt sich ein Objekt relativ zu unserer Position, wissen wir, in welche Richtung es sich bewegt. Darüber hinaus können wir seine Geschwindigkeit abschätzen, um ihm entweder auszuweichen (beispielsweise dem Angreifer) oder es zu fangen (beispielsweise Beute). Das funktioniert sogar, wenn wir uns selbst bewegen und unsere Geschwindigkeit relativ zu unserer Umgebung abschätzen müssen.

Abbildung 10: Muster, die nicht da sind

Während Sie sich dieses Bild anschauen, meint Ihr Gehirn, es müsse ein weißes Dreieck hineininterpretieren. Alternativ könnte es drei Kreise zeigen, die eine Aussparung haben und die Sie vielleicht an Ihre ersten Pacman-Spiele erinnern. Da dies jedoch in der Natur recht unwahrscheinlich ist, wird nur die wahrscheinlichste Variante dargestellt. Sie bilden sich dieses Dreieck nicht ein, Sie sehen es auch. Das Gehirn fügt Informationen ein, damit Sie das Dreieck sehen.

Das Interessante, das Sie als Trader mitnehmen sollten, ist, dass das Gehirn darauf eingestellt ist, Dinge und Muster zu sehen, die es kennt und die es als wahrscheinlich ansieht. Es ergänzt ein Bild, um es zu vervollständigen. Die Gefährlichkeit für Ihre Performance können Sie als Händler sich ausmalen. Wenn Ihr Gehirn z.B. Misserfolge gut kennt, dann wird es unbewusst genau dieses Ziel eher verfolgen, als dem unbekannten Zielbild »Erfolg«.

Die Muster-Erkennungsmaschine – oder besser Muster-Suchmaschine – »Gehirn« neigt dazu, Dinge zu einem Bild hinzuzufügen und Muster zu sehen. In der Evolution hat es sich als Überlebensstrategie bewährt, manchmal etwas hinzuzufügen. Zu beachten ist, dass unser Gehirn sowohl visuelle Informationen als auch eine Bedeutung zu einem Bild hinzufügt.

Ein schönes Beispiel: Wer kann besser Prognosen stellen – Menschen oder Ratten? Nagetiere haben die Tendenz, innerhalb ihrer Grenzen zu agieren. Ein Experiment lief folgendermaßen: In einem Rattenkäfig war ein grünes und ein rotes Tor eingebaut worden. Hinter die Tore wurden in rein zufälliger Reihenfolge Leckerbissen für die Ratten gelegt, wobei sie in 80 Prozent der Fälle hinter dem grünen Tor und in 20 Prozent der Fälle hinter dem roten Tor lagen. Die Ratten, die nicht wussten, hinter welchem der beiden Tore sich der Leckerbissen jeweils befand, wurden auf diese Weise dazu gebracht, zu »prognostizieren«, welches das richtige Tor war, und stellten sich davor.

Für die Menschen installierten die Forscher grüne und rote Lampen, wobei die Probanden prognostizieren sollten, welche der Lampen jeweils als Nächstes aufleuchtet. Für beide, Ratten und Menschen, wäre es die beste Strategie gewesen, immer wieder das grüne Licht beziehungsweise das grüne Tor zu wählen. Damit wäre eine hohe Trefferwahrscheinlichkeit erzielt worden. Doch die Menschen wollten schlauer sein. Anstatt die Alternative mit der sicheren 80-Prozent-Wahrscheinlichkeit zu wählen, versuchten sie, den besten Zeitpunkt herauszufinden, wann die Lampe wieder rot leuchtet. Wenn zum Beispiel fünfmal hintereinander die Farbe Grün leuchtete, wetteten sie auf Rot. Ob das dahinterliegende Motiv Langeweile oder Selbstüberschätzung war, sei an dieser Stelle dahingestellt. Im Endergebnis führte dieses Verhalten dazu, dass die Menschen nur eine Trefferquote von 68 Prozent erzielten und sich gegenüber den Labortieren geschlagen geben mussten. Das Spannende war, dass die Menschen bei nochmaligem Spiel ihr Verhalten beibehielten, obwohl ihnen die beste Lösung mitgeteilt und ihnen gesagt wurde, dass die Lichter zufällig geschaltet wurden. Der Trotz in ihnen wuchs, doch noch ein Muster in der Schaltung der Lampen zu finden. Wir sehen, dass die Unfähigkeit, uns einzugestehen, dass wir die Zukunft nicht vorhersehen können, dazu führt, dass wir Muster sehen, die nicht da sind. Alleine schon diese Erkenntnis führt ein wenig mehr zu (Achtung ketzt kommt ein altes Wort) Demut.

Der Psychologe George Wolford (1971) stellte darüber hinaus experimentell fest, dass die menschliche Tendenz, Muster zu suchen, in der linken Gehirnhälfte, also der Seite, in der unsere Ratio sitzt, stattfindet.

Wahrscheinlich haben Sie auch schon ein paarmal hintereinander eine Münze geworfen und auf Kopf (K) oder Zahl (Z) gewettet. Wenn Sie 100 Euro darauf wetten müssten, welche Reihenfolge bei sechs aufeinander folgenden Würfen auftreten wird, die Sie gleich werfen, welche würden Sie wählen?

a) K, K, K, K, K, K

b) K, Z, Z, K, Z, K

In einem experimentellen Versuch unter Zeitdruck wird sich die Mehrheit der Entscheider für Variante b) entscheiden. Einfach deshalb, weil es aus eigener Erfahrung wahrscheinlicher ist, dass nicht immer die gleiche Seite noch einmal oben liegt. Doch die Logik der Kombinatorik sagt: Es ist *gleich wahrscheinlich*, dass eine der beiden Reihenfolgen eintritt: Die Wahrscheinlichkeit ist immer $1/2^6$, also immer 1/64, = 1,6 Prozent.

Die intellektuelle Fähigkeit, Muster zu sehen und vorschnell Annahmen zu treffen, kann also bei der Abschätzung von Maßnahmen negative Folgen haben. Dessen sollte sich jeder Trader wohl bewusst sein!

Ein Reiz – zwei Bilder

Die Unterscheidung zwischen Sinneseindruck und Wahrnehmung soll an einer Kippfigur, die von W.E. Hill »My wife and mother-in-law« berühmt gemacht worden ist, verdeutlicht werden. Man sieht entweder eine junge Frau, die zum Bildhintergrund schaut, oder das Bild einer alten Frau, die zur Seite schaut. Unten sehen Sie eine ursprüngliche Version, eine deutsche Postkarte aus dem Jahr 1888.

Abbildung 11: Kippbild. Was sehen Sie, eine junge oder eine alte Frau?

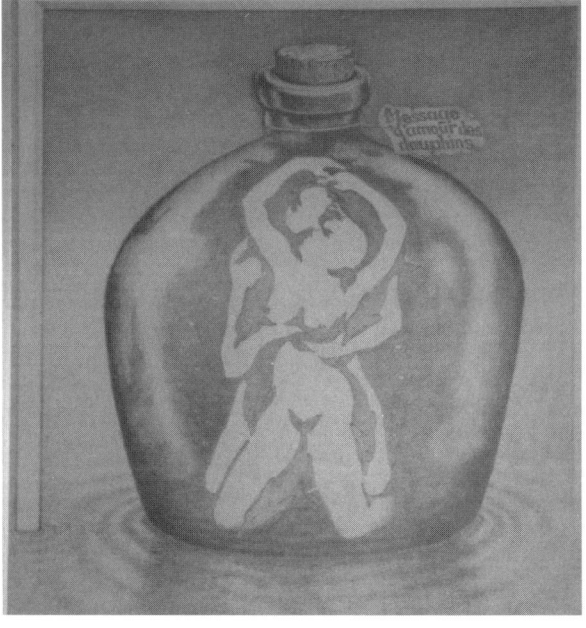

Abbildung 12: Neun Delphine oder ein Liebespaar? Können Sie beliebig den Inhalt wechseln?

Bei Abbildung 12 wird es, wie ich meine, noch deutlicher, dass unsere in der Vergangenheit gemachten Erfahrungen einen großen Teil unserer Wahrnehmung ausmachen. Betrachten Kleinkinder dieses Bild, sehen sie nur neun Delphine auf dem Bild unten. Während Sie als Betrachter wahrscheinlich noch ein anderes Muster darin erkennen. Die Kleinkinder haben diese Erfahrung, die Sie haben, aller Wahrscheinlichkeit noch nicht gemacht.

Hat man beide Sichtweisen ausprobiert, kann man willentlich beliebig zwischen ihnen wechseln. Die von der Retina »aufgenommenen« Daten sind in beiden Fällen identisch. Dies zeigt eindrucksvoll, dass es einen von oben nach unten gerichteten Prozess gibt, der festlegt, wie Sinnesdaten zu Wahrnehmungen geformt und interpretiert werden. Während des Wechsels der Wahrnehmung von einer Betrachtungsweise zur anderen ändert sich die Bedeutung der Inhalte. Die Nase der jungen Frau wird zur Warze der alten Frau. Das Ohr der jungen wird zum linken Auge der alten Frau. Die Halskette der Jungen wird zum Mund der Alten ... Bei dem Bild Nr. 12 überlasse ich die Wahrnehmung der Bedeutungswechsel Ihrer Beobachtung.

Halten wir fest: Aus einem Bild können zwei und mehr Sachverhalte heraus-»gelesen« werden. Nehmen wir an, Sie haben einen Trading-Ansatz, der darauf ausgelegt ist, dass Sie Merkmale finden und definieren, die einem Trend vorausgehen. Sie haben dann ein Bild von einem Kursverhaltensmuster vor sich, das einen voraussichtlichen Trend anzeigt. Woher wissen Sie jetzt, ob das Muster tatsächlich da ist oder ob Sie nur hoffen, dass es da ist? Sie wissen es nicht? *Ihr Gehirn kann Ihnen aus einem Muster zwei Interpretationen geben*: Muster liegt vor oder liegt nicht vor.

Fassen Sie einmal all Ihren Mut zusammen und tun Sie genau das Gegenteil von dem, was Ihnen eine erste, spontane Interpretation sagt. Wenn beim nächsten Mal ein Setup für einen aussichtsreichen Trade vorliegt, sagen wir eine Long- Position, dann gehen Sie Short. Vielleicht sollten Sie das erst einmal auf einem Demo-Account durchführen mit kleinen Positionsgrößen und engen Stops. Egal wie Sie es machen, Sie erhalten durch den Perspektivwechsel die Chance, sich in die Handelsstrategie Ihres Gegenübers zu versetzen. Daraus sehen Sie das andere Bild und können einschätzen, wie »die anderen«, die gegenteiliger Meinung sind, die Situation einschätzen. So entdecken Sie Schwachstellen Ihrer eigenen Strategie und haben aus dem scheinbaren Problem Ihres Gehirns einen großen Lerneffekt erzielt. Sie haben Ihre Strategie annähernd neutral analysiert.

Unpassende Vergleiche ziehen

Ihr Gehirn schätzt Formen falsch ein und kann aus einem Sinneseindruck zwei oder mehr Bilder formen. Es kann auch Länge und Größe eines Objektes falsch interpretieren.

In Abbildung 13 sehen Sie eine Müller-Lyer'sche Vergleichstäuschung, bei der das Gehirn zwei Beobachtungen macht: Der mittlere Punkt auf dem linken Bild ist kleiner als die schwarzen Nachbarpunkte. Bei seinem Gegenpart auf der rechten Seite ist es genau umgekehrt. Hat das Gehirn einmal dieses Verhältnis verstanden, ist es unfähig, zu verstehen, dass die beiden mittleren Punkte gleich groß sind. Stattdessen scheint der rechte rote Punkt größer zu sein als der linke. Und wenn schon diese einfachen Vergleichstäuschungen zeigen, welche impliziten Annahmen Ihr Gehirn macht und wie die Annahmen scheitern, dann können Sie sich leicht vorstellen, wie sich falsche Annahmen des Gehirns bei Ihnen auswirken,

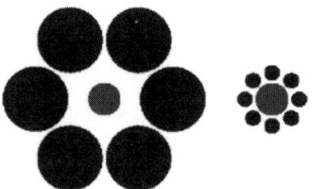

Abbildung 13: Welcher der beiden mittleren Punkte ist größer?

wenn Sie Trendkanäle in Ihren Chart einbauen oder sich bestimmte Muster anschauen.

Lesson learned: Verlassen Sie sich nicht allein auf Ihr Sehen, wenn Sie Tradeentscheidungen treffen. Schauen Sie unbedingt auch auf die numerischen Indikatoren.

Die Natur hat uns Menschen mit einem großen und lebenslang lernfähigen Gehirn ausgestattet. Dagegen verfügen wir im Vergleich zu anderen Lebewesen auf unserem Planeten über eher unterdurchschnittlich entwickelte

Sinnesorgane. Doch es nützt wenig, wenn unser Gehirn uns eine »falsche« Realität darstellt. Besondere Aufmerksamkeit sollten Sie auf »Vertrautes« lenken. Vertrautes wird von Ihrem Gehirn gerne herausgefiltert. Ihr Gehirn will Sie entlasten, indem es scheinbar unnütze Informationen herausfiltert. Dabei könnte gerade darin Ihre Chance gegenüber den anderen Händlern liegen.

3.1.2 Informationsverarbeitung – Geld und Gehirn

Im Folgenden wird der Stand der Forschung aufgezeigt, um verständlich zu machen, wie unser Gehirn mit Geldentscheidungen umgeht. Zunächst einmal etwas Erfreuliches:

Geld verbessert Ihr Gedächtnis

Emrah Düzel von der Universität Magdeburg erforschte Gedächtnisleistungen in einem Experiment. Er versprach den Versuchspersonen Geld, wenn sie bei der Präsentation von Bildern eine Aufgabe korrekt lösen. Bei einigen anderen Bildern wurde keine Belohnung versprochen. Dabei lagen die Probanden im funktionellen Kernspintomografen, in dem die Wissenschaftler die Hirnaktivitäten registrierten. Drei Wochen später wurden den gleichen Studenten die gleichen Bilder erneut präsentiert und es wurde getestet, wie gut sie sich erinnern konnten. Es stellte sich heraus, dass die mit der Aussicht auf Geld verbundenen Bilder eher ins detaillierte Langzeitgedächtnis gelangt waren. Sie setzten im Augenblick des Lernens mehr Dopamin frei, was wiederum das Speichern der Informationen in den Hippocampus verbesserte. Interessant auch hier ist, dass es wichtiger war, Geld als Belohnung zu erwarten, als es tatsächlich zu bekommen.

Geld ist besser als Sex

Brian Knutson von der Stanford University entdeckte ein interessantes Phänomen, als er einer Gruppe von Versuchspersonen emotionalisierende Bilder vorsetzte und dabei ihre Gehirnaktivitäten scannte. Er präsentierte ihnen sexuelle Motive, Bilder von geköpften Leichen und Bilder von Geldscheinen. Die Bilder, bei denen der Nucleus accumbens am meisten ausschlug, waren die mit dem Geld. Das Anbieten von Bargeld löste stärkere Emotionen aus als Sex und Gewalt. Hätten Sie es gedacht?

Geld hebelt den rationalen Verstand aus

Anhand bildgebender Verfahren, wie der fMRT, können wir feststellen, in welchen Bereichen des Gehirns Informationen abgearbeitet werden. Es lässt sich zeigen, dass, sobald Geld ins Spiel kommt, nicht mehr die für das rationale Denken verantwortlichen Gehirnregionen zuständig sind, sondern die Systeme, die für Motivation und Emotion zuständig sind, wie beispielsweise der ventromediale PFC (vmPFC). Es sind die Teile des menschlichen Gehirns, die unser Verhalten seit Urzeiten regeln. Armin Falk von der Universität Bonn bewies, dass ein höherer Nominalwert das Belohnungssystem mehr aktiviert als ein niedrigerer Wert (http://www.emp.uni-bonn.de/fileadmin/ Fachbereich_Wirtschaft/Einrichtungen/fiwi/Armin_Falk_-_Publications/money_illusion_2009.pdf). Versuchspersonen, die man in die fMRT-Röhre gelegt hat, sollten in einem einfachen Experiment zwischen zwei möglichen Alternativen auswählen: Nehmen Sie X Euro, um Ihren Lebensunterhalt zu bestreiten, oder 2X Euro, allerdings bei doppelt so hohen Lebenshaltungskosten? Mehrheitlich entschieden sich die Probanden für die Alternative mit dem höheren Nominalwert, obwohl beide Alternativen die gleiche Kaufkraft haben. Das Gehirn verarbeitete die Assoziation, dass man mit mehr Geld mehr Wünsche befriedigen (»Geldillusion«) kann, in seinen tieferen Schichten und ist damit rationalen Abwägungen verschlossen. Wenn Sie also zum Beispiel ein Angebot haben, in London zu arbeiten für das doppelte Gehalt, sollten Sie vorher klären, ob die Lebenshaltungskosten in London vielleicht dreimal so hoch sind. Auf die Thematik der Geldillusion und die Folgen gehe ich im nächsten Kapitel näher ein. Was Sie jedoch hier mitnehmen sollten, ist, dass das Belohnungssystem Ihres Gehirns zwar sehr gut mit sozialen Themen wie Vertrauen und Fairness umgehen kann, oder stark reagiert, wenn ein Geldgewinn zu erwarten ist. Allerdings kann es das Geld nicht in Bezug zu anderen Präferenzen setzen. Damit unterliegt das Belohnungssystem der Geldillusion, da es den nominalen Wert höher einschätzt als den realen Wert.

Was ist Ihnen ein Euro wert?

Ganz einfach werden Sie sagen: maximal einen Euro. In einem Experiment hat man Versteigerungen von einem Euro durchgeführt. Was hat das mit Selbstüberschätzung zu tun? Das werden Sie sich vielleicht fragen. Die Versuchsanordnung war wie folgt: Die beiden letzten Bieter müssen für ihr jeweiliges Gebot zahlen, wobei nur der letzte Bieter, der Gewinner, den Euro bekommt. Der vorletzte geht leer aus, zahlt aber trotzdem sein Gebot. Das erstaunliche Ergebnis war, dass viele der Versuchspersonen zum Teil bis zu drei Euro für einen Euro bezahlten. Noch einmal: drei Euro für einen Euro! Wie kommt diese Dynamik zustande? Stellen Sie sich vor, ein Spieler bietet beispielsweise 0,30 Euro für den einen Euro. So antizipiert der Bieter 0,70 Euro Gewinn. Für den Bieter, der vorher vielleicht 0,20 Euro geboten hat, würde der Zuschlag des anderen 0,20 Euro Verlust bedeuten. Bietet jemand einen Euro für einen Euro ist, hat derjenige, der 0,90 Euro geboten hat, genau diesen Verlust zu verzeichnen. Dieser denkt sich, diesen Verlust nehme ich nicht in Kauf. Ich habe zwar, wenn ich 1,10 Euro biete, 0,10 Euro Verlust, aber eben nicht 0,90 Euro wie bei meinem vorherigen Gebot. Und mein Gegenspieler beziehungsweise Mitbieter macht sogar einen Euro Verlust. Also sagt das Bewertungssystem: Damit geht es mir besser als dem anderen, und bietet mehr Geld für eine Sache, als sie objektiv wert ist.

Trader sollten sich über die implizierte Logik Ihres Gehirns bewusst sein: Treibt sie Angst oder Lust zu diesem Trade?

Es stellt sich die Frage, welche Motivation für dieses Verhalten entscheidend ist: die Angst davor, etwas nicht zu bekommen (»Risiko-Aversion«), oder der Antrieb zu gewinnen, also den anderen zu schlagen (»one-upmanship«, also die Kunst, dem anderen um eine Nasenlänge voraus zu sein). Sind »Angst vor dem Risiko« oder »Freude am Gewinnen« die Treiber für irrationales Verhalten? Um diese Gewinn- und Verlusterfahrungen zu messen, stellte man folgende Versuchsanordnung auf: Eine Gruppe von Versuchspersonen spielte eine Lotterie mit den möglichen Ergebnissen Gewinn und Nicht-Gewinn. Eine Vergleichsgruppe nahm an einer Auktion teil, wo die Probanden gegen einen Gegner spielten. In beiden Fällen waren die Gewinnsumme und die Eintrittswahrscheinlichkeit gleich, einmal ging es aber um Geld, einmal nur um Punkte. Wieder legten die Forscher die Probanden in die Röhre und beobachteten die Aktivität des Nucleus accumbens, der bei positiven und unerwarteten Ergebnissen aktiv ist. Das Ergebnis war, dass im Falle des Verlustes bei der Wettbewerbssituation die Aktivität des Nucleus accumbens abnahm, während sie im Vergleich beim Lotteriegewinn konstant blieb. Untersucht man bei der Auktion den Fall des Gewinnes genauer, zeigt sich ein deutlicher Unterschied zwischen einem Punkte- und einem Geldgewinn. Bei einem Geldgewinn im Auktionsfall feuert der Nucleus accumbens signifikant stärker. Als Ergebnis ist festzuhalten, dass wir motiviert sind, den Verlust gegenüber einem anderen zu vermeiden. Es ist sozusagen eine Kombination aus Risikoaversion und One-upmanship.

Sie als Trader müssen sich also darüber im Klaren sein, dass Sie, falls Sie sich mit anderen vergleichen, also in einer wahrgenommenen Wettbewerbssituation stehen, die Neigung haben, mehr zu bieten, allein um besser zu sein als Ihr Gegenüber. Wenn Sie sich dessen mehr und mehr bewusst werden, agieren Sie nach dem Motto: Gefahr erkannt, Gefahr gebannt. Am besten ist es jedoch, wenn Sie sich beim Handeln stets nur auf sich selbst konzentrieren und die Rückmeldungen, also Ihre Handelsergebnisse, nur mit sich selbst vergleichen.

Die Antizipation der Antizipation

Taketoshi Ono von der Toyama Medical and Pharmaceutical University fand in Versuchen heraus, dass das Antizipieren einer Belohnung ein zweistufiger Prozess ist. Eine in der Vergangenheit erhaltene Belohnung ist wichtig, um zielorientiert zu handeln. Nachdem das Gehirn ein Reiz-Reaktionsschema gelernt hat, kann es den Wert einer Motivation einschätzen, indem es vergangene Erfahrungen prüft (retrospective processing). Im zweiten Schritt prognostiziert es Hoffnung auf eine zukünftige Belohnung (prospective processing). Der sensorische Thalamus leitet dabei die Sinnesinformation an den Cortex weiter. Mit dieser Verbindung zwischen der Belohnung und dem Auslösereiz wird klar, warum Menschen, die ein Erfolgserlebnis haben, immer wieder eine Belohnung haben wollen. Deshalb stellen manche Chefs große Kurs-Ticker oder einen Fernseher, auf dem ständig Bloomberg TV, DAF oder CNBC läuft, in den Handelsraum. Die Idee ist, immer wieder den Auslösereiz anzusprechen. Das Bestreben jeden Neuromarketings ist es, das interne Belohnungssystem zu aktivieren. Als Mitentscheider ist dieses besonders empfänglich für Themen wie Rabatt und Sonderangebote. (Denken Sie an das »Aldi-Prinzip« bei der Auswahl einer Aktie oder eines Fonds, dessen Wert stark gefallen ist.)

Je mehr Sie sich dieser Geld- oder Investitionsfallen bewusst werden, desto besser werden Ihre Handelsergebnisse. Versprochen. Denken Sie immer daran, dass die Geldillusion Sie von rationalen Entscheidungen abhält und dass Sie stets die Motive der Gegenpartei bei Ihrer Entscheidung mitberücksichtigen. Dabei wirkt ein Wechsel der Perspektive Wunder. Wichtig ist, und das ist denjenigen Lesern klar, die diesen Text aufmerksam gelesen haben, dass Sie dieses Wissen ebenfalls sorgfältig einüben müssen und es sich lange bewusst machen, bis es zu einer dauerhaften Verhaltensänderung kommt. Beobachten Sie sich selbst kritisch: Alles, was Ihnen scheinbar gut tut, sollte kritisch hinterfragt werden, ob es den Maßstäben einer qualifizierten Investitionsentscheidung entspricht.

Sie sind auf dem Weg zum selbstreflektierenden Trader.

Auf weitere Fallen bei der Beurteilung von Preisen wie Ankerpreise und Framing (also der Vergleich mit anderen Alternativen) wird im Kapitel Informationsverarbeitungs-Anomalien eingegangen.

Gehirn und Wahrscheinlichkeiten

Das Belohnungssystem hat in Bezug auf Geld aber noch andere Nachteile. Es kann nicht nur den reellen Gegenwert nicht einschätzen, sondern hat auch Probleme, Eintrittswahrscheinlichkeiten einzuschätzen. Denken Sie an das Lottospielen: Je mehr Geld im Jackpot ist, desto länger werden die Menschenschlangen vor den Lottoannahmestellen. Als im Oktober 2007 in Deutschland mehr als 45 Millionen Euro im Jackpot waren, berichtete der Deutsche Lottoblock über eine außergewöhnliche Nachfrage. Betrachten Sie dieses Spiel ausschließlich unter Wahrscheinlichkeitsgesichtspunkten. Ein rationaler Investor würde kein einziges Mal Lotto spielen. Auch wenn Sie sich nicht mehr an den Mathematikunterricht erinnern können oder die Formel für den Erwartungswert nicht nachschlagen wollen, so weiß der gesunde Menschenverstand doch, dass das Glücksspiel eine der sichersten Einnahmequellen des Staates ist, und zwar eines jeden Staates, um es zu verdeutlichen. Menschen spielen demnach wider besseres Wissen ein Spiel mit negativem Erwartungswert! Die Ratio (egal wie hoch Ihr IQ ist) kann bei den meisten Menschen ihre Emotionen nicht überstimmen.

Warum?

Ihr Belohnungssystem kann sich wunderbar und lebhaft Dinge vorstellen, die es mit 45 Millionen Euro machen würde, sei es das Traumhaus, die Yacht, der Karibikurlaub oder ein *Personal Trainer* oder ein Koch, der nur für Sie und Ihre Gäste kocht, oder der lebenslange Unterhalt für Sie und Ihre Liebsten, etc. Ihnen würde gewiss noch mehr einfallen, was Sie mit dem Geld anstellen könnten. Jedoch können Sie sich wahrscheinlich nicht vorstellen, was 1:140 Millionen bedeutet. Das ist in etwa die Wahrscheinlichkeit, dass Sie sechs Richtige mit Zusatzzahl tippen. Die Wahrscheinlichkeit auf einen Alleingewinn sinkt sogar noch mit jedem weiteren Spieler, der an dem Ansturm teilnimmt. Man kann es neurologisch auf den Punkt bringen: Die Glücksgefühle, die eine potenzielle Belohnung versprechen, werden reflexiv (automatisch) abgearbeitet, Wahrscheinlichkeiten werden reflektiv (kontrolliert) abgearbeitet. Wie Sie weiter oben gelesen haben, ist es für unser Gehirn wesentlich ökonomischer (weniger energieintensiv), automatisch und unterbewusst Prozesse abzuarbeiten. »Kontrollierte Prozesse laufen sequenziell, also Schritt für Schritt ab, bedeuten einen mehr oder weniger großen Aufwand für das Subjekt, werden nach einem inneren oder äußeren Reiz bewusst ausgelöst und können von Probanden im Nachhinein gut sprachlich dargestellt werden. Automatische Prozesse haben genau die entgegengesetzten Eigenschaften – sie verlaufen parallel anstatt sequenziell, sind für das Bewusstsein gar nicht oder nur schwer zugänglich und werden von den Probanden als relativ anstrengungsfrei erlebt.« (Waffenschmidt et al, 2007, S. 8) Das Gehirn wird tendenziell den einfachen Weg gehen. Trader sollten sich dieses Phänomen stets vor Augen halten und bewusst gegenlenken.

Zeitspanne zwischen erwartetem Gewinn und Ergebnis

Die Zukunft ist ungewiss. Das scheint auch bei Investitionsentscheidungen eine Rolle zu spielen. Experimente zeigen, dass der Mensch eine sofortige kleine Belohnung einer späteren größeren Belohnung vorzieht. So würde beispielsweise die Mehrheit der Menschen lieber heute einen Gewinn von 100 Dollar mitnehmen, als in drei Jahren 200 Dollar zu bekommen. Eine Parallelverschiebung um weitere drei Jahre ändert das Bild: Sie wählen dann die Auszahlung von 200 Dollar in sechs Jahren statt die Auszahlung von 100 Euro in drei Jahren. Obwohl die Zeitdifferenz zwischen beiden Tests je drei

Jahre ist, stellt sich ein genau gegensätzliches Verhalten ein. McLure stellte auf dieses Versuchsergebnis hin die Hypothese auf, dass die Inkonsistenz zwischen kurz- und langfristigen Entscheidungen darauf beruht, dass zwei verschiedene neuronale Entscheidungssysteme involviert sind. Bei kurzfristigen sofortigen Auszahlungsoptionen spielen die limbischen und paralimbischen Strukturen eine große Rolle und werden stärker aktiviert. Bei langfristigen, später greifenden ökonomischen Belohnungen werden eher die orbitofrontalen (OFC) und präfrontale Cortexareale (PFC) aktiviert, also die Bereiche, die sich u. a. mit Planen und kognitiver Kontrolle befassen (McLure et al, 2004).

Demnach scheinen bei der Beurteilung der Vorteilhaftigkeit einer sich bietenden Situation in unserem Gehirn zwei verschiedene Systeme parallel zueinander laufen: eins, das die sofortige Befriedigung eines Wunsches belohnt, und eins, das eine eher beratende Funktion hat, die zukünftige Ereignisse und die zu erwartenden Belohnungen stärker bewertet.

Ökonomisch betrachtet können wir feststellen: Unsere Zeitpräferenz ist variabel. Sie hängt vom jeweiligen Zeithorizont ab. Dabei bewerten wir gegenwärtige Belohnungen automatisch höher als zukünftige Belohnungen. Liegen beide Alternativen in der Zukunft, entscheiden wir rational richtig. Der Grund liegt darin, dass in unserem Gehirn zwei unterschiedliche Systeme bei der Beurteilung involviert sind. Dieser Effekt ist auch der Grund dafür, dass wir für unsere Altersvorsorge zu wenig tun. Die mangelnde Altersvorsorgedisziplin – also lieber das Geld jetzt für einen schönen Urlaub auszugeben, als an die Rente zu denken – ist somit Ausdruck des inneren Kampfes in unserem Kopf zwischen sofortiger Belohnung, die durch das limbische System unbewusst und automatisch gesteuert wird, und zukünftigen Ereignissen, die unser PFC rational und bewusst steuert.

Ähnlich wie beim Lottogewinn scheint unser Gehirn seine Entscheidung zwischen den Alternativen von der Lebhaftigkeit der Vorstellung abhängig zu machen. Das Erwarten einer kleinen Summe (Belohnung) wird überproportional bewertet, da wir sie uns vorstellen können. Affekte und lebendige Emotionen haben demnach einen starken Einfluss auch bei finanziellen Entscheidungen. *Mentale Trainingstechniken unterstützen Sie dabei, nachteiligen natürlichen Verschaltungen entgegenzuwirken, indem z.B. rational falsche, aber hoch emotionale Entscheidungen immer fader und unwichtiger erscheinen.* Mit mentalen Trainingsmethoden lässt sich der Nachteil zum Vorteil machen, indem bewusst die Lebhaftigkeit einer Vorstellung (der rational richtigen Alternative) gesteuert wird. Das ist wichtig, weil wir festgestellt haben, dass die emotionale Entscheidung der rationalen Entscheidung vorangeht beziehungsweise diese sehr stark beeinflusst. Sie haben die Wahl, mit sehr einfachen und hochwirksamen mentalen Trainingstechniken die Erfahrung lebhafter und farbenfroher zu gestalten. Dasselbe gilt natürlich auch umgekehrt: Sie können das genaue Gegenteil bewirken und die zunächst attraktivere, weil emotionale, Alternative immer fader und unwichtiger erscheinen lassen. Sie müssen nur wissen, wie es geht. Jetzt müssen Sie den nächsten Schritt gehen. Es gibt es auch hier wieder keine Entschuldigung!

3.1.3 Emotionen

Angst als Überlebensmechanismus ist eine der grundlegendsten Emotionen. Angst hat die Aufgabe, uns vor Schmerzen zu bewahren und unser Leben zu sichern. In unserem Gehirn befindet sich ein komplex wirkender Angstkreislauf, der damit beschäftigt ist, den Menschen auf mögliche Reaktionen vorzubereiten. Der Angstkreislauf wurzelt, wie weiter oben beschrieben, in der Amygdala. Sie reagiert schnell, aber unpräzise. Wenn sie einmal hyperaktiv ist, schlägt sie auch Alarm, wenn eine Situation real harmlos ist.

Wenn unser Gehirn das kleinste Anzeichen von Bedrohung bemerkt, hat es grundsätzlich zwei Möglichkeiten: Entweder wird die Information langsam und qualitativ hochwertig über die höheren Verarbeitungszellen im visuellen Cortex verarbeitet oder sie wird über den schnellen, aber qualitativ beschränkten und fehlerhaften Weg der Amygdala abgearbeitet.

Sähen Sie einen Mann in einer dunklen Gasse vor sich, der einen kurzen Gegenstand in den Händen hat, könnte die rationale Verarbeitung etwa so ablaufen:

Was hat denn der Mann da in der Hand? Ein kurzer, zylindrischer Gegenstand, der aussieht wie ein verlängerter Zeigefinger. Was könnte das sein? Ein Lippenstift, ein Zauberstab, eine Zigarre? Es ist so dunkel hier. Moment, ich weiß. Es könnte auch ein Revolver sein. Ups! Was war das für ein lautes Geräusch? Das hörte sich nach einem Schuss an. Ich habe auch gerade einen harten Schlag verspürt. Ich fühl gar nichts mehr. Mir wird auf einmal ganz kalt. Mir ist schwindelig.

Geht die Information über den älteren Pfad an die Amygdala, könnte die unbewusste, automatische Reaktion so ablaufen:

Komischer Gegenstand in der Hand! Mag ich nicht! Schnell weg hier.

Stellt es sich bei näherer Betrachtung heraus, dass der Mann nur den Lippenstift seiner Frau in der Hand hatte und keinen Revolver, sind Sie vielleicht umsonst weggelaufen. In der Evolution hat es sich bewährt, lieber einmal zu oft wegzulaufen als einmal zu wenig.

Folgen der Angst

Was passiert, wenn wir Angst bekommen? Es ändert sich der kognitive Stil. Informationen werden nicht mehr langsam und bewusst verarbeitet, sondern schnell und unbewusst. Und sie werden mit anderen Informationen assoziiert. Stellen Sie sich vor, Sie seien Zeuge eines brutalen Banküberfalls, bei dem es Tote und Verletzte gibt und die Täter Baseball-Caps tragen. In einer solchen Stresssituation speichert Ihr Gehirn alle Kleinigkeiten ganz besonders gut. Dabei kann es vernünftige und unvernünftige Assoziationen mit diesem Banküberfall abspeichern. Vielleicht werden Sie Angst bekommen, wenn Sie das nächste Mal eine täuschend echt aussehende Waffe sehen (vernünftig). Vielleicht werden Sie auch Angst bekommen, wenn Sie bei Sonnenschein eine Gruppe von Menschen sehen, die Baseball-Caps tragen (unvernünftig). Oder Ihr Puls, Ihr Harndrang und Ihre gesamte Erregung steigt, wenn Sie das Surren einer Klimaanlage hören (auch unvernünftig), weil eben eine Klimaanlage lief, als der Banküberfall stattfand. Diese stark assoziative, emotional gefärbte Sicht auf Vorgänge führt dazu, sinnlose Vorurteile zu konservieren. Es kann nur Bekanntes aus dem Gedächtnis abgerufen werden. Mit dieser Konzentration auf das in diesem Moment Wichtige, also Ihr Leben zu retten, werden Lernprozesse unterbunden. Angst verhindert Lernen.

Emotionale Gedächtnisleistung

Eine Angst kann instinktiv oder erlernt sein. Zu den instinktiven Urängsten, die wir alle von Geburt an kennen, gehört u. a. die Angst vor hektischen Bewegungen, lauten Geräuschen, plötzlichen Änderungen der Lichtverhältnisse oder aus großer Höhe abzustürzen. Zu den erlernten, kulturellen Ursachen von Angst, die uns den Hals zuschnüren, den Puls an der Halsschlagader klopfen lassen oder die Hände schwitzig machen, gehören beispielsweise Briefumschläge, die nach Rechnungen aussehen, uniformierte Männer, die einen aus dem Verkehr herauswinken, oder wenn sich der Kurs gegen Sie dreht, nachdem Sie eine Position geöffnet haben.

Für Sie als Trader ist nur die erlernte Angst relevant. Interessant in diesem Zusammenhang ist das Thema Stress. Er ist ein Verstärker. Haben Sie unter starkem Stress einmal gelernt, dass Sie Angst haben, wenn Sie einen finanziellen Verlust erlitten haben, wird dieser Vorgang besonders gut ins Gedächtnis eingespeichert. Und er ist auch gut als Reaktion wieder abrufbar. Dadurch entsteht eine Gewohnheit, die sich durch das wiederholte Erleben wieder verstärkt. Behavioristen sprechen von »Reizgeneralisierung«. Je breiter der neuronale Pfad ist, desto schwieriger wird es für den Menschen, sich ohne »manuelle« Korrekturen für eine andere, bessere Reiz-Reaktions-Handlung zu entscheiden.

Wenn ein Mensch nun auf einen Reiz (Geldverlust) in bestimmter Weise reagiert (Angst), hat er dieses Verhalten *gelernt*. Jetzt wissen wir, dass das Gehirn auch Dinge *verlernen* kann, also auf den gleichen Reiz anders zu reagieren. Und genau da setzen Mentaltechniken an. Menschen sind nicht darauf beschränkt, ihr ganzes Leben Sklaven eines einmal eingestellten, emotional gesteuerten und zum Teil inhaltlich fehlgeleitetem Autopiloten zu sein. Mit dem Wissen um diese Techniken können Sie nicht mehr sagen: »Ich kann nicht anders, ich reagiere einfach so!« Sie haben die Wahl, Ihre instinktiven, automatischen Reaktionen zu überstimmen und mit einer Kombination aus Verstand und Intuition auf stressige Ereignisse zu reagieren. Ein Anfang besteht darin, die eigenen Körperreaktionen sensibler zu beobachten. Wenn Sie erste Anzeichen von Angst-, Kampf- oder Fluchtverhalten bei sich entdecken, wissen Sie, wie Sie gegensteuern müssen.

Quizfrage: Was ist gefährlicher – Krebs oder Gewaltverbrechen? Tippen Sie, ohne weiterzulesen.

Umfragen zufolge haben mehr Menschen Angst, einem Gewaltverbrechen zum Opfer zu fallen, als einen qualvollen Krebstod zu sterben. Hätten Sie es gewusst? Laut einer UN-Studie sterben weltweit jeden Tag zirka 1300 Menschen an Gewaltverbrechen. 20 000 Personen sterben täglich an Krebs. Aber wenn Sie ab und zu abends fernsehen, werden Sie beim Zappen höchstwahrscheinlich mehrere Schießereien, Blutvergießen und schreiende Opfer sehen, alles sehr einprägsame Bilder. Die Abrufbarkeit erlernter Angstreaktionen hängt davon ab, wie lebendig und aktiv die Bilder sind, die mit einem Reiz hervorgerufen werden.

Beim Handeln muss ein Trader Wahrscheinlichkeiten einschätzen. Wie hoch ist die Wahrscheinlichkeit des Verlustes (Angst) oder des Gewinns (Belohnung)? Das menschliche Gehirn ist unfähig, Wahrscheinlichkeiten rational einzuschätzen. Wie hoch ein Mensch die Wahrscheinlichkeit einschätzt, dass ein Angst erzeugendes Ereignis eintritt, hängt von der *Verfügbarkeit der Bilder* ab, wie schnell diese Bilder und Emotionen abgerufen werden können. Je verfügbarer die Information ist, desto wahrscheinlicher ist sie. Nur weil Sie sich einen Schusswechsel besser vorstellen können, ist es nicht wahrscheinlicher, dass uns mit einer chromblitzenden 44er Magnum das Leben ausgepustet wird, als an einem tödlich endenden Krebs zu erkranken.

Die Bewertung des Risikos, dass ein bestimmtes, Angst erzeugendes Ereignis eintritt, hängt ebenfalls von *der Art* ab. Ist das Ereignis *spezifiziert*, wirkt es *sofort*, und ist der *Ausgang sicher,* ist die Angst größer. Ist der auslösende Stimulus jedoch eher *unbestimmt*, die Wirkung eher mittelbar und das Ergebnis der Aktion unsicher, so ist die Angst weniger stark.

Wie hoch ein Mensch das Risiko eines Angst auslösenden Ereignisses einschätzt, hängt neben den oben erwähnten Faktoren ebenfalls davon ab, ob er meint, das Problem »im Griff« zu haben, und ob er die Konsequenzen versteht. In den letzten hunderttausend Jahren haben wir nicht gelernt, finanzielle Risiken abzuschätzen.

Bei unseren Vorfahren waren Fehlalarme der Amygdala unproblematisch. Ob sie einmal zu oft zur Seite sprangen, weil sie annahmen, der längliche grüne Gegenstand vor ihnen sei eine Giftschlange, war irrelevant für ihr Überleben und das Ihres Gengutes. Wenn Sie jedoch die Evolution für sich denken lassen, wenn Sie die Angst beherrscht, Geld zu verlieren, ist das problematisch. Sie gehen sichere Deals nicht ein, meinen, durch überhöhten Einsatz den Verlust ausgleichen zu müssen, oder nehmen Stops nachträglich wieder heraus, um nur einige unprofessionelle Verhaltensweisen zu nennen. Wir stellen fest, dass Angstreflexe einer nüchternen Risikoabwägung entgegenstehen.

In Situationen, in denen Sie einer Lebensgefahr ausgesetzt sind, haben Sie keine Zeit für langwierige deduktive Entscheidungsprozesse. Sie brauchen die extreme Schnelligkeit der Amygdala, um wegzuspringen, falls ein LKW auf Sie zurast. Auch wenn Sie die Gefahr selbst nicht gesehen haben, orientieren Sie sich an den Reaktionen der Gruppe. Zeigt Ihr Gegenüber Anzeichen von Angst, beispielsweise aufgerissene Augen, lassen Sie sich von der Angst anstecken. Dabei reagiert Ihr Gehirn unbewusst bereits auf die kleinsten Anzeichen von Angst bei Ihrem Gegenüber. Das wiederum erklärt auf einfache und logische Art, wie es beispielsweise zu Panikverkäufen kommt.

Spiegelneuronen sind spezielle Nervenzellen, die uns Menschen zu sozial mitfühlenden Wesen machen. Betrachten wir bei einem anderen Menschen eine Verhaltensweise, ruft es bei uns die gleichen Reaktionen hervor. Das Gehirn spiegelt also auch Emotionen des Gegenübers wider. So versteht man, was der andere tut und fühlt. Die Tendenz des Nachahmens ist beim Lächeln oder bei Freude durchaus vorteilhaft für uns. Lustig ist auch, dass der Anblick eines gähnenden Menschen bei uns selbst sofort ein spontanes Gähnen auslöst. Aus Sympathie mit dem anderen ebenfalls in Panik zu verfallen oder in eine Spontandepression zu verfallen ist dagegen nicht förderlich. In einer feindlichen Umwelt, in der es wichtig war, in der Gruppe zu sein, um zu überleben, halfen uns die Spiegelnervenzellen, andere Menschen zu verstehen und ihr Verhalten vorauszusagen. Wenn ich als Individuum durch das Erkennen von Angst bei meinem Gegenüber einen Vorteil habe, mich schneller vor einer drohenden Gefahr in Sicherheit zu bringen, sichert mir das mein Überleben. Wenn Sie als Trader oder Investor dagegen blind die Angst Ihres Gegenübers spiegeln, führt das zu den oben genannten Nachteilen. Ihre rationale Denkfähigkeit reduziert sich, Sie sind nicht offen für neue Lösungsmöglichkeiten, verharren im Mangel und nehmen Ihr Potenzial nicht an! Neuroökonomen auf der ganzen Welt fragen sich, ob diese entwicklungsgeschichtlich uralten Systeme sich überhaupt eignen, finanzielle Entscheidungen zu treffen.

Es bleibt festzustellen, dass die niedrigstufigen Teile unseres Gehirns nicht in der Lage sind, mit Angst und Risiken umzugehen, die Händler täglich an den Märkten erleben.

Spannend wird es, wenn Trader vor dem Dilemma einer Entscheidung stehen. Diese Situation ist vergleichbar mit der eines Wachhunds, der entscheiden muss, ob er einen Einbrecher, der ihm eine Wurst anbietet, hereinlässt oder ob seine Tendenz zur Revierverteidigung gewinnt und er bellt. Es gibt Situationen im Leben eines Händlers, in denen er die logisch richtige Handlung kennt, diese jedoch im Widerspruch zu den Erfahrungen steht, die er für richtig hält. In einem Experiment mit erfahrenen Börsenmaklern stellten Kognitionspsychologen um Prof. Dr. Markus Knauff von der Universität Gießen fest, dass erfahrene Börsenmakler nicht oder nur sehr schwer in der Lage sind, einmal gewonnene Erfahrungen zu revidieren. Die Makler sollten »logische« Entscheidungen treffen, wobei das Ergebnis häufig im Widerspruch zu ihren eigenen Erfahrungen stand. Es zeigte sich, dass in diesen Fällen die Versuchsteilnehmer sehr viele falsche Schlüsse zogen, und es dauerte viel länger, bis sie eine Entscheidung getroffen hatten. Sie waren sogar schlechter als eine Vergleichsgruppe von Versuchspersonen, die über keinerlei Erfahrung an der Börse verfügten.

Wäre es also sinnvoll, die Funktion der Amygdala auszuschalten? Würde dies zu rationaleren Entscheidungen führen? Das Gegenteil ist der Fall: Experimente mit Patienten mit geschädigter Amygdala zeigen, dass diese nicht lernen, welche Entscheidung riskanter ist und welche nicht. Anderson et al., 1999, zeigten, dass sie vor der Entscheidung keinerlei Angstsymptome zeigten und im Nachhinein auch nicht auf Belohnung oder Strafe reagierten. Die Versuchspersonen hatten keine Erinnerung daran, wie schlimm es sich anfühlt, Geld zu verlieren. Sie wählten immer wieder die riskantere Alternative.

Entscheidungslogisch stehen wir damit vor einem Dilemma: Handeln wir automatisch, schnell und unterbewusst, ist es wahrscheinlich, dass sich Informationen bei der Entscheidung hinzumischen, die nicht zu der logisch besten Lösung führen. Stehen emotionale assoziative Erinnerungen bei der Entscheidung nicht zur Verfügung, können Menschen das Risiko nicht abschätzen und lernen nicht aus ihren Fehlern (zu riskante Entscheidungen eingegangen zu sein). Wenn die Amygdala keine Warnsignale produziert, denkt sich der rationale Teil unseres Gehirns: Na, wenn da kein Risiko (Schmerz oder Geldverlust) zu erwarten ist, dann riskieren wir es.

Herdentrieb und Angst

Experimente mit bildgebenden Verfahren werfen ein Licht darauf, warum es Menschen schwerfällt, sich für die logisch richtige Alternative zu entscheiden: Stellen Sie sich bei einer Entscheidung gegen die Mehrheitsmeinung (natürlich immer die von Ihnen wahrgenommene), feuert die Amygdala, als ob Sie am Rande einer Klippe stehen oder vor Ihnen gerade ein hungriger Königstiger die Zähne fletscht. Gregory Berns von der Emory University School of Medicine zeigte, dass Gruppendruck Angst erzeugt, wenn die eigene Meinung von der Meinung der Gruppe abweicht (Berns et al., 2009). Menschen entscheiden sich für die Mehrheitsmeinung, weil sie nicht sozial isoliert sein wollen. Die Entscheidung löst nicht nur Angst aus, sondern löst dieselben Reaktionen aus wie die Anwendung physikalischer Gewalt. Man könnte logisch schließen, dass dieser Mechanismus aus grauer Vorzeit stammt. Wurde ein Einzelner von der Gruppe damals isoliert, sanken seine Überlebenschancen erheblich! Die Reaktionen des Gehirns, also das Erzeugen von Angst und Schmerzen, könnte als eingebauter Mechanismus interpretiert werden, um genau das zu verhindern.

Das bedeutet für den Händler, dass er sich stets die Frage stellen sollte, ob er seine Meinung zum Markt von der Masse oder von Meinungsführern übernimmt oder ob sie auf seiner eigenen Einschätzung beruht. Vielleicht existieren bereits fundamental entgegengerichtete Signale. Welche Techniken in der Lage sind, sich von der Massenmeinung zu lösen, wird weiter unten beschrieben.

Wie reagiert unser Gehirn auf Ungewissheit?

Im Gegensatz zu Entscheidungen bei Unsicherheit ist bei Entscheidungen unter Ungewissheit die Wahrscheinlichkeit des Eintritts eines Ereignisses nicht bekannt. Wenn Sie als Trader den Bund-Future kaufen, dann können Sie vorhersehen, welche Alternativen es gibt: Der Bund bleibt gleich, er steigt oder er fällt. Aber Sie kennen nicht die Wahrscheinlichkeit, mit der sich in den nächsten 5 Sekunden, 5 Minuten oder 5 Stunden ein gewisser Preis einstellt. Menschen vermeiden Ungewissheit wie der Teufel das Weihwasser. Deshalb spricht der Anlageberater Ihres Vertrauens auch gerne von »Anlagerisiken«. Entscheidungstheoretisch liegt jedoch Ungewissheit vor, egal, ob Sie selbst traden oder von einem Portfolio-Manager verwaltete Aktien- oder Rentenfonds kaufen.

Das sogenannte Ellsberg-Paradox zeigt, dass Menschen unter Ungewissheit ihren eigenen impliziten Wahrscheinlichkeitseinschätzungen widersprechen.

Forscher vermuteten eine Zeit lang, dass der Grund für das unlogische Verhalten in der Zuversicht liegt, dass bei der Alternative unter Risiko die Eintrittswahrscheinlichkeiten bekannt sind. Hier ist also Zuversicht das Motiv für die Unlogik. Doch neuere, bahnbrechende Ergebnisse von Ming Hsu et al. vom California Institute of Technology in Pasadena weisen darauf hin, dass das Gehirn in Alarmstellung ist, wenn kritische Informationen fehlen. Unsicherheit wird gefährlicher als alles andere eingeschätzt. Die Forscher stellten fest, dass der Grad der Ungewissheit positiv mit der Aktivität der Amygdala und des orbitofrontalen Cortex korreliert, aber negativ mit dem striatalen System, also dem System, das wiederum positiv mit der erwarteten Belohnung korreliert (vgl. Hsu et al., 2005).

Ungewissheit ist aber nicht einfach nur ein »Mehr« an Angst, wie man vielleicht meinen könnte. Untersuchungen von Scott Huettel (Huettel et al., 2006) von der Duke University deuten darauf hin, dass Unsicherheit und Ungewissheit in zwei verschiedenen neuralen Systemen verarbeitet werden. Bei Entscheidungen unter Ungewissheit verbindet sich der Inferior frontal sulcus mit dem lateralen PFC. Dieses Gehirnareal wurde von Koechlin (vgl. Koechlin et al., 2003) als wichtige Region identifiziert, in der das Gehirn arbeitet, wenn es mehrere mögliche Szenarien kontextbezogen lösen und eigene Verhaltensregeln erstellen musste. Entscheidungen unter Risiko wurden hingegen von Aktivierungen des Posterior parietal cortex begleitet.

Was heißt das in der Praxis? Das Phänomen, dass Unsicherheit gegenüber Ungewissheit vorgezogen wird, kann einige Beobachtungen erklären: Die Aktien, die von überdurchschnittlich vielen Analysten beobachtet werden, verzeichnen ein überdurchschnittliches Handelsvolumen. SDAX-Werte sind in der Regel volatiler als Large Caps. Sind sich Analysten über die zukünftigen Erträge einer Firma einig, steigen die Aktienpreise höher als bei Firmen, bei denen die Analysten uneinig über die kommenden Gewinne sind (vgl. zum Beispiel das Equity Premium Puzzle von Larry Epstein).

Je größer die wahrgenommene Ungewissheit einer Alternative gegenüber einer anderen ist, desto weniger sind Anleger bereit zu investieren. Aber gerade für langfristige Buy and Hold-Investoren, aber auch für aggressive Trader bieten ausgesuchte Small und Mid Caps attraktivere Gewinnchancen.

3.2 New Finance – Neoinstitutionalistik und Behavioral Finance

Will man die Märkte verstehen, gibt es in der New-Finance-Forschung zwei Richtungen: die neoinstitutionalisitische Finanzierungstheorie und die Behavioral Finance. Beide nehmen die Kritik an den realitätsfernen Annahmen neoklassischer Kapitalmarktmodelle auf. Der neoinstitutionalistische Erklärungsansatz bezieht Marktunvollkommenheit explizit ein. Zu den drei elementaren Ausrichtungen der neoinstitutionalistischen Theorie gehören die relativ unabhängig voneinander entwickelten Teilbereiche: A) Property-Rights-Theorie, B) die Transaktionskostentheorie und C) die Principal-Agent-Theorie. Behavioral Finance beschreibt intuitives, empirisch beobachtbares Entscheidungsverhalten und nimmt dies in ihre Modelle auf. Dabei ist es sinnvoll, das Verhalten der einzelnen Marktteilnehmer zu analysieren, denn hinter jeder Investment-Bank, hinter jedem Fonds und hinter jeder Vermögensverwaltung und auch hinter einem automatisierten Handelssystem stehen Menschen. Und diese Menschen unterliegen ausnahmslos psychologischen Einflussfaktoren, ob als Individuum oder in der Gruppe. Geht man den logischen nächsten Schritt, ist die Preisentstehung an den Börsen das direkte Ergebnis des Verhaltens aller Marktteilnehmer. Behavioral Finance besteht nicht aus einem einzigen Modell, sondern verwendet neben ökonomischen Aspekten auch Methoden der Psychologie und Soziologie. Damit wird deutlich, dass Finanzmärkte nicht in einem Modell zu erfassen sind, sondern dass es sich hierbei eher um eine Toolbox handelt, wobei stets darauf geachtet werden soll, dass es sich nicht um ein vollkommenes Modell handelt.

3.2.1 Prospect Theory

Einer der meistbeachteten Ansätze, wie menschliches Verhalten modelliert werden kann, wenn es um die Beobachtung von Märkten geht, ist die 1979 von Daniel Kahneman und Amos Tversky (Kahneman u. Tversky, 1979) vorgestellte Prospect Theory (deutsch: Neue Erwartungstheorie). Sie stellt eine Alternative zur klassischen Erwartungs-Nutzen-Theorie (Expected Utility Hypothesis) dar. Sie untersucht das Entscheidungsverhalten von Menschen bei Unsicherheit. Im Wesentlichen zeigt sich, dass menschliche Entscheidungen von den Aussichten (hier auf Gewinn und Verlust, engl. »prospect«), sowie vom Bezugsrahmen bestimmt werden. Dabei spielen Verlustaversion und Risikowahrnehmung eine große Rolle.

In diesem Modell, das auf einer Reihe von Experimenten beruht, werden explizit Wahrnehmungsverzerrungen (biases) des Menschen berücksichtigt. Dabei wird davon ausgegangen, dass Personen stärker durch Verluste (Angst) als von Gewinnen (Belohnung) motiviert werden. Dadurch dass die Verlustvermeidung höher gewichtet wird als die Gewinnerzielung, treffen Menschen finanziell irrationale Entscheidungen. Daneben gibt es eine Vielzahl weiterer Verzerrungen, auf die weiter unten kurz eingegangen wird. Warum in diesem Buch, in dem es darum geht, aus begabten Tradern Profis zu machen, auf ein wirtschaftswissenschaftliches Modell eingegangen wird, hat mehrere Gründe: Zum einen werden Händler daran erinnert, dass die Natur des Menschen zunächst einmal wenig geeignet ist, optimale finanzielle Entscheidungen zu treffen. Indem Sie einsehen und sich bewusst machen, welche Einflussfaktoren unter welchen Umständen irrationales Verhalten verursachen, haben Sie die Möglichkeit, Ihre Entscheidungsprozesse auf den Prüfstand zu stellen. Umso wertvoller werden Ihnen dann die weiter unten vorgestellten systematischen Mentaltraining-Techniken erscheinen, in denen es darum geht, Psychofallen zu vermeiden und Ihr Gehirn so zu verschalten, dass es Sie an Ihr eigentliches Ziel bringt und Sie finanziell frei werden. Wahrscheinlich ist es für Trader auch einfacher, Fehlverhalten zu korrigieren, wenn ihnen bewusst wird, dass nicht nur sie allein diese Fehler begehen. Immerhin haben Kahneman und Tversky für diese Erkenntnis 2002 sogar einen Wirtschaftsnobelpreis bekommen.

Nun aber zu den verschiedenen Wahrnehmungsverzerrungen. Die Annahme, dass Menschen nach dem höchsten erwarteten Nutzen entscheiden, widerlegte ein einfaches Experiment:

Entscheider hatten die Wahl zwischen einem Geldgewinn (A 1) von 3000 Dollar mit einer 25-prozentigen Eintrittswahrscheinlichkeit oder (A 2) 4000 Dollar zu gewinnen bei einer 20-prozentigen Eintrittswahrscheinlichkeit. Ergebnis war, dass die Mehrheit rational richtig handelte und sich für die Alternative A 2 mit dem höheren Erwartungswert entschied. Änderte man die Versuchsaufstellung dahingehend, dass die Probanden zwischen einem Alternativgewinn entscheiden mussten, der (A 3) zu 100 Prozent 3000 Dollar einbrachte oder (A 4) zu 80 Prozent 4000 Dollar in die Kasse spülte, wählte die überwiegende Mehrheit die irrationale Alternative (A 3). Damit weicht die Entscheidung von der Theorie der Nutzenfunktion im Sinne Bernoullis ab, da die Alternative A 4 einen höheren Erwartungswert hat als die Alternative A 3.

Gewinn					
Name	**v**	**x**	**E**	**Mehrheits-entscheid**	**EUH-gemäße Entscheidung**
A 1	0,25	3000	750	dagegen	ja
A 2	0,2	4000	800	dafür	ja
A 3	1	3000	3000	dafür	nein
A 4	0,8	4000	3200	dagegen	nein
EUH	= Expected Utility Hypothesis; Proband wählt Alternative mit dem höchsten Erwartungswert				
v	= Eintrittswahrscheinlichkeit				
x	= Gewinn				
E	= Erwartungswert				

Tabelle 5: Maximieren Menschen den erwarteten Nutzen?

Fazit: Sind beide Alternativen unsicher, entscheiden Menschen tendenziell rational. Sobald aber eine sichere Variante (A 3) angeboten wird, entscheiden sie sich für diese, auch wenn die andere Alternative (A 4) einen höheren Erwartungswert hat. Im Verlustfall zeigt sich das genaue Gegenteil. Entscheider wählen die riskantere Variante mit einem höheren (Verlust-)Erwartungswert, wenn sie Verluste ausgleichen können.

Dieses Verhalten spiegelt wider, warum 80 Prozent der Händler in den ersten 24 Monaten ihren Einsatz verlieren. Amateure gehen pleite, weil sie hohe Verluste akzeptieren, Profis verlieren Geld (ihres oder das Geld der Kunden), weil sie Profite zu früh mitnehmen. Um es auf den Punkt zu bringen: Händler zielen auf eine hohe Gewinnquote statt auf einen hohen Gesamtgewinn. Das Ziel einer hohen Gewinntrefferquote beziehungsweise niedrigen Verlustquote führt systematisch zu falschen Entscheidungen. In der Literatur gibt es zahlreiche Beispiele, die belegen, dass die Trefferquote der unwichtigste Teil in Ihrer Trading-Statistik ist und manchmal mit der Performance negativ korreliert. Gerade dieser Effekt wird weiter unten am Beispiel des Dispositionseffekts näher erläutert.

Doch zunächst wird auf die einzelnen Punkte der Prospect Theory näher eingegangen.

3.2.2 Praxisbeispiele der Behavioral Finance

Die oben beschriebenen Verzerrungen menschlichen Verhaltens bei finanziellen Entscheidungen unter Unsicherheit und Risiko werfen ein ernst zu nehmendes Bild auf die Bereiche, in denen Marktteilnehmer Verbesserungspotenzial haben. Um die Einflussfaktoren des Verhaltens besser verstehen zu können, gliedert man den Gesamtprozess auf in

a) Informationsaufnahme,
b) Verarbeitung entscheidungsrelevanter Faktoren und
c) Entscheidungsfindung der Anleger.

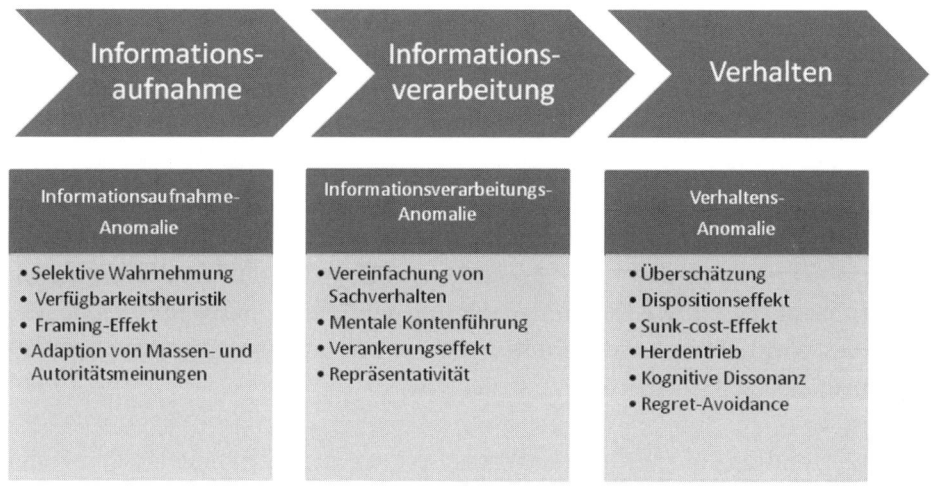

Abbildung 14: Prozesskette der Entscheidung

Bevor Gewinne oder Verluste in einem zweistufigen Prozess zunächst bearbeitet (editing) und bewertet (evaluation) werden, werden die Alternativen nach heuristischen Verfahren geordnet. Heuristiken sind Daumenregeln, mit denen der Mensch komplexe Zusammenhänge intuitiv erfasst und löst. Ähnlichkeit und das Setzen von Referenzpunkten bestimmen dabei die Rangfolge der Alternativen. Der Grundgedanke ist, dass der Mensch seine Umwelt relativ wahrnimmt. Damit wird beobachtbares, empirisch bestätigtes Verhalten in die Finanzmarkttheorie eingebracht. Die folgende Abbildung verdeutlicht die einzelnen Schritte, die ein Trader bei einer Entscheidung durchläuft. Dem werden die jeweiligen Anomalien gegenübergestellt. Diese prozessorientierte Sichtweise eignet sich zum einen besonders gut dafür, die Struktur und den

Inhalt der Informationsebenen zu beschreiben. Zum anderen verdeutlicht sie auch den ablauforientierten, dynamischen Charakter finanzieller Entscheidungen.

3.2.2.1 Informationsaufnahme-Anomalien (Wahrnehmung)

Bevor Marktteilnehmer Informationen verarbeiten können, müssen diese zunächst aufgenommen beziehungsweise wahrgenommen werden. Aus Sicht des Traders gilt es, sich aus der immer größer werden Menge an Informationen ein objektives Bild zu machen. Auch wenn der Informationsstand der Marktteilnehmer aufgrund des hohen technischen Niveaus als homogen anzusehen ist, müssen die Informationen zunächst einmal aufgenommen werden. Dabei erweisen sich selektive Wahrnehmung und die Verfügbarkeitsheuristik als die zentralen Aspekte vereinfachter Beurteilungsmethoden.

Trader sollten ihnen große Beachtung schenken. Gerade Day-Trader, die sich auf schnelllaufende Werte spezialisiert haben, tendieren dazu, nur wenige Informationen wie Kursänderung und schnelle Bewegungen zu beachten. Dies wirkt sich konsequent auf die zeitlich nachgeschalteten Anomalien aus.

Selektive Wahrnehmung und Konservatismus

Menschen neigen zur selektiven Wahrnehmung von Informationen und zu Konservatismus. Diese Selektion ordnet man der Informationsaufnahme-Anomalie zu. Sie beschreibt das Phänomen, dass Erfahrung und vorgefertigte Meinungen Menschen darin beeinflussen, wie sie Informationen aufnehmen. So werden aus den vorhandenen Informationen nur die Quellen berücksichtigt, die hinsichtlich der eigenen Meinung, Vorstellungen und Empfindungen als wichtig und richtig erscheinen. Damit wird es schwierig, sich ein objektives, unverfälschtes Bild der Situation zu machen. Entscheidungen werden systematisch verzerrt. Das wiederum kann sowohl Über- als auch Unterreaktionen am Markt zur Folge haben. Hat ein Marktteilnehmer einmal eine Überzeugung gewonnen, ist diese nur schwer zu korrigieren.

Neue Informationen werden nicht aktiv gesucht. Ist widersprüchliche Information verfügbar, wird sie bei bestehenden Entscheidungen entweder zu langsam oder gar nicht berücksichtigt. Im Extremfall werden widersprüchliche Informationen zur Stütze der eigenen Meinung interpretiert (»Ausnahmen bestimmen die Regel«). Als Folge halten Trader zu lange an einmal getroffenen Entscheidungen fest, auch wenn bereits solide Gegensignale ins Auge stechen. Dieses Phänomen erklärt, warum sich manche Händler in eine Position oder eine Strategie »verlieben« und nicht bereit sind, ihre einmal getroffene Bewertung zu revidieren. Der Trader antizipiert, dass er, wenn er die Verluste realisiert, sich selbst signifikante Fehler eingestehen müsste. Da das Gehirn darauf programmiert ist, Schmerzen zu vermeiden, empfindet es die emotionalen Kosten hierfür als zu hoch. Er bewertet neue Informationen nicht mehr objektiv.

Konservatismus beschreibt das Phänomen, dass Meldungen, die im Widerspruch zur Marktlage stehen, nicht beachtet werden. Wenn beispielsweise 2007 der Markt bullish war, wurden Meldungen, die auf ein Zusammenbrechen des Hypothekenmarktes deuteten, einfach ignoriert. Diese Unterreaktion auf Nachrichten ist der Grund dafür, dass sich neue Erkenntnisse nur zögerlich am Markt durchsetzen.

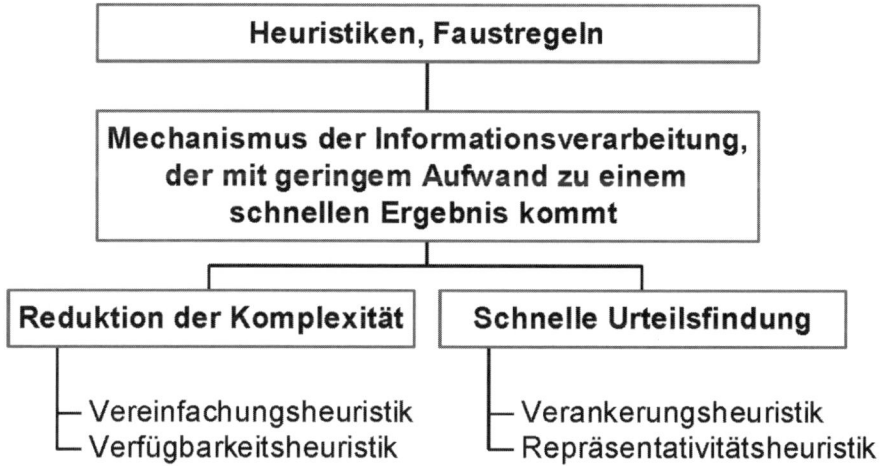

Abbildung 15: Heuristiken

Verfügbarkeitsheuristik

Bei Verfügbarkeitsheuristiken, die man auch als Availability Bias oder Saliency-Effekt bezeichnet, werden Informationen mit hoher Verfügbarkeit stärker gewichtet als Informationen mit schlechterer Verfügbarkeit. Dazu zählen aktuelle, auffällige, einfach verständliche und leicht zugängliche Informationen. Die Gewichtung einer Information hängt demnach davon ab, wie gut das Gehirn auf die Information zugreifen kann. Bilder eines Flugzeugunglücks sind bei Ihnen bestimmt lebendiger als Statistiken. Wem ist schon geläufig, dass das Flugzeug das niedrigste Unfallrisiko aller Beförderungsmittel hat, wenn man die Personenkilometer als Maßstab nimmt. Verfügbarkeitsheuristiken dienen der Reduktion der Komplexität.

Framing-Effekt

Der Mensch bewertet die Ergebnisse danach, wie sie zum Referenzpunkt stehen. Wird dieser Referenzpunkt verschoben, ändert sich die Bewertung und es ändert sich das Entscheidungsverhalten. Dieser Framing-Effekt erklärt, warum Menschen dieselbe Information, beispielsweise eine Gehaltserhöhung um 2 Prozent, einmal als positiv, einmal als negativ bewerten. Das heißt, eine Alternative wird nicht isoliert wahrgenommen, sondern hängt von den Erwartungen einer Person ab: Haben Sie (a) keine Gehaltserhöhung erwartet, sind Sie froh, 2 Prozent mehr Gehalt zu bekommen. Haben Sie mitbekommen, dass der Arbeitskollege eine 6-prozentige Gehaltserhöhung bekommen hat, sind Sie mit Ihren 2 Prozent unzufrieden. Übertragen auf den Händler heißt das, dass er beispielsweise mehr Freude daran hat, einen Index bei 5600 zu kaufen, wenn er von 6000 gefallen ist, als wenn der Index schon längere Zeit um 5600 Punkte schwankt. Erinnern Sie sich in diesem Zusammenhang an die heftigen Effekte am FX-Markt, wenn die Markterwartungen, beispielsweise bei einer Zinsentscheidung, nicht erfüllt wurden.

Analysten verwenden bei ihren Gewinnschätzungen häufig die Zahlen der letzten Quartale als Anker. Dadurch sehen sie häufig die Auswirkungen einer Marktänderung nicht in ihrem ganzen Ausmaß voraus. Man kann sagen, sie kleben an Bekanntem (am Bezugsrahmen) und können sich nicht weit genug nach oben (oder unten) bewegen.

Bei der Analyse von Zahlen- und Preisreihen stellt der aktuelle Marktpreis einen Referenzpunkt dar, einen Anker, nach dem sich Trader richten. Sind sie bereits in einer Position, richtet sich die Bewertung nach dem Einstiegspreis. Rational wäre es hingegen, die Position nach dem Informationsstand in der Gegenwart zu bewerten (und zu halten, oder zu verkaufen).

Je weiter ein Preis in der Vergangenheit liegt, umso geringer wird er bei der intuitiven Durchschnittsbildung gewichtet. Beim kurzfristigen Handel lässt sich aber zeigen, dass sich, trotz Ankereffekten, ein Handelssystem mit positivem Erwartungswert anhand der kurzfristigen Kurs- und Volatilitätshistorie generieren lässt.

Adaption von Massen und Autoritätsmeinungen

Marktteilnehmer haben die Tendenz, Ansichten von Referenzgruppen – Meinungsführern, Analysten oder anderen Autoritäten – auch entgegen ihrer eigenen Meinung zu übernehmen. Dahinter steht die Angst, als Versager dazustehen. Falls der Experte falschgelegen hat, kann man den Fehler auf diesen abwälzen. Damit wird das emotionale Risiko, falschzuliegen, höher bewertet als die eventuell gut fundierte rationale Beurteilung. Dieses Verhalten zeigen auch Analysten, die sich lieber der Meinung der Kollegen anschließen, als das Risiko einzugehen, mit einer »unorthodoxen« Ansicht zu scheitern.

3.2.2.2 Informationsverarbeitungs-Anomalien

Der Begriff »Informationsverarbeitungs-Anomalie« beschreibt die irrationalen Prozesse, die zeitlich *nach* der Wahrnehmung der Information entstehen. Da sie dem Verhalten vorgeschaltet ist, nimmt sie eine weichenstellende Funktion ein. Trader sollten sich vor Augen führen, dass jeder Mensch nur über eine begrenzte Kapazität der Informationsverarbeitung verfügt. Deshalb hat unser Gehirn Strategien geschaffen, sich auf die wichtigsten Informationen zu konzentrieren und den Rest herauszufiltern. Es hat sich in der Evolution als vorteilhaft herausgestellt, Heuristiken zur Entscheidungsfindung heranzuziehen. Denkt man an Informationskosten, sind viele Heuristiken von

Fall zu Fall ökonomisch sinnvoll. Durch Einschränken des Problems werden die Lösungsmöglichkeiten vereinfacht.

Vereinfachungsheuristik

Vereinfachungsheuristik beschreibt das Phänomen, dass Menschen bei komplexen Sachverhalten die Tendenz haben, zu vereinfachen. Bei Kursbewegungen werden die Gründe herangezogen, die am einfachsten die Bewegung erklären. Dabei werden Argumente vernachlässigt, die vielleicht komplizierter sind, aber einen höheren Erklärungsgehalt haben. Mal steigt der DAX wegen des starken Euros, mal fällt er wegen des starken Euros. Jedem von Ihnen würden dazu noch weitere Kommentare der Börsenkorrespondenten oder Analysten im Fernsehen einfallen. Genau wie die Verfügbarkeitsheuristik dient die Vereinfachungsheuristik der Komplexitätsreduktion.

Mentale Kontenführung

Hier geht es um die Frage, wie Marktteilnehmer finanzielle Entscheidungen vornehmen, wie sie finanzielle Transaktionen in ihrem Gehirn verbuchen: Mentale Kontenführung, englisch »mental accounting«, kann man sich wie die Buchhaltung eines Unternehmens vorstellen: Es wird jede finanzielle Transaktion auf unterschiedlichen Konten verbucht, damit das Unternehmen den Überblick behält. Mentale Konten schaffen Übersichtlichkeit bei der Gesamtbeurteilung unserer finanziellen Situation, dabei werden Verluste anders bewertet als Gewinne. In der Theorie der mentalen Kontoführung existieren wahrscheinlich drei Arten von Konten: Konten für laufende Ausgaben (laufender Konsum, Miete), für Ersparnisse (Altersvorsorge, Rücklagen für Notfälle) und das laufende Einkommen (reguläres Einkommen, unverhofftes Einkommen).

Da Menschen unbedingt jedes einzelne Konto mit einem Gewinn abschließen wollen, lassen wir Verluste zu lange laufen und nehmen Gewinne zu früh mit. Experimente zeigen, dass Menschen sehr stark zwischen diesen Konten unterscheiden, so als ob sie vollkommen separat zu betrachten wären. Das

Entscheidungsverhalten wird davon abhängig gemacht, auf welchem Konto sich das jeweilige Geld befindet. Beispielsweise sind Menschen bereit, zweistellige Überziehungszinsen auf dem Girokonto zu zahlen, wenn es im Soll ist, während gleichzeitig auf dem Sparkonto sehr niedrig verzinstes Geld fürs Alter liegt. Die Altersversorgung gilt als heilige Kuh, von der man weiß, dass man sie nicht schlachten darf. Stattdessen entscheidet man sich dafür, hohe Dispositionszinsen zu zahlen.

Beim Traden erklärt der Effekt der mentalen Kontoführung, warum Händler bei einer schlecht laufenden Position nachkaufen (»verbilligen«). Statt nach besseren Chancen Ausschau zu halten, klammert man sich an die alte Position. Es ist experimentell gut abgesichert, dass Individuen bereit sind, schlechtem Geld gutes Geld hinterherzuwerfen, weil sie die Hoffnung haben, dass sich die Position noch ins Plus dreht. Statt stets auf unsere Investitionsregeln zu achten, vernebelt unser Bestreben, die einzelne Position (das einzelne Konto) im Plus zu halten, die Optimierung des Gesamtertrags und das Steuern des Gesamtrisikos unseres Portfolios. Im Ergebnis erreichen wir genau das Gegenteil von dem, was wir mit der mentalen Kontoführung eigentlich erreichen wollen: Wir verlieren den Überblick über die Gesamtheit unserer Anlagen, weil wir uns zu sehr mit einzelnen Werten unseres Portfolios beschäftigen.

Verankerungseffekt

Der Ankereffekt erklärt das Denken in Bezugspunkten bei komplexen Schätzungen. Bezugspunkte dienen der schnellen Urteilsfindung. Entscheider orientieren sich bei ihrer Beurteilung und bei der Bildung von Erwartungen relativ zu diesem Anker. Das hat zur Folge, dass die Bandbreite möglicher Abweichungen häufig zu eng gesetzt wird. Gerade bei längerfristigen Investitionen führen Ankereffekte dazu, dass Preisinformationen mit einer »Marktvergessenskurve« gewichtet werden müssen.

Repräsentativität

Repräsentativitätsheuristiken beschreiben den Vorgang, dass Menschen Muster und Zusammenhänge erkennen, die nicht repräsentativ sind. Das Gehirn ordnet anhand weniger ähnlicher Charateristika Dinge beziehungsweise Objekte zu schnell bestimmten Klassen zu. Charttechniker können dadurch gewisse Chartkonstellationen nicht objektivieren, sie bewerten die Häufigkeit falsch. Bei der Mustererkennung vergleicht das Gedächtnis diese Situation mit den eigenen Erfahrungen. Dabei werden vorgegebene Eintrittswahrscheinlichkeiten falsch eingeschätzt. Also je nachdem, wie intensiv eine Erfahrung ist und wie leicht sie abrufbar ist, bestimmt diese Wahrscheinlichkeitseinschätzung eine zukünftige Handlung und nicht das tatsächliche Eintreten der Situation. Einige Forscher ziehen die Repräsentativitätsheuristik als Erklärungsansatz für die Über- und Unterreaktion der Kapitalmärkte heran, da Marktteilnehmer vergangenheitsorientierte Daten extrapolieren (vgl. Barberis et al., 1998, S. 316). Die Marktteilnehmer schätzen künftige Wahrscheinlichkeiten aufgrund der bisherigen Entwicklung ein. Generell dienen Repräsentativitätsheuristiken der schnellen Urteilsfindung.

3.2.2.3 Verhaltens-Anomalien

Verhaltens- beziehungsweise Entscheidungs-Anomalien sind der Aufnahme und Verarbeitung von Informationen zeitlich nachgelagert. Aus den hier vorgestellten Erkenntnissen können interessierte Trader Risikoreduzierungs- und Positionierungsstrategien ableiten.

Selbstüberschätzungen (Overconfidence Bias)

Zahlreiche empirische Untersuchungen zeigen, dass Menschen die Tendenz haben, sich zu überschätzen. Das hat Auswirkungen sowohl auf individueller Ebene als auch auf Marktebene. Sie überschätzen

► ihre eigenen Fähigkeiten (beispielsweise die Fähigkeit, komplexe Zusammenhänge einzuordnen) ebenso wie ihre Kenntnisse,
► den Informationsgehalt von Nachrichten,
► ihre Einflussmöglichkeit (Kontrollillusion),
► die Qualität ihrer eigenen Prognosen, insbesondere Wahrscheinlichkeiten und Wahrscheinlichkeitsverteilungen.

Eigene Fähigkeiten

Insbesondere unerfahrene Trader wählen risikoreiche Instrumente. Dabei unterschätzen sie die Wichtigkeit des Risiko-Managements und vernachlässigen das richtige Setzen von Stops und das Bestimmen der richtigen Positionsgröße. Barber und Odean (2001) stellten fest, dass Selbstüberschätzung zu überhöhtem Handelsvolumen führt, welches die Rendite verringert. Das hat die Konsequenz, dass zu viel Geld für die Informationsbeschaffung ausgegeben wird und eine zu hohe Risikopräferenz eintritt. Dies war verbunden mit unrealistischen Renditeerwartungen. Dazu kam noch, dass die jungen Händler ihre Lernfähigkeit stark überschätzten. Schließlich waren viele der Händler nicht in der Lage, die Komplexität der Prognose des Aktienkurses zu beurteilen. Sie hatten weder ein backgetestetes Handelssystem mit einem positiven Erwartungswert noch sonst eine Strategie mit systematischen Vorteil.

58 Prozent der MBA-Manager sind der Überzeugung, dass ihre eigene Mergers-und-Acquisition-Tätigkeit einen Mehrwert generiert. Interessant ist die Einschätzung derselben Manager, dass im Durchschnitt nur zirka 37 Prozent der MBA-Transaktionen dem Kunden einen Mehrwert geben. Ähnliches gilt für Unternehmensgründer: 80 Prozent der Befragten glaubten, eine Überlebenschance von mindestens 70 Prozent nach 5 Jahren zu haben. Tatsächlich scheitern 75 Prozent der Unternehmen nach 5 Jahren.

Während also die Wahrscheinlichkeit positiver Ereignisse überschätzt wird, wird die Wahrscheinlichkeit, dass negative Ereignisse einen treffen, unterschätzt.

Informationsgehalt

Zahlreiche Experimente zeigen, dass der Informationsgehalt einer Nachricht überschätzt wird. Dabei werden oft vollkommen irrationale Zusammenhänge hergestellt. Die Website »The Motely Fool« hatte eine Portfolio-Strategie vorgestellt und nannte sie »The Foolish Four«. Basierend auf der Periode von 1974 bis 1999, war eine der Strategien die »RP Variation«, die den Dow Jones Industrial Average (DJIA) zu schlagen versuchte, indem man die zehn Aktien mit der höchsten Dividende auswählte. Die Dividende sollte dann durch die Quadratwurzel des Aktienpreises dividiert werden. Anhand der resultierenden Verhältniszahl sollte eine Reihenfolge gebildet werden. Es sollten die ersten vier Werte gleichgewichtet gekauft werden, wobei man den ersten Wert weglassen sollte. Motley Fool argumentierte: 1) Hohe Dividenden sind positiv korreliert mit hoher Performance. 2) Das Beta der Aktie ist negativ korreliert mit der Quadratwurzel des Aktienpreises. Zum Mitschreiben: Ein niedriger Aktienkurs ist korreliert mit einer hohen Volatilität, ein hoher Wert im Divisor eines Bruchs führt zu einem kleinen Wert in der Rangskala. Also suchen wir Werte, die einen niedrigen Aktienpreis (bei hoher Volatilität) bei gleichzeitig relativ hoher Dividende anbieten. Mittlerweile hat auch Motley Fool die Prognosevalidität dieses »Indikators« angezweifelt.

Eigener Einfluss, Kontrollillusion

Der eigene Einfluss auf die Gestaltung der Zukunft wird häufig überschätzt. Zahlreiche Versuche zeigen, dass Menschen meinen, sie könnten Einfluss auf rein zufallsbedingte Ereignisse nehmen. Manche glauben, sie können durch die Wahl des richtigen Loses beziehungsweise das Ankreuzen von bestimmten Kästchen beim Lotteriespiel mehr gewinnen, als wenn sie nur zufällig Zahlen wählen. Andere hingegen sind überzeugt, den Würfel kontrollieren zu können.

Prognosequalität

Entscheider überschätzen den Informationsgehalt kleiner Stichproben. Wenn ein Analyst vielleicht zufällig dreimal die richtige Empfehlung gegeben hat, muss er gut sein. Aber vielleicht sind die Fehleinschätzungen, die er vorher gemacht hat, auch einfach nicht mehr so präsent. Schließlich können die Zuschauer die echte Trefferquote nicht einschätzen (vgl. Rabin 2007). Folglich kann angenommen werden, dass Marktteilnehmer zu wenig die Einschränkungen der Verlässlichkeit von Informationen beachten. Das hat zur Folge, dass Prognosen zu extrem und zu ungenau aufgestellt werden (vgl. Nelson et al., 2001).

Entstehungsursachen für Overconfidence

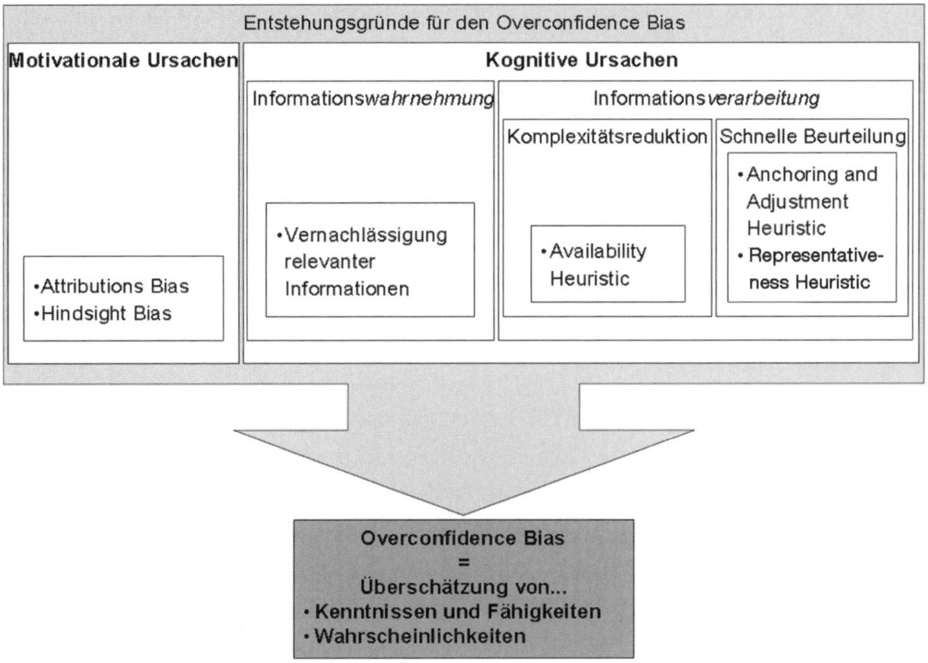

Entstehungsgründe für den Overconfidence Bias			
Motivationale Ursachen	**Kognitive Ursachen**		
	Informations*wahrnehmung*	Informations*verarbeitung*	
		Komplexitätsreduktion	Schnelle Beurteilung
•Attributions Bias •Hindsight Bias	•Vernachlässigung relevanter Informationen	•Availability Heuristic	•Anchoring and Adjustment Heuristic • Representativeness Heuristic

Overconfidence Bias
=
Überschätzung von...
• Kenntnissen und Fähigkeiten
• Wahrscheinlichkeiten

Abbildung 16: Ursachen für den Overconfidence Bias

Motivationale Ursachen

Menschen haben die Tendenz, sich und ihr Selbstwertgefühl zu schützen und ihre Motivation zu steigern. Unsere Erinnerung möchte unseren prognostischen Fähigkeiten schmeicheln. Dabei ist gerade unsere linke Gehirnhemisphäre bemüht, Muster und kausale Zusammenhänge zu erkennen – auch da, wo keine sind (vgl. Wolford, 1971).

Man könnte in diesem Zusammenhang von Selbstbetrug besprechen. Wider die eigene Logik überzeugen sich Individuen, besser zu sein als andere.

Kognitive Ursachen

Menschen haben fehlerhafte Informationsverarbeitungsprozesse.

Attribution Bias

Erfolge werden mit eigenen Kenntnissen und Fähigkeiten (»Können«) begründet. Misserfolge werden auf externe Umstände (»Pech«) zurückgeführt.

Hindsight Bias oder Rückschaufehler

Erhält der Mensch ein Feedback, dass er Zusammenhänge falsch eingeschätzt hat, nutzt er nur sehr beschränkt die Möglichkeit, sich selbst und seine Einschätzung selbstkritisch zu betrachten. Er agiert nach dem Motto: »Das habe ich vorher gewusst.« Hat er aber nicht, wie Langzeitstudien eindrucksvoll zeigen. Das ist so, als würden Sie beim Toto-Spiel immer auf die Gewinner setzen. Allerdings erst nach dem Abpfiff.

Wir stellen fest: Unser Gehirn neigt dazu, voreilig Schlussfolgerungen und Muster zu sehen (das heißt nicht, dass keine da sind). Es neigt dazu, uns zu belügen. Der Beurteilungsprozess und das Suchen nach Mustern erfolgt zum allergrößten Teil unbewusst und automatisch. Unser Ego will, dass wir clever sind und dass wir als gute Investoren angesehen werden. Durch die systematische Selbstüberschätzung werden Lerneffekte verhindert. Seien Sie sich als Investor bewusst, dass der Beurteilungsprozess willkürlich passiert, ob Sie wollen oder nicht, es sei denn, Sie steuern dagegen und kontrollieren Ihre Ergebnisse, indem Sie Ihr Trading-Tagebuch führen! Nur derjenige, der weiß, wo er wirklich steht, kann auf diesem Status aufbauen.

Neben den aufgeführten Heuristiken bestimmt eine Reihe von Entscheidungs-Anomalien das Verhalten der Marktteilnehmer.

Dispositionseffekt

Der Dispositionseffekt beschreibt die Tendenz, eher Gewinn-Trades zu verkaufen als Verlust-Trades. Ökonomisch bedeutet diese asymmetrische Bewertung von Gewinn und Verlust, dass Gewinne zu früh verkauft und Verluste
zu spät realisiert werden. Er zeigt auch, dass der Kaufpreis (Referenzpunkt)
die Entscheidung Kauf oder Verkauf beeinflusst.

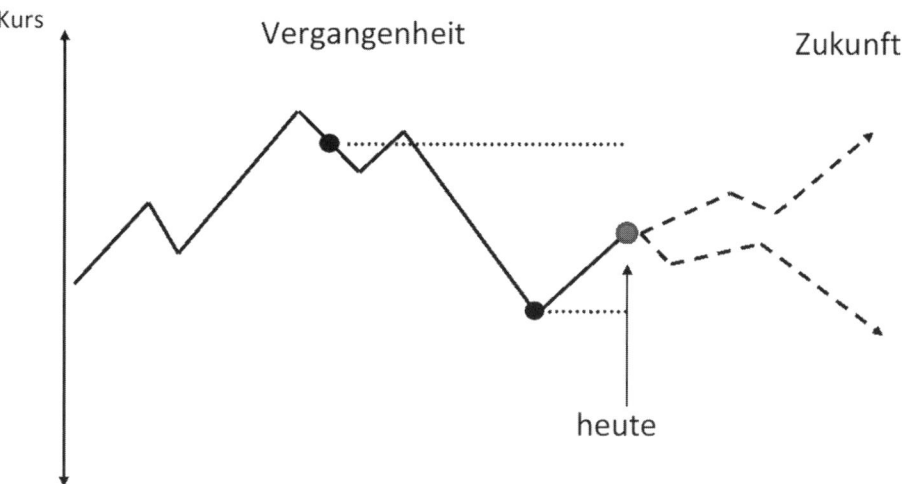

Abbildung: 17: Was beeinflusst die Exit-Entscheidung?

Mehrere empirische Untersuchungen belegen dieses Verhalten. Odean (1988)
beispielsweise untersuchte dazu die Wertentwicklung von 10 000 zufällig
ausgewählten Depots eines amerikanischen Discount Brokers im Zeitraum
1987 bis 1993 und stellte fest, dass realisierte Gewinne verkauft sind und
Verlustpositionen eher gehalten werden. Derselbe Effekt wurde von Oehler et
al. experimentell bestätigt. Er stattete Probanden mit hypothetischen 10 000
DEM aus und beobachtete, dass mehr Gewinner verkauften als Verlierer
(Oehler et al., 2003).

Die unterschiedliche Risikoeinstellung zu Gewinnen und Verlusten beruht auf
der Wertfunktion der Prospect Theory. Je nachdem, ob sich die Position im
Plus oder im Minus befindet, wird derselbe Betrag unterschiedlich subjektiv
vom Händler bewertet. Die Beurteilung hängt somit vom Referenzpunkt ab.

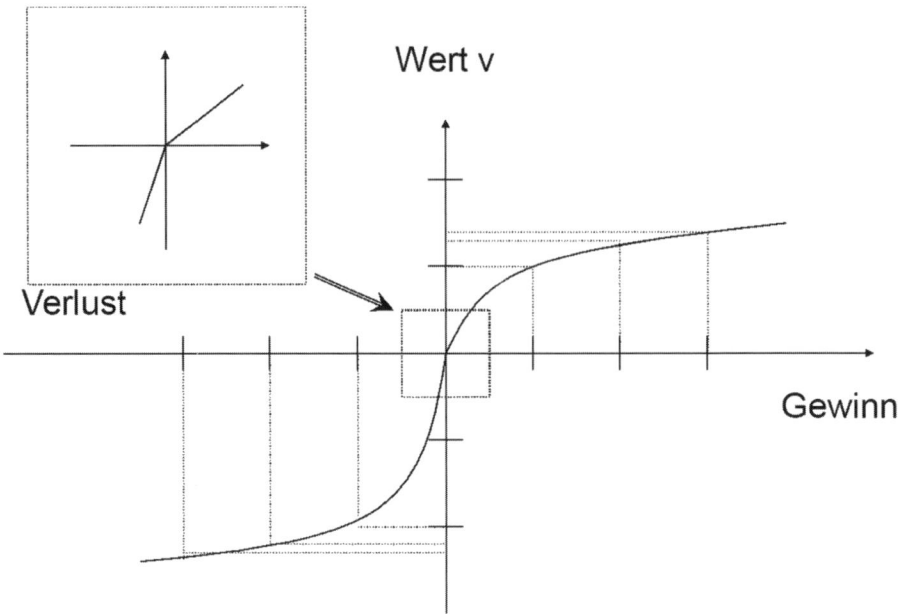

Abbildung 18: Wertfunktion der Prospect Theory

Wie man im kleinen Kästchen oben links klar erkennt, ändert sich die Risikopräferenz, je nachdem, ob die Position im Gewinn oder Verlust ist.

Betrachten wir zuerst den Gewinnfall (Fall 1) (Abbildung 19). Der Händler hat zu 100 Euro gekauft, die Position steigt um 20 Euro. Ein weiterer Anstieg des Gewinns (hellgrauer Balken) führt lediglich zu einer leichten Zunahme des Wertes der Position. Andererseits würde eine Reduzierung des Gewinns (schwarzer Balken) den Wert der Position für den Händler stark verringern. Aufgrund dieser nichtlinearen, risikoaversen Nutzenfunktion realisieren Händler Gewinne zu früh, da die gleiche Differenz (10 Euro) im Falle des Rückgangs stärker gewichtet wird als ein möglicher Anstieg.

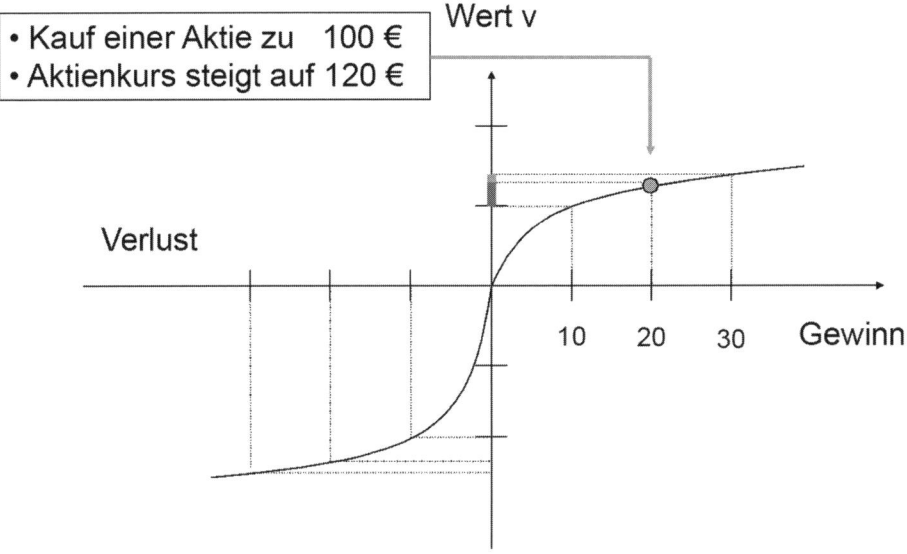

Abbildung 19: Fall 1 – Position ist im Plus

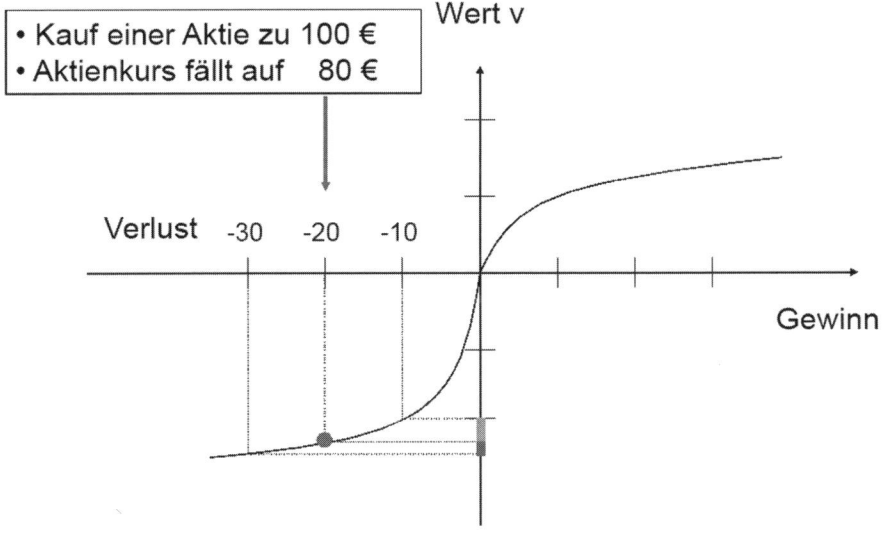

Abbildung 20: Fall 2- Position liegt im Minus

Betrachten wir den Fall der Verlustposition (Abbildung 20): Die Aktie ist um 20 Euro auf 80 Euro gefallen. Steigt der Kurs um 10 Euro (hellgrauer Balken), ist der Wert im Vergleich zu einem weiteren Verlust um 10 Euro (schwarzer

Balken) kleiner. Die Verlustposition wird länger gehalten als nötig, andere Gewinnmöglichkeiten werden verpasst. Rational betrachtet verbessert sich die Entscheidungsqualität, wenn das Modell Verluste schnell und effizient limitiert, jedoch Positionen im Gewinn länger offenlässt.

Fazit: Im Gewinnbereich sind Marktteilnehmer risikoavers, im Verlustbereich risikofreudig.

Sunk-Cost-Effekt

Dieser beschreibt das Phänomen, dass Trader, wenn sie in einer Verlustposition sind, in dieser verharren, um den Verlust nicht realisieren zu müssen. Vergangene Verluste werden als irrelevant angesehen, obwohl diese zu betrachten wären. Dadurch werden Verluste zu spät realisiert und erfolgversprechende Alternativen nicht wahrgenommen.

Herdentrieb

Überdurchschnittlich starke Kursbewegungen führen dazu, dass Marktteilnehmer darin einen Markttrend wahrzunehmen glauben. Die Tendenz wiederum verstärkt den Trend in sich selbst. Diesen Effekt kann man sich im Trendfolge-Modell zunutze machen. Für längerfristig orientierte Investoren bieten in Ungnade gefallene Werte, bei denen der Markt überreagiert hat, günstige Einstiegschancen.

Kognitive Dissonanz

Marktteilnehmer haben eine Tendenz zur Harmonie (nennen wir es einmal Gleichgewicht). Trifft ein Marktteilnehmer eine Investitionsentscheidung, bindet er sich emotional an seine einmal getroffene Entscheidung. Um den Konflikt zu vermeiden, werden Informationen, die nicht im Einklang mit der Entscheidung stehen, ignoriert. Der Trader verzögert dadurch objektiv notwendige Entscheidungen.

Regret Avoidance oder Abneigung gegen Veränderung

Haben sich Individuen einmal festgelegt, weichen sie nur ungern von dieser Entscheidung ab. Sie neigen zur Konsistenz und wollen den Status quo festigen, auch wenn das mit höheren Risiken und weniger Ertrag verbunden ist. Das führt dazu, dass Trader, die vor der Entscheidung stehen, ob sie eine Position eingehen oder nicht, die Kosten einer möglichen Fehlentscheidung, also den Verlust, höher einschätzen als den möglichen Opportunitätsgewinn. Regret Avoidance oder Aversion-to-regret beschreibt letztendlich den Grund dafür, dass Menschen im Zweifelsfall eher untätig bleiben.

3.2.2.4 Sonstige Wahrnehmungsverzerrungen

An dieser Stelle sollen weitere Wahrnehmungsverzerrungen und scheinbar irrationale Verhaltensweisen dargestellt werden.

Home (Country)-Bias oder Überbewertung des Bekannten

Menschen bevorzugen bei ihren finanziellen Entscheidungen Faktoren, die sie kennen. Sie tendieren dazu, bekannte Werte zu stark zu gewichten und unbekannte Werte zu wenig zu gewichten. Dadurch wird zwischen den Investitionsalternativen mit den falschen Entscheidungskriterien gewählt. Amerikanische Marktteilnehmer kaufen zu 96 Prozent US-amerikanische Werte, Japaner kaufen zu 98 Prozent japanische Werte. Investoren aus Großbritannien (genau wie in Deutschland) legen 88 Prozent ihres Investitionsvolumens in der Heimat an. Die Einwohner von New York bevorzugen NYMEX Produkte, die Einwohner Kaliforniens ziehen regionale Pacific Bells vor.

Eine experimentelle Studie von Kilka und Weber (2000) ergab, dass Investoren die Rendite *heimischer* Aktien höher und die Risiken *geringer* einschätzen als die fremder Aktien. Das ist überoptimisitisch und nicht richtig.

Menschen bewerten bekannte Faktoren höher als unbekannte Faktoren. Wie wir weiter oben gesehen haben, ist eine Entscheidung, deren Ausgang ungewiss ist, mit mehr Angst verbunden als eine Entscheidung unter Risiko (Ambiguity Aversion). Bei der Entscheidung verlässt man sich auf das (scheinbar) Vertraute. Im Endeffekt werden interessante Investitionen nicht beachtet und stattdessen bekannte Werte ausgesucht.

Besitztumseffekt

Befindet sich ein Wert im Besitz, wird er höher bewertet, als wenn er es nicht ist.

Gambler's Fallacy

Fällt beim Roulettespiel fünfmal hintereinander die Farbe Schwarz, meinen Menschen, dass dadurch die Wahrscheinlichkeit, dass Rot beim nächsten Spiel fällt, größer ist. Sie unterstellen dabei implizit, dass gilt:

$$\text{Anzahl (schwarz)} - \text{Anzahl (rot)} \simeq 0$$

Richtig ist jedoch

$$\text{Anzahl (schwarz)} / \text{Anzahl (rot)} \simeq 1$$

Die Wahrscheinlichkeit einer Alternative ist unabhängig von der Historie. Auch hier spielt die Tendenz unseres Gehirns uns einen Streich. Es ist bemüht, Muster zu erkennen.

Selbstkontrollprobleme

Dass Individuen nicht genügend Willenskraft besitzen, weiter in der Zukunft liegende Ziele zu erreichen, wird als Selbstkontrollproblem bezeichnet. Das betrifft Trader, die ihre Handelsstrategie nicht durchhalten, weil sie sich von emotionalen Affekten bei ihrem Handeln leiten lassen. Sie reagieren demnach automatisch und unbewusst.

Kann ein Markt sich überhaupt rational verhalten, wenn er aus Marktakteuren besteht, die dies nicht tun? Die Bevioral-Finance-Theorie zeigt zum einen, dass menschliches Verhalten komplex ist und sich nicht auf eine Zentralvariable reduzieren lässt. Zum anderen wird deutlich, dass eine Vielzahl von »Anomalien« dazu führt, dass Menschen nicht so am Markt agieren, wie sie es eigentlich aufgrund ihrer kognitiven Fähigkeit könnten. Was nützt mir als Trader dieses Wissen? Wie kann ich es für mich nutzen, um langfristig am Markt zu bestehen und mehr und mehr Erfolg zu haben? Gibt es eine Möglichkeit, wie ich es schaffe, meinen biologischen emotionalen Affekten zu widerstehen?

4. Aufbau eines mentalen Trainingsplans für den erfolgreichen Day-Trader

Auf den vorangegangenen Seiten haben wir festgestellt, dass es gehirnbiologisch möglich und ökonomisch sinnvoll ist, Ihre mentalen Fähigkeiten zu trainieren. Die Untersuchungen der Neuroökonomie und der Behavioral Finance haben gezeigt, dass es sich bei der Schulung Ihrer Reiz-Reaktions-Verschaltungen nicht um ein nettes Gehirnjogging handelt, mit dem man dem Abbau der geistigen Fähigkeiten begegnet, wenn man älter wird. Für das mittel- und langfristige Überleben muss die Schaltzentrale in Ihrem Kopf speziell für das Handeln und beim Umgang mit Geld geschult werden, da ansonsten eingebaute und unbewusst zuschnappende Psychofallen Ihre Profit-Loss-Bilanz verhageln. Die Behavioral Finance hat viel zur Erklärung verschiedenster Phänomene beigetragen. Sie bietet jedoch wenig Konzepte, wie Trader im harten Praxisalltag erfolgreich agieren sollen. Hier kommt Mentaltraining ins Spiel. Der Punkt, der noch fehlt, um die Wirksamkeit von Mentaltechniken beim Traden zu belegen, wenn es darum geht, dass Händler ihre Ziele erreichen, ist der wissenschaftliche Beweis.

Während Sie weiterlesen, lernen Sie weiter unten hochwirksame Mentaltechniken kennen, die helfen, beim Traden besser zu werden und den Sprung zur Exzellenz zu schaffen. Es geht hier keineswegs nur um Entspannungstechniken. Die sind auch notwendig, um sicherzustellen, dass Trader nicht aus einem emotionalen Impuls heraus Entscheidungen treffen. Vielmehr wird gezeigt, dass der Mensch seine Erfolgsfähigkeit trainieren kann, indem er sich wie von einem Magneten von seinen Zielen anziehen lässt und gleichzeitig immun gegen finanzielle Rückschläge wird. Darüber hinaus wird auch gezeigt, wie Sie aus der Abwärtsspirale wieder herauskommen, wenn Sie sich seit längerer Zeit in einem Draw-down befinden. All das führt dazu, dass Sie Ihr Gedächtnis verbessern, Ihr Handeln professionalisiert wird und Sie dabei so motiviert bleiben, dass Sie auch schwierige Phasen durchstehen. Letztendlich ist es eine professionelle, systematische Methode, um Erfolg zu trainieren und zu Ihrem eigentlichen Ziel zu kommen: finanzielle Freiheit.

Nachweis der Wirksamkeit von Mentaltechniken

Bereits in den 60er-Jahren konnten verschiedene Forscher zeigen, dass Menschen willentlich mithilfe verschiedenster Mentaltechniken ihr vegetatives Nervensystem beeinflussen können. Damit wurde das Dogma der Unbeeinflussbarkeit als autonom geltender Körperfunktionen hinfällig. Moderne Biofeedback-Methoden können als technologischer Durchbruch in der Wissenschaft der menschlichen Psychophysiologie gewertet werden. Beim Biofeedback-Training werden die im Allgemeinen nicht wahrgenommenen Gehirn- und Körpersignale verstärkt, gefiltert und sichtbar gemacht, um diese unterbewussten Informationen ins Bewusstsein zu bringen. Das Biofeedback-Training ist ein Mittel, mit dem man die psychosomatische Selbstkontrolle erlernen kann. Der Clou bei den Biofeedbacktrainingsmethoden ist die Rückmeldung biologischer und physiologischer Funktionen durch ein Biofeedback-Gerät. Dadurch werden unbewusste Vorgänge bewusster Wahrnehmung zugänglich gemacht. Neben der Kontrolle des Herzschlags, des Hautwiderstands, der Verdauung, des Blutdrucks, der Hauttemperatur und der Muskelspannung können sogar Gehirnwellen beeinflusst werden. Zahlreiche Studien belegen, dass durch Mentaltechniken eine Reprogrammierung des Gehirns auf zwei verschiedene Arten möglich ist (vgl. Legewie-Nusselt, 1982):

a) Willentliche Aktivierung bestimmter Regelkreise
b) Passive Verstärkung vegetativer Funktionen

Dadurch können

a) physiologische Abläufe besser wahrgenommen werden,
b) die Situationen besser wahrgenommen werden, die diese Abläufe verändern,
c) physiologische Abläufe selbst kontrolliert werden,
d) erlernte Abläufe der Selbstkontrolle auf Alltagssituationen übertragen werden – ohne Nutzung des Feedback-Geräts.

Gerade im Leistungssport und im Managementtraining werden diese Techniken eingesetzt, um die Leistung zu steigern.

Mentale Trainingstechniken bringen im Gehirn eine Reihe faszinierender Prozesse und Phänomene in Gang, die mit den bereits oben beschriebenen Verfahren des Elektroencephalogramms (EEG), der funktionellen Magnetresonanztomografie (fMRT) und der Positronenemissionstomografie (PET) erfassbar und sichtbar gemacht werden können. Sie machen die Auswirkungen mentaler Trainingstechniken auf das Gehirn beweisbar. Der Einsatz dieser Verfahren zeigt, dass Trancetechniken plastische Veränderungen im menschlichen Gehirn bewirken. Mit diesem Durchbruch in der Erforschung der neuronalen Grundlagen von Trancezustände ist die Wirksamkeit des Mentaltrainings zweifelsfrei bewiesen. Damit belegt die Neurowissenschaft, dass mentale Trainingstechniken das Gehirn in einen veränderten Bewusstseinszustand versetzen (Rainville et al., 2002). Somit wird die Neuroplastizität des Gehirns genutzt, um durch den gezielten Einsatz von Mentaltechniken störende Verhaltensmuster zu beseitigen und bessere Reaktionen einzuüben.

EEG-Untersuchungen weisen ein erhöhtes Aufkommen von Alpha-Wellen mit kurzer Amplitude sowie Delta- und Theta-Aktivitäten bei verschiedenen Mentaltechniken nach (vgl. Williams und Gruzelier, 2001). Jüngere EEG-Untersuchungen eines erfahrenen Zen-Meisters in tiefer Meditation weisen eine hochsignifikante Erhöhung der Alpha- und Theta-Aktivität in allen Ableitungsorten auf, insbesondere im linken parietalen Cortex. Interessant in diesem Zusammenhang ist, dass sich die Funktion des Frontallappens verändert. Zahlreiche Untersuchungen (vgl. Gruzelier, 2000, Kallio et al., 2001, und Dietrich, 2003) berichten über eine eventuelle Inhibition des linken PFC in Trance. Dies ist relevant für das Verständnis des neuronalen Mechanismus der Dissoziation (wie Sie dissoziieren, erfahren Sie weiter unten). Der entscheidende Vorteil mentaler Trainingstechniken liegt darin, dass beim Lernen irrelevante und störende Wahrnehmungen ausgeblendet (dissoziiert) werden. Das können emotionale Komponenten, aber auch abträgliche visuelle und akustische Reize sein (vgl. Erickson, M., 1995, Reventsdorf und Peter, 2001). Dadurch können zielführende Erfahrungen neu und schnell gelernt werden. Die neurologische Bedeutung des PFC bei der Dissoziation wiederum wurde aus dessen Exekutivfunktion hergeleitet (Woody und Parvolden, 1998). Was ist so besonders daran, dass mentales Training nachgewiesenermaßen den PFC beeinflusst und dadurch das Dissoziieren ermöglicht? Es ist der zwingende Beweis, dass Menschen durch MT einfacher in der Lage sind, Bilder zu erzeugen, die sie dabei unterstützen, bessere Verhaltensweisen und Reiz-Reaktions-Schemata zu lernen.

Dazu untersuchten Decety und Jeannerod (2005) die Unterschiede von Personen mit hoher und geringer motorischer Imaginationsfähigkeit mittels

EEG im Wachzustand und in Trance (als Ergebnis einer Mentaltechnik). Interessante Unterschiede wurden beim Vergleich von Probanden mit hoher und geringer Imaginationsfähigkeit in der okzipitalen Alpha- und Theta-Aktivität gefunden. Die Alpha-Aktivität in Trance war bei den Hochsuggestiblen signifikant höher. Dieses letzte Puzzleteil ist relevant für das bessere Verständnis zwischen Mentaltechniken und Imagination. Mentaltechniken führen dazu, dass Menschen sich Erfahrungen und Handlungen als subjektiv reale Tatsachen leicht vorstellen können. Warum interessiert das einen Trader? Wie kann ihm dieses Wissen helfen, sein Trading zu verbessern? Ganz einfach: Imaginäre Prozesse im Gehirn führen zu einer Neubewertung gemachter Erfahrungen. Das wiederholte geistige Durchdenken verschaltet Ihr Gehirn neu. Wenn Sie sich eventuell vorher in einem mentalen Abwärtstrend befunden haben, können Sie diesen Prozess »manuell« umkehren. Zusätzlich wird durch gezieltes Imaginieren positiver Bilder ein Magnet geschaffen, von dem sich der Mensch automatisch angezogen fühlt.

Mentaltraining und das Lernen zielführender Gedanken und Einstellungen

Moderne Verfahren wie fMRT, PET und EEG weisen empirisch nach, dass mentale Trainingstechniken die neuronale Plastizität (beziehungsweise »Neuverdrahtung«) beim Menschen verbessern. Dieser wesentliche Durchbruch in der Erforschung der neuronalen Grundlagen der Trancezustände führt dazu, dass Menschen realisieren, dass sie es selbst in der Hand haben, Herausforderungen und Schwierigkeiten zu lösen. Die Selbstwirksamkeit des Einzelnen erhöht sich. Die Fortschritte der Hirnforschung erlauben, die Effekte des mentalen Trainings besser zu verstehen und letztlich wirksamer zu machen.

Nach einer negativen Rückmeldung neigen Menschen oft dazu, sich selbst gegenüber sehr kritisch zu sein. Wer hat sich nicht schon einmal selbst mit den Worten beschuldigt: »Warum habe ich nicht dies oder jenes gemacht? Ich hätte sehen müssen, dass es besser wäre, so oder so zu handeln.« Oder: »Ich war so dumm, nicht das oder jenes zu tun.« Auch wenn die selbstkritische Haltung durchaus ihre Berechtigung hat, ist es nicht einfach, das Sinnvolle in den eigenen Reaktionen und Bewältigungsstrategien zu erkennen. Oft wird dazu ein anderer Mensch gebraucht, ein Externer, der dabei hilft, einzusehen, warum gerade diese oder jene Haltung doch sehr klug war. »Es war dumm von mir, nicht früher über mein Problem zu reden«, sagt vielleicht jemand, der nach langer Zeit über eine Sache redet, die mit den Monaten und Jahren dazu geführt hat, dass ein Problem größer und größer wurde. Ein Problem, das ihn bedrückt und vielleicht sogar seine Existenz gefährdet. Wie soll der- oder diejenige wissen, dass es besser wäre, darüber mit jemand anderem zu sprechen? Man könnte genauso gut davon ausgehen, dass es klug war, so zu handeln. Vielleicht war es richtig, zu warten und sich in einem besseren Moment einem Erfahrenen zu öffnen. Ein qualifizierter Coach hilft dabei, den Sinn der eigenen Reaktion und die Sichtweise in der Vergangenheit zu erkennen, negative Denkmuster wieder zu verlernen und damit neuronale Nervenbahnen neu zu verschalten. Bildgebende Verfahren wie fMRT und PET, ebenso EEG, beweisen die Wirksamkeit dieser mentalen Trainingsmethoden, um

► störende Angewohnheiten zu beseitigen und dadurch Verhaltensänderungen zu ermöglichen,
► Verlust- und Versagensängste zu reduzieren, indem gedankliche Strukturen neu verknüpft werden,
► nicht zielführende Haltungen und Einstellungen zu korrigieren,
► die Konzentration und Lernfähigkeit zu steigern,
► Stressreaktionen zu minimieren und damit affektive Muster zu verändern (u. a. die Impulskontrolle zu stärken),
► störende Emotionen loszuwerden, also belastende Ereignisse und Empfindungen zu restrukturieren.

Die neuronalen Veränderungen sind grundlegende Bedingungen für jeden Menschen, um in dem, was er tut, besser und besser zu werden. Mentaltraining verbessert den Zugang zu den eigenen Stärken (Ressourcen). Wer erfolgreich werden will, muss bewusst und aktiv sein Gehirn neu vernetzen. Dazu gehört es, störende Affekte zu dissoziieren und nicht zugängliche Gefühle anzuschauen. Gerade Letzteres wird häufig unterschätzt. Aber wer verdrängt, tut sich selbst keinen Gefallen. Wer seine alten Wunden nicht betrachtet, der wird von ihnen bestimmt, deshalb sind nicht dissoziierte Gefühle zu reintegrieren. Des Weiteren ist es notwendig, seine Erfolgs*fähigkeit* zu trainieren, um zukünftig erfolgreicher zu sein. Erst wenn sich die innere und die äußere Realität zum Positiven verändert, greifen klassische Managementmethoden, die in der Kombination dazu führen, dass Händler exzellent werden. Bevor Sie weiterlesen, wird kurz definiert, was Mentaltraining ist.

Definition Mentaltraining

Unter Mentaltraining versteht man Verfahren, die zur Verbesserung geistiger Fähig- und Fertigkeiten verwendet werden. Insbesondere geht es darum, das Vorstellungsvermögen zu nutzen, um vergangene Erfahrungen umzubewerten und zukünftige Handlungen (zum Beispiel bei negativen Rückmeldungen) vorzubereiten. Dabei gilt es, das geistige Vorstellen von Bildern zu erlernen und zu verbessern, um kontrollierter handeln zu können. Bei der mentalen Vorstellung der »Bilder« können visuelle, verbale oder kinästhetische Reize verwendet werden. Bereits 1873 entdeckte William Carpenter die Gesetzmäßigkeit, dass allein die Vorstellung von Bewegungen zu nachweisbaren Reaktionen und Bewegungsimpulsen in der Muskulatur führt. So wird das mentale Training in seiner ursprünglichen Definition auch als ideomotorisches Training bezeichnet. Es ist das Konzentrat aus vielen geistigen Richtungen (wie beispielsweise Yoga, Meditation, Hypnose, NLP, autogenes Training, Farbtherapie).

Exkurs: Das Wechselspiel zwischen reiner Vorstellungskraft und Performance ist in der Sportpsychologie und bei Rehabilitationspatienten häufig untersucht worden. Neben den oben genannten positiven Effekten auf das vegetative Nervensystem verursacht mentales Training nachweisbar physische Verbesserungen: Der Neurophysiologe Guang Yue von der Cleveland Clinic Foundation in Ohio kam zu folgendem interessanten Ergebnis: Versuchspersonen visualisierten fünfmal pro Woche das Muskeltraining ihrer Bizepse. Nur durch die intensive geistige Vorstellung konnte ein Muskelzuwachs von 13,5 Prozent gemessen werden. Geist schafft Materie!

Patienten mit künstlichen Gliedmaßen können diese allein mit Visualisierungen steuern, wie beispielsweise Carsten Mehring vom Bernsteinzentrum für Computational Neuroscience der Universität Freiburg belegen konnte. Mithilfe von auf der Kopfhaut angebrachten Elektroden, welche die Nervensignale zur Steuerung von Bewegungen messen, waren die Personen in der Lage, die künstliche Hand in vier Richtungen zu bewegen. Eine wesentlich genauere Steuerung der Greifbewegung kann durch invasive Methoden erzielt werden, beispielsweise durch hybride Gehirn-Maschine-Schnittstellen, sogenannte HBMI (Hybrid Brain Machine Interface). In diesem Fall verfügt ein Patient über zwei Gehirne, wobei das zweite, ein Computer, die Aufgabe hat, das Gehirn so zu steuern, dass durch Verletzung und Krankheit verlorene Hirnfunktionen ersetzt werden. In einem solchen Verfahren werden verschiedene Aktivitätsmuster im Gehirn »angezapft« und es wird erreicht, dass Menschen beispielsweise einen Roboterarm allein durch ihre Gedanken steuern können. Dieser höchst invasive und sehr teure chirurgische Eingriff soll an dieser Stelle das Potenzial von Imaginierungstechniken verdeutlichen. Denn Ihr Gehirn kann allein durch die Vorstellungskraft sowohl vegetative und muskuläre Funktionen als auch die Immunabwehr beeinflussen.

Warum sind mentale Trainingstechniken die geeigneten Methoden zur Leistungssteigerung?

Beim mentalen Training arbeiten Coachs mit der Kraft des Wortes und nutzen die konzentrierte Vorstellungskraft für zielführende Veränderungen. Durch Umdeutung (»Reframing«) von Worten können ursprünglich negative, nicht zielführende Muster als positive Ressourcen verwendet werden. Gemeint ist damit, dass als »schlecht« bewertete Verhaltensweisen eine positive Konnotation bekommen. So bekommt der Klient einen anderen Bezugsrahmen und damit eine aussichtsreichere Perspektive für sein zukünftiges Handeln und wird in die Lage versetzt, Herausforderungen besser zu bewältigen. Durch die Unterscheidung von Verhalten (»Tat«) und Motivation vergrößert sich der Handlungsspielraum des Klienten. Im Gegensatz zu rein kognitiven Methoden erfolgt die Umdeutung von Worten und Verhaltensweisen durch die Übersetzung in Bilder. Dadurch dass dem Klienten weder die positive Absicht noch der Entstehungskontext seines Verhaltens bewusst ist, wird die Wirkung dieser Umdeutung noch verstärkt. Zusätzlich werden dem Coachee zwei Klassen von Ressourcen mit auf den Weg gegeben: Erstens solche, die vorher als negativ bewertet wurden, und zweitens solche, die zwar bereits positiv bewertet wurden, jedoch aus einem anderen Kontext stammen. Die Wirksamkeit einer mentalen Trainingstechnik beruht darauf, dass der Klient der Verbesserung wenig oder gar keinen Widerstand entgegensetzt. Wir erinnern uns: Das Gehirn will mit aller Macht einen einmal gefundenen Gleichgewichtszustand aufrechterhalten, koste es, was es wolle. Egal, ob finanzieller Ruin, Krankheit oder eine kombination aus Beidem. Wenn man ihm nun Verbesserungen vorschlägt, bedeutet das zunächst einmal eine Veränderung dieses Gleichgewichts. Es bedeutet, zu akzeptieren, dass man (vielleicht jahrelang) Fehler gemacht hat. Und auch das verursacht Schmerzen, die das Gehirn wiederum vermeiden will.

Eine schöne Metapher von der erfolgreichen Zusammenarbeit zwischen Mental-Coach und Trader ist das Bild von zwei Menschen, die sich auf

Augenhöhe gegenüberstehen und Frisbee spielen wollen. Zwischen ihnen steht ein großer, verästelter Baum. Dieser Baum symbolisiert den Änderungswiderstand des Verstandes des Traders. Unter Experten ist unumstritten, dass das Ego die starke Tendenz hat, sich selbst zu bestätigen, und alle anderen Informationen, die dem widersprechen, einfach aussortiert oder verzerrt.

Die beiden Spieler können nur zusammenspielen, wenn das Frisbee mit einer weiten Flugkurve um den Baum herum geworfen wird. Auf die Kommunikation zwischen den beiden bezogen bedeutet das, dass ein Austausch beziehungsweise die gewünschte Änderung nur zustande kommt, wenn der Verstand umgangen wird. Der direkte Weg ist viel schwieriger: Sie können noch so viele kluge Artikel und Fachbücher lesen, dabei ändern Sie wenig oder nichts! Schnellen Änderungs- und Verbesserungserfolg erreichen Sie mit unbewusst und bildhaft ablaufenden Prozessen!

Wichtig in diesem Zusammenhang ist die Ernsthaftigkeit. Bin ich als Trader bereit, mich wirklich zu ändern, oder hat mich irgendjemand – gegen meine Einstellung – überredet? Will ich meine Fähigkeiten nachhaltig verbessern, muss ich an meinem Frisbeespiel jeden Tag feilen! Nur wenn ich im Innersten auch bereit für diesen Lernprozess bin, kann ich mich weiterentwickeln. Kann ich mir vorstellen, genauso intensiv an meiner mentalen Stärke zu arbeiten wie an meinen »fachlichen« Fähigkeiten? Diese Frage müssen sich vor allem Heavy-Trader beantworten, die sich verbessern wollen.

Mentaltraining und Spitzenleistungen

Wer heute noch glaubt, MT in den Bereich der Esoterik abtun zu müssen und als »Man muss halt dran glauben«-Philosophie betitelt, widerspricht einer erdrückenden Anzahl wissenschaftlicher Ergebnisse. Mentales Training wird schon lange von erfolgreichen Spitzensportlern, Geschäftsleuten und anderen Menschen bewusst oder unbewusst eingesetzt. Doch anstatt Kamerad Zufall das Ruder zu überlassen, weiß man heute, dass die Methode systematisch erlernt, eingeübt und angewendet werden kann. Mental-Coaching ermöglicht so anstelle von zufälligen Ergebnissen gesicherte Lernerfolge, die abrufbar und wiederholbar sind. Durch ziegerichtetes Training kognitiver Fähigkeiten bei der Informationsverarbeitung erreicht man, dass die vorhandenen, bereits im Menschen angelegten Fähigkeiten besser genutzt werden, um an seine Leistungsreserven zu kommen.

Trader wie Spitzensportler müssen alle Kräfte auf ein Ziel mobilisieren. Bei beiden ist die psychische Herausforderung enorm und Fortschritte lassen sich leicht messen und vergleichen. Beide haben das Problem, im Training (Demo) oft perfekt, aber im Wettkampf (Live-Trading) miserabel zu sein. Bei beiden liegt in der Regel ein mentales Problem vor.

Das Gleiche gilt auch bei Erfolg: Golflegende Jack Nicklaus sagte einmal, dass 50 Prozent seiner Erfolge das Resultat seiner präzisen Visualisierung seien. Tiger Woods schlägt erst dann seinen Ball, wenn er den perfekten Ballflug zu 100 Prozent *vorher* visualisiert hat. Er trifft weder Bunker noch andere Hindernisse, weil sie in seiner Vorstellung nicht existieren.

Wenn die Methode bei Tiger Woods, Formel-1-Fahrern und erfolgreichen Geschäftsleuten funktioniert, warum sollte man sie nicht auf Ihr Trading übertragen?

Unabhängig von der jeweiligen Disziplin, in der Menschen arbeiten, gilt die Erkenntnis, dass die beste Vorbereitung nichts nützt, wenn im Ernstfall die Nerven versagen. Fragen Talentforscher und Psychologen nach einer Erklärung für die überragende Leistung, wird neben der Trainingsvorbereitung immer wieder auf die mentale Stärke verwiesen. Sie schaffen es, in psychisch belastenden Wettbewerbsbedingungen Reserven freizusetzen. Wer sich von Rückschlägen nicht abhalten lässt, noch härter zu trainieren und an sich zu arbeiten, entwickelt Enthusiasmus. Man entdeckt die »Liebe« zu seiner Tätigkeit und gewinnt an Selbstüberzeugung. Wie Mentaltraining Trader dabei unterstützt, soll im Folgenden verdeutlicht werden.

4.1 10-Schritte-Programm

Im Folgenden werden wir uns mit den Übungen für die 10 Schritte des Erfolgsprogramms beschäftigen. Es wird um Ihre Konzentrations- und Imaginationsfähigkeit, Ihre Zielbestimmung, die Diagnose Ihrer mentalen Stärke, die Erhöhung Ihrer Stressresistenz, das Wahrnehmen und Bekämpfen von negativen Einflüssen, die Bearbeitung unbewusster Folgen vergangener Draw-down-Phasen, das Handeln jenseits des Egos, das Überwinden der

Selbstsabotage, das Modellieren des Ideals und den Aufbau eines Vertrauens-kreislaufs gehen. Bevor wir gleich zu diesen Punkten kommen, möchte ich noch einiges Grundsätzliches thematisieren.

Grundvoraussetzungen für den Trading-Erfolg sind Leistung und gute Vor-bereitung. Wenn Sie realistische Erwartungen haben, schon länger im Markt sind und bereits Erfahrung gesammelt haben, wissen Sie, dass es einen sehr erfolgversprechenden Faktor gibt, um ein erfolgreicher Trader zu sein und finanziell unabhängig zu werden: Ihr Gehirn mit mentalem Training so zu verschalten, dass es richtig auf externe, nicht beeinflussbare Umwelteinflüsse, also den Markt, reagiert. *Beim Live-Trading kommen auf einmal Herausfor-derungen, mit denen Sie nicht gerechnet haben.* Was ist eine unverzichtbare Herausforderung? Der Glaube. Ich meine nicht den Glauben im religiösen Sinn. Gemeint ist die sichere und unumstößliche Überzeugung, dass das, was Sie sich als Trader und als Mensch wünschen, Wirklichkeit wird – mehr noch, dass es auf der mentalen Ebene bereits Wirklichkeit geworden *ist*. Viele Händ-ler tendieren zu Zweifeln und Befürchtungen hinsichtlich ihrer Ziele. Statt Ängste und Zweifel zu unterdrücken und zu versuchen, sich von negativen, zerstörerischen Gefühlen und Gedanken zu befreien, ist es viel sinnvoller, sich mehr und mehr auf das grundlegende Gesetz zu konzentrieren:

Wir sind das, was wir denken

Alles, was wir sind, entsteht in unseren Gedanken. Wir erschaffen uns un-sere Realität durch ständig wiederkehrende Gedanken und (scheinbar) tief sitzende Überzeugungen über uns und die Außenwelt. Dieses Prinzip wenden Sie schon die ganze Zeit an, allerdings unbewusst. Jetzt, da Sie sich dessen bewusst sind, können Sie diese Erkenntnis zu Ihrem Nutzen einsetzen. Dass die überwiegende Anzahl von Tradern in den ersten 12 Monaten beim Live-Traden ihre Depotgröße abschmilzt, hängt nicht von einem schlecht pro-grammierten Handelssystem mit negativem Erwartungswert ab. Es beruht auf einer tiefer liegenden Thematik: den schlecht programmierten Reiz-Reak-tions-Schemen in Ihrem Gehirn, welche Sie sich als Trader über die Zeit an-geeignet haben. Zweifeln Sie an sich und Ihren Fähigkeiten, passiert es, dass all das, was in der Simulation gut geklappt hat, beim Live-Traden auf einmal nicht mehr funktioniert. Während bei der Demo die Rendite positiv war und Misstrades als Lernerfahrung und Teil des Systems angenommen wurden, geht die Rechnung beim Live-Traden auf einmal nicht mehr auf. Beim Paper-Traden waren Sie konzentriert und gelassen, haben Ein- und Ausstiegssignale ohne Zögern umgesetzt. Sie haben mit einem professionellen Risiko- und Money Management getradet. Sie haben auch übergeordnete Faktoren mitberücksichtigt. Doch wenn Ihre tief sitzenden Überzeugungen zum Beispiel aus »Ich kann nicht«, »Ich habe es nicht verdient« oder »Ich bin es nicht wert« bestehen, wird es Sie aus dem Markt hebeln, sobald Sie live handeln. Begreift Ihr Gehirn, dass es auf einmal »ums Eingemachte geht«, kommen Herausforderungen, die Sie vorher nicht eingeplant hatten: Sie lassen Gewinne nicht laufen und haben stahlharte Nerven, wenn die Position sich gegen Sie dreht und Sie sich längst schon jenseits eines vernünftigen Stop-Managements befinden. Sie finden eine Vielzahl von Argumenten, trotz eindeutiger Signale, keine Position zu öffnen, und Ihnen entgeht der Trade, der Sie wieder rausreißen könnte. Sie werden sich noch an weitere Situationen erinnern, die Ihre Handelsperformance negativ beeinflussen. Das sind die Psychofallen, die in der Behavioral Finance mittlerweile als gesicherte Erkenntnis gut beschrieben werden. Solange Day-Trader, Hedgefonds-Manager oder andere Investoren noch keine Position eröffnet haben, gelten die Gesetze der Vernunft. Doch sobald die Kanonen donnern, werden Schlachtpläne Makulatur!

Aus meiner Erfahrung als Mental-Coach bei der Arbeit mit Tradern weiß ich, dass es nicht genügt, eine Menge intellektuellen Wissens mit sich herumzuschleppen. Erst wenn man beginnt, regelmäßig und praktisch an sich zu arbeiten, stellen sich Erfolge ein. Sie müssen schon selbst Rad fahren, wenn Sie an der Tour de France teilnehmen wollen. Theoretische Kenntnisse über die Gesetzmäßigkeit des Radsports alleine helfen Ihnen gar nichts. Wenn Sie Chirurg werden wollen, hilft Ihnen reines Bücherwissen über die Anatomie des Menschen auch nicht weiter. Und Sie werden erst dann mentale Stärke am Markt entwickeln, wenn Sie sich mit den vorgestellten Methoden tatsächlich auf Ebenen begeben, zu denen Sie im hektischen Trader-Alltag keinen Zugang haben. Grundvoraussetzung dafür, dass Sie einen Nutzen aus mentalen Trainingstechniken ziehen, ist, dass Sie mit diesem Buch *intensiv arbeiten*. Damit meine ich nicht, einmal durchlesen, sich im Höchstfall sogar Notizen machen und dann zum nächsten Buch übergehen. Es ist ratsam, Ihre *Vorstellungskraft regelmäßig* zu üben und sich jeden Tag eine Technik vorzunehmen. Vorstellungskraft und Konzentrationsfähigkeit sind die notwendigen Voraussetzungen für eine erfolgreiche Umsetzung mentaler Trainingstechniken. In den folgenden Kapiteln lernen Sie Instrumente kennen, mit denen Sie Ihre psychologischen Hemmschuhe abstreifen können und sich selbst auf Gewinnerkurs einordnen. Sie werden feststellen, dass diese Arbeit an sich selbst sehr lustvoll und spielerisch sein kann – und dass es die lohnendste, weil zielführendste Arbeit ist, die es überhaupt gibt. Dr. Oliver Schnorr, Molekularbiologe der Universitätsklinik Düsseldorf, sagt zum Thema Mentaltraining:

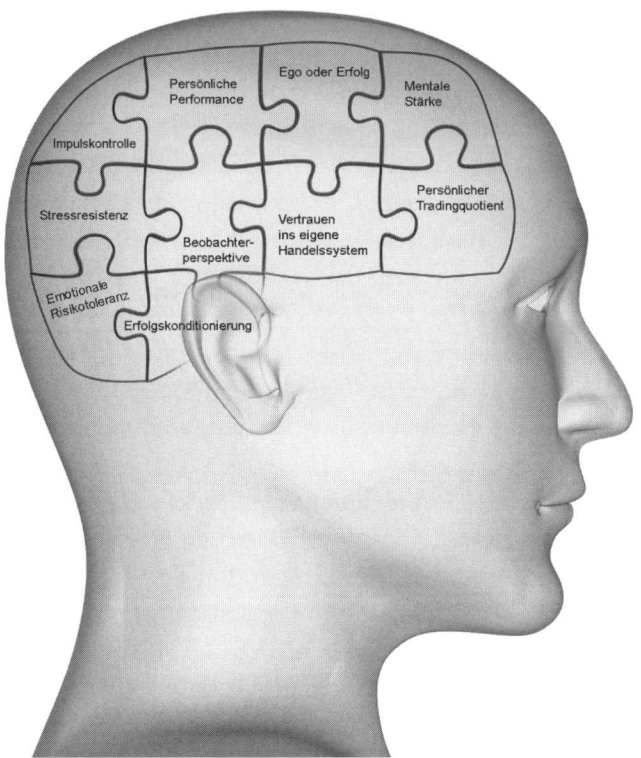

Abbildung 21: Puzzleteile des Erfolgs

»Mentale Fitness ist der Bereich, der oftmals über Sieg oder Niederlage entscheidet – im Hochleistungssport, im Business, einfach bei allen wettbewerbsintensiven Themen, bei denen es um Härte und Präzision geht. Das ist 100 Prozent sicher.«

»Es lohnt sich, sich mit diesem Thema intensiv zu beschäftigen. Es ist ein absolut interessanter Bereich.«

Sie sind herzlich eingeladen, sich auf den folgenden Seiten Tipps und Tricks von mir mitzunehmen und sich eine Zeit lang anleiten zu lassen. Sie werden überrascht sein, dass tief verwurzelte Überzeugungen, die Sie bisher an Ihrem Durchbruch gehindert haben, zum Positiven verändert werden. Im Laufe der Zeit werden Sie Veränderungen bemerken, die zunächst ganz klein sein können. Möglicherweise sind sie aber auch schon größer. Wie groß die Verbesserungen auch sein mögen, achten Sie auf sie.

Ich schlage folgende Vorgehensweise vor: Lesen Sie dieses Buch, insbesondere das 10-Schritte-Programm, einmal komplett durch. Dann legen Sie Ihre persönlichen mentalen Ziele fest und beginnen mit den Übungen. Die vorherigen Kapitel über das Thema Hirnforschung haben die Wirksamkeit dieser Technik demonstriert. Ich wünsche Ihnen von ganzem Herzen den Erfolg, den Sie sich wünschen und den Sie sich erträumen werden.

4.1.1 Schritt 1: Konzentrations- und Imaginationsfähigkeit

Die Schnelligkeit und die Qualität der Verbesserung wird von zwei grundlegenden Faktoren beeinflusst: erstens von der Fähigkeit, sich längere Zeit auf ein Thema zu konzentrieren, und zweitens von der Fähigkeit, sich ein Bild präzise, detailliert und farbenfroh im Geist vorzustellen. Beide Fähigkeiten sind per se keine eigene Technik, sondern die Voraussetzung für erfolgreiches Mentaltraining. Wenn Sie ausreichend Konzentrations- und Visualisierungsfähigkeit haben, können Sie sich freuen. Wenn es bei beiden noch eine Menge Optimierungspotenzial gibt, freuen Sie sich auch. Genau wie einen erschlafften Muskel kann man beides trainieren, Konzentrations- und Visualisierungsfähigkeit. Nur wer trainiert, wird besser. Wenn wir uns konzentrieren, bündeln wir unsere Gedanken, wodurch sich deren Kraft verstärkt. Denken Sie an das Beispiel verschiedener Lichtstrahler. Je gebündelter das Licht, desto größer die Helligkeit auf einer bestimmten Fläche. Und denken Sie auch an die Kraft des Lichts. Eine Glühlampe kann einen Raum erhellen, ein Laser dagegen kann Metall schneiden. Es kommt nicht darauf an, wie lange Sie am Schreibtisch sitzen, sondern was Sie in dieser Zeit tun. Bei der bewussten, gerichteten Aufmerksamkeit auf unsere Gedanken und Wahrnehmungen unterscheidet man zwischen *statischer* und *dynamischer* Konzentration. Bei Ersterer wird ein Objekt starr fixiert, während bei Letzterer das Objekt intensiv betrachtet und bewertet wird. Der Fokus bei der statischen Konzentration liegt darin, die Einzelheiten des Bildes festzuhalten, während bei der dynamischen Konzentration das Objekt mit der eigenen Vorstellungskraft angereichert wird. Wie können wir jetzt einen Gedankenlaser entwickeln?

Übung 1

Entspannen Sie sich und konzentrieren Sie sich auf Ihren Bauch, wie er sich bei jedem Ein- und Ausatmen bewegt. Wählen Sie einen markanten Punkt an der Wand oder schauen Sie aus dem Fenster auf einen Punkt am Horizont. Sie können sich auch einen Punkt auf ein Blatt Papier malen und diesen betrachten. Schauen Sie lange auf den Punkt, ohne mit den Augen abzuschweifen. Aufkommende Gedanken schieben Sie weg. Konzentrieren Sie sich nur auf den Punkt. Kommt Ihnen kein einziger Gedanke, ist das erste Teilziel erreicht. Verlängern Sie die Zeit, bis Sie sich mindestens 45 Minuten auf einen Punkt konzentrieren können.

Übung 2

Schreiben Sie ein einfaches, klares Ziel, das Sie erreichen wollen, beispielsweise »Ich pflege vollständig und präzise mein Trading-Journal« auf mehrere selbsthaftende farbige Zettel und verteilen Sie diese überall dort, wo Ihr Blick hinfällt. Immer dann, wenn Ihr Blick auf den farbigen Zettel trifft, sprechen Sie das, was auf dem Zettel steht. Durch diese kleine Übung wird Ihre Konzentration auf das Ziel intensiver und nachhaltiger.

Energie folgt der Aufmerksamkeit. Wohin Sie bewusst oder unbewusst Ihre Aufmerksamkeit lenken, fließt die Energie. Stellen Sie sich vor, Sie haben in Ihrer rechten Hand eine halbe Zitrone. Schließen Sie die Augen und stellen Sie sich die Zitrone vor Ihrem geistigen Auge vor. Sie sehen die gelbe Farbe der Schale. Sie sehen die Struktur des Innenlebens der Zitrone. Führen Sie jetzt die rechte Hand zu Ihrem Mund und beißen Sie in die Zitrone. Zieht sich Ihr Mund zusammen? Merken Sie, dass Sie das Gefühl »sauer« erlebt haben? Wie kann das sein, wo Sie doch gar keine Zitrone in der rechten Hand haben? Trotzdem haben Sie dieselben Empfindungen erlebt, als wenn Sie wirklich in eine Zitrone gebissen hätten. Allein bei dem Gedanken schüttelt es mich.

Denken Sie jetzt einmal an ein sehr schönes Erlebnis, etwa einen Flirt oder an Ihren ersten richtig guten Trading-Tag. Wahrscheinlich werden Sie jetzt ein Hochgefühl erleben und es geht Ihnen gerade richtig gut. Je besser Ihre Imaginationsfähigkeit ist, desto besser können Sie Ihre Ziele vorwegnehmen und desto einfacher ist es, Ihre internen Repräsentationen der Wirklichkeit zu Ihrem Vorteil zu verändern. Verändern Sie die Qualität irgendeines Aspekts Ihrer Sinneseindrücke, beeinflusst dies die Wahrnehmung Ihrer Welt. Habe ich die Fähigkeit, ein Objekt in meiner Vorstellung größer oder kleiner werden zu lassen, kann ich auch dessen Wichtigkeit beeinflussen. Je bunter und farbiger ein Bild ist, desto interessanter ist es. Bewegte Bilder sind attraktiver als unbewegte et cetera. Will ich nun, dass mich ein unangenehmes, nicht zielförderndes Bild nicht mehr beeindruckt, schiebe ich es in der Vorstellung nach hinten, mache es schwarzweiß und unbewegt. Nachfolgend biete ich Ihnen zwei Visualisierungsübungen an:

Visualisierungsübung 1:

1. Setzen Sie sich mit geschlossenen Augen bequem hin und entspannen Sie sich, wie Sie es im Laufe dieses Buches bereits häufig gemacht haben. Atmen Sie tief ein und aus, kommen Sie zur Ruhe. Wählen Sie ein Bild, beispielsweise das eines lustigen Bullen (Sie können natürlich jedes beliebige Bild nehmen). Einerlei, ob Sie das Bild auf dem Bildschirm haben oder sich die Figur vorher angeschaut haben, konzentrieren Sie sich bei geschlossenen Augen auf den Bullen. Halten Sie das Bild so lange wie möglich fest, mindestens jedoch eine Minute.
2. Dann öffnen Sie die Augen wieder und studieren jedes Detail Ihres Bullen: jede Falte, jede kleine Beschaffenheit, jedes Detail, jeden Farbverlauf, vielleicht sogar seinen Geruch. Drehen Sie es, betrachten Sie es von allen Seiten. Drehen Sie es in der Horizontalen und in der Vertikalen. Nachdem Sie es gründlich studiert haben, schließen Sie die Augen und betrachten den Stier mit dem inneren Auge. Betrachten Sie ihn nur in Ihrer Fantasie, durch die Kraft Ihrer Visualisierung. Drehen Sie den Stier wieder in der horizontalen und in der vertikalen Achse. Wenn Sie das Bild fünf Minuten halten können und es dabei von allen Drehrichtungen visualisieren können, gehen Sie zur nächsten Stufe über.
3. Und jetzt wird es spannend. Visualisieren Sie einen Gegenstand, den Sie vorher noch nie gesehen haben: zum Beispiel das Fortbewegungsmittel

des 22. Jahrhunderts, das Gerät, das Sie sich in 25 Jahren von Ihrem satten Profit, den Sie durchs Traden erwirtschaftet haben, kaufen werden. Vielleicht ist es ein Jetpack oder ein Rucksack mit neuartigem Antrieb, Ihrer Fantasie sind keine Grenzen gesetzt. Schauen Sie sich auch den Partner an, mit dem Sie in 25 Jahren unterwegs sind. Vielleicht gibt es bis dahin vollkommen neue Frisur-Kreationen in ganz neuen Farben. Schließen Sie jetzt die Augen und schauen Sie sich das Fahrzeug und den Partner vor Ihrem geistigen Auge an. Lassen Sie diese Bilder so realistisch wie möglich werden. Gehen Sie in Gedanken um das Gerät herum, betrachten es von allen Seiten und lassen Sie es dann verschwinden. Wenn Sie das selbst erschaffene Bild etwa fünf Minuten halten können, haben Sie Ihre Visualisierungsfähigkeit gut trainiert.

Um präziser arbeiten zu können, ist es sinnvoll, die Visualisierungsfähigkeit Ihrer beiden Augen aneinander anzugleichen.

Visualisierungsübung 2:

1. Finden Sie dazu zunächst heraus, welches Ihr dominantes Auge ist. Halten Sie Zeigefinger und Daumen beider Hände so aneinander, dass ein kleines Guckloch entsteht. Betrachten Sie zunächst ein beliebiges Objekt mit ausgestreckten Armen. Dann bewegen Sie das Guckloch langsam auf sich zu und konzentrieren sich weiterhin auf das Objekt. Wenn Ihre Hände Ihr Gesicht berühren, schauen Sie durch Ihr dominantes Auge. Oft ist das dominante Auge das, welches viele Menschen für ihr »schwächeres« Auge hielten.
2. Wählen Sie nun ein detailreiches (physisches) Bild und prägen Sie sich so viele Details wie möglich ein. Dann schließen Sie die Augen ein paar Mal, bis Sie ein gutes inneres Bild davon abgespeichert haben.
3. Schließen Sie die Augen und schauen Sie sich das innere Bild an. Welches Auge benutzen Sie? Ihr dominantes Auge oder das andere?
4. Betrachten Sie das Bild nun mit dem anderen Auge. Was verändert sich? Wie ist die Bildqualität?
5. Halten Sie nun das Bild, das am klarsten ist, und gleichen Sie das andere an, bis es genauso klar ist. Ändern Sie jedes Detail des unschärferen Bildes so ab, dass es sich dem klareren anpasst. Ist das andere größer oder an einer anderen Position, verändern Sie es entsprechend. Sind die beiden

Bilder identisch, bringen Sie das klarere Bild so in Position, dass das klare Bild oben ist (so wie Sie zwei Dias desselben Bildes übereinanderlegen).

6. Wenn Ihr inneres Bild jetzt schön scharf geworden ist, öffnen Sie die Augen und sehen das physische Bild genau an. Passt das physische Bild mit dem inneren Bild zusammen oder gibt es Unterschiede? Wenn ja, ändern Sie die inneren Bilder so ab, dass sie mit dem physischen Bild übereinstimmen. Es geht hierbei darum, die beste Konstellation zu finden.

Nun sind Sie bereit für das eigentliche Training.

4.1.2 Schritt 2: Zielbestimmung

Unabhängig davon, wie viel Glück und Erfolg Sie in Ihrem Handel bis jetzt gehabt haben, gleichgültig, wie leicht es Ihnen bisher fiel, Ihre Ziele zu erreichen, die entscheidende Wende zum Erfolg kommt mit der Einsicht, dass Sie es mit der Art Ihrer Zielbestimmung in der Hand haben, Einfluss auf Ihr Leben zu nehmen.

Warum ist es so schwer, beim Live-Traden erfolgreich zu sein? Warum brauchen Trader glasklare Ziele, um am Markt bestehen zu können? Wie schaffe ich es, die Motivation beizubehalten und zu verstärken? Nur wenn Sie im Detail wissen, was Sie beim Traden wollen und wie Sie dahin kommen, werden Sie Ihr Ziel erreichen. Während Sie diesen Abschnitt aufmerksam lesen, wird Ihnen klar, dass Sie in den heutigen Märkten ein Höchstmaß an persönlicher Flexibilität und Belastbarkeit brauchen. Unser Kopf dagegen lässt sich von Natur aus gerne ablenken – und reagiert noch dazu meistens emotional auf den Markt.

Weiter oben wurden die psychologischen Erfolgsfaktoren angesprochen, um das Gehirn so zu schulen, dass der Trader auch beim Live-Traden in die Lage versetzt wird, seine emotionalen Regungen zu beherrschen. Es wurde deutlich, dass dies keine geringe Aufgabe ist. Es wurde klar, dass es praktisch unmöglich ist, ohne diese Fähigkeit als Trader erfolgreich zu sein. Mehr noch: Sie sollten ebenso hart an Ihrer psychischen Gesundheit, Ihrer mentalen Fitness arbeiten, wie Sie es bei der Vorbereitung und Analyse Ihres Handelssystems schon taten.

Erstes Ziel: Lerne dein Ziel kennen

In diesem Abschnitt geht es darum, dem Trader Stück für Stück ein System näherzubringen, wie er sich selbst so konditionieren kann, dass er langfristig erfolgreich am Markt agieren kann. Dabei geht es hier im ersten Teil des 10-Schritte-Programms darum, den Blick näher auf einen *effizienten Zielsetzungsprozess* zu richten. Auch wenn es selbstverständlich ist und Sie es schon oft gehört haben: Je besser Sie Ihre Ziele kennen und je mehr Sie sich Ihrer Ziele bewusst sind, desto leichter werden Sie sie erreichen. Versprochen!

Abbildung 22: Ohne ein klares Ziel vor Augen werden Sie nirgendwo ankommen!

Setzen Sie sich bewusst und schriftlich Wissens-, Persönlichkeits- und finanzielle Ziele

Wie Sie die nötige mentale Stärke beim Handeln erreichen, erfahren Sie hier in diesem Abschnitt. Sie werden feststellen, dass Ihr Unterbewusstsein Sie unterstützt, Ihre gewünschten Ziele zu erreichen. Ihr Gehirn ist eine Lernmaschine. Es ist dafür gebaut, sich in dieser Umwelt zurechtzufinden und effizient zu arbeiten. Und für den Fall, dass es schlecht »programmiert« ist, kann es großen Schaden anrichten und Sie zu unerwünschten Zielen führen. Letzteres zu verhindern, hilft dieses Kapitel.

Probleme bei der Zielsetzung

Warum haben viele Trader Angst, sich Ziele zu setzen? In vielen Gesprächen wird deutlich, dass die Mehrzahl befürchtet, sich zu sehr festzulegen. Wenn Sie sich festlegen, sagen Sie ganz konkret Nein zu anderen Zielen. Wer sich beispielsweise aufs Gap Trading spezialisiert hat, verzichtet möglicherweise auf eine Stunde morgendlichen erholsamen Schlaf gegenüber demjenigen, der sich auf die amerikanischen Märkte fokussiert. Doch schaut er sich seine Handelsbilanz an, wird er zufrieden zurückschauen und feststellen, dass es sich finanziell gelohnt hat.

Darüber hinaus kommt zwischen den Zeilen ein anderer Aspekt zum Vorschein: die Furcht, zu versagen. Habe ich mir konkrete Ziele gesetzt, werde ich messbar. Ich muss vor mir selbst und vor anderen Rechenschaft ablegen, wenn ich sie verfehlen sollte. Ich muss mich vielleicht am Ende eines Handelstages fragen: Habe ich mein Bestes gegeben, um meinem Ziel näher zu kommen – oder habe ich mich von Neid, Gier und Wut ablenken lassen und vielleicht wieder nur halbgare Signale gehandelt? Erst wenn Sie bereit sind, eine spielerische Haltung zu Gewinn und Verlust einzunehmen, können Sie sich Ziele stecken, ohne an deren Erfüllung oder Nichterfüllung zu zerbrechen.

Es gibt viele Händler, die sich lange mit ihren gemachten Fehlern beschäftigen. Falls Sie das auch tun, kann es Ihnen passieren, dass Sie das Hier und Jetzt beim Handeln vernachlässigen. Wenn Sie mit dem Auto von A nach B fahren, dann sind Sie nicht so dumm, ausschließlich in den Rückspiegel zu schauen. Sie nutzen Ihren Rückspiegel nur, um eine Gefahr von hinten rechtzeitig zu erkennen. Ansonsten ist Ihr Blick ist nach vorne gerichtet, dorthin, wo Sie hinfahren wollen – zu Ihrem Ziel. Im Wechselspiel zwischen Rück- und Vorausblick steuern Sie Ihr Auto optimal.

Indem Sie sich klare Ziele setzen, bündeln Sie Ihre Energien und geben sich selbst den positiven Drive. Vielen passiert es oft in ihrem Leben, dass sie einem Ziel nachjagen, an dem sie nicht wirklich ankommen wollen. Dabei verschwenden sie eine Unmenge an Energie und Kraft. Ich schlage meinen Klienten eine zweistufige Vorgehensweise vor. Zuerst finden Sie heraus:

1. Was will ich wirklich? (Das Ziel muss in Ihnen brennen!)
2. Welche Wege haben bisher geholfen, meine Ziele zu erreichen?

Dazu lade ich Sie zu folgender Übung ein:

Übung: Die Gegenwart aus der Sicht der Zukunft

Um eine Vorstellung zu bekommen, was Sie wirklich beim Traden erreichen wollen, können Sie sich einmal ein paar Jahre oder Jahrzehnte in die Zukunft versetzen. Nehmen Sie sich dazu ein bisschen Zeit und gehen Sie an einen Ort, an dem Sie ungestört sind. Suchen Sie sich einen Platz, der für Sie längere Zeit bequem ist. Nehmen Sie drei tiefe Atemzüge und atmen so langsam wie möglich aus. Stellen Sie sich nun eine gut funktionierende »Zeitmaschine« vor, mit der Sie die Jahre beliebig vor- und zurückspulen können. Indem Sie die Zeit ein Stück vordrehen, können Sie auf das jetzige Leben und das bis dahin Erreichte zurückschauen und es genießen. In Ihrer Vorstellung sind Sie jetzt ein graumelierter älterer Herr oder eine graumelierte ältere Dame. Stellen Sie sich vor, Sie sind mit allen Wassern gewaschen, haben in Ihrem Leben bereits viele Talsohlen durchschritten und haben es trotzdem geschafft. Sie haben auf dem Weg dorthin alle Ihre Ziele erreicht, die Sie sich als Händler damals gesetzt hatten. Sie sitzen nun an einem Kaminfeuer, stehen vielleicht auf einer Börsenmesse auf dem Podium oder führen mittlerweile einen eigenen Hedgefonds. Um Sie herum sitzen junge Händler, die unbedingt wissen wollen, wie Sie es in den schwierigen Zeiten damals geschafft haben, so erfolgreich zu sein. Erinnern Sie sich noch einmal, was Ihnen geholfen hat, ein guter Trader zu werden. Und dann erzählen Sie wahre Geschichten aus Ihrem Händlerleben. Die jungen Menschen hören Ihnen gebannt zu und wollen alle Details wissen. Sie erzählen ihnen minutiös, wie Sie es geschafft haben, im vielleicht schönsten, aber härtesten und erbarmungslosesten Geschäft der Welt, dem Trading, in den ersten Jahren zu überleben. Sie leben noch einmal alle Gefühle durch, die Sie gehabt haben, als Sie Ihr Handelssystem und Ihre

Persönlichkeit immer wieder den Marktgegebenheiten angepasst und weiter-entwickelt haben. Wie geht es Ihnen dabei, wenn Sie als Mensch mit jahr-zehntelanger Erfahrung über die erfüllteste Zeit Ihres Lebens sprechen? An welcher Stelle in Ihrem Körper spüren Sie Zufriedenheit? Wo spüren Sie die Gewissheit?

Sie können sich auch vorstellen, wie Sie sich fühlen würden, wenn Sie statt-dessen über eine Zeit erzählen müssten, in der Sie Möglichkeiten verpasst haben, die Ihnen das Handeln geboten hat. Wo würden Sie jetzt stehen, wenn die Bedenken anderer Sie beeinflusst hätten, nur weil Sie zu ängstlich oder zögerlich waren? Sie wären nicht da, wo Sie jetzt sind! Sie sind stolz, die Komfortzone verlassen zu haben.

Wie zufrieden sind Sie mit sich, wenn Sie heute als erfolgreicher Trader wis-sen, dass Sie gegen alle Einwände richtig gehandelt haben? Wie fühlt es sich an, in tiefer Überzeugung von sich selbst, spektakuläre Erfolge erzielt zu haben? Tut es Ihnen gut, auch ein bisschen stolz auf sich und Ihre eigenen Werte zu sein? Genießen Sie es!

Danach setzen Sie sich in Ihre Zeitmaschine und kommen Sie langsam zu-rück ins Hier und Jetzt!

Führen Sie diese Übung so oft wie möglich aus. Je öfter Sie sie durchführen, desto einfacher und wirksamer wird sich das Ergebnis einstellen, das Sie haben wollen.

→ Wie würden Sie leben, wenn Sie all das nötige Wissen und Geld zur Erfüllung Ihrer Wünsche hätten und wüssten, dass nichts schiefgehen kann?

I) Machen Sie sich dazu eine Liste und schreiben Sie auf: Wenn ich das nötige Wissen hätte, um mir alle meine Wünsche zu erfüllen, würde ich erleben, dass

a) _____

b) _____

c) _____

➔ Erstellen Sie dazu bitte eine Liste Ihrer Wünsche, die Sie als Trader haben.

II) Schreiben Sie zunächst sehr schnell und ohne nachzudenken ganz spontan auf, welche Wünsche und Trading-Ziele Ihnen einfallen. Ich wünsche mir:

a) _____

b) _____

c) _____

Bisher habe ich beschrieben, wie Sie herausfinden, *was Sie wirklich wollen*. Im folgenden Teil der Zielbestimmung geht es darum, Ihre Wünsche als Trader *richtig zu formulieren*.

SMARTe Formulierungen sind entscheidend!

Nachdem Sie jetzt wissen, was Sie wirklich wollen, geht es nun darum, Ihre Ziele *richtig zu formulieren*, damit sie erreichbar sind. Sie werden wissen, dass Sie beides, Ihre Handels- und Persönlichkeitsziele, SMART formulieren sollten. Der Ansatz kommt aus dem Englischen und die Buchstaben stehen für: Spezifisch, Messbar, Ausführbar, Realistisch und Terminiert!

Spezifisch: Ein spezifisches Ziel hat eine viel größere Chance, erreicht zu werden, als ein allgemeines Ziel. Um sich beim Handeln ein spezifisches Ziel zu setzen, müssen Sie die sechs W-Fragen beantworten:

▶ Wer: Wer wird eingeschlossen?
▶ Was: Was will ich schaffen?
▶ Wo: Wo wird es gemacht? Identifizieren Sie genau Ihren Markt.
▶ Wann: Etablieren Sie einen Zeitraum, in dem Sie Ihr (Teil-)Ziel erreichen.
▶ Warum: spezifische Gründe, Zweck oder Nutzen, das Ziel zu erreichen.
▶ Wie: die Methoden, welche benutzt werden können, um das Ziel zu erreichen.

Als Beispiel: Ein allgemeines Ziel wäre: »Durchs Handeln reich werden«. Ein spezifisches Ziel würde lauten: »Mit FDAX-Handel jedem Tag durchschnittlich 100 Punkte gewinnen. Dabei verwende ich die XYZ-Methode, um jeden Tag meinem Ziel (genau spezifizieren) näher zu kommen.«

Messbar: Bestimmen Sie konkrete Kriterien dafür, Ihren Fortschritt zu messen, und zwar für jedes Ziel, das Sie sich setzten. Wenn Sie Ihren Fortschritt messen, bleiben Sie auf Kurs, erreichen Ihre Teilziele und erfahren die Freude der Leistung, die Sie zur weiteren Anstrengung antreibt und zum Erreichen Ihres Ziels benötigt wird.

Um sich zu entscheiden, ob Ihr Ziel messbar ist, stellen Sie Fragen wie: Wie viele? Wie werde ich wissen, wann es erreicht wird? Ein Teilziel könnte sein, wieder einmal Trades einzugehen, nachdem man wochenlang stark gehemmt war, eine Position zu eröffnen! Ein weiteres könnte auch sein, dass man sich seiner persönlich geeigneten Positionsgröße bewusst wird, bei der man ruhig bleibt. Wenn Sie dann Ihre geeignete Positionsgröße kennen, können Sie sich vornehmen, sie in kleinen Schritten Stück für Stück zu erhöhen.

Ausführbar: Wenn Sie Ihre Ziele identifizieren, die für Sie am wichtigsten sind, beginnen Sie, die Wege zu suchen, diese Ziele auch zu erreichen. Sie entwickeln die Einstellungen, Fähigkeiten und finanziellen Möglichkeiten, um sie auch zu erreichen. Sie fangen an, zuvor übersehene Gelegenheiten wahrzunehmen, welche Ihnen helfen können, Sie Ihren Zielen näher zu bringen. Ihr Glaube an sich selbst wird wachsen und Ihre geistigen Fähigkeiten werden sich bei diesem Prozess stetig steigern.

Ob Sie Ihr Ziel erreichen, hängt auch davon ab, ob das Ziel *von Ihnen selbst initiiert* und vertreten wird und ob es *Ihrer Kontrolle* unterliegt. Wenn ein Händler zu mir kommt und sagt: »Ich möchte beim Handeln viel Geld verdienen, weil meine Frau/mein Vater/mein bester Freund sagt, das sei die beste Möglichkeit für mich«, wird das Ziel nicht sonderlich anziehend sein. Die Wahrscheinlichkeit ist hoch, dass Sie nach den ersten Schwierigkeiten – und die werden kommen – aufgeben.

Stellen Sie sich deshalb die folgenden Fragen:

▶ Tue ich es für mich oder für jemand anderen?

▶ Hängt das Ergebnis allein von mir ab? Gegen wen handle ich? Das Ziel, keine Minus-Trades zu machen, liegt nicht wirklich in Ihrer Hand. Dagegen liegt es in Ihrer Kontrolle, ob Sie sich an das einmal definierte System halten oder nicht.

Sie können als Händler fast jedes Ziel, das Sie sich setzten, erreichen, wenn Sie Ihre Schritte weise planen und einen realistischen Zeitraum setzen. Ziele, die vielleicht weit weg und außer Reichweite erschienen, bewegen sich schließlich näher und werden erreichbar. Nicht weil Ihre Ziele schrumpfen, sondern weil Sie mit jedem Schritt wachsen und sich ausdehnen, um zu den persönlichen und finanziellen Zielen zu passen. Wenn Sie Ihre Ziele auflisten, steigern Sie Ihr Selbstbild. Sie sehen sich als dieser Ziele würdig und entwickeln die Merkmale und Persönlichkeit, die es Ihnen erlauben, dieses zu leben.

Realistisch: Um realistisch zu sein, muss ein Ziel ein Endziel darstellen, an dem zu arbeiten Sie bereit und fähig sind. Ein Ziel kann sowohl hochgesteckt als auch realistisch sein; Sie sind der Einzige, der sich entscheiden kann, wie hoch Ihr Ziel sein sollte. Stellen Sie sicher, dass jedes Ziel einen beträchtlichen Fortschritt darstellt. Ein hohes Ziel ist häufig einfacher zu erreichen als ein niedriges, weil ein niedriges Ziel weniger motivierend ist. Einige der härtesten Aufgaben, die Sie eigentlich je schafften, erscheinen leicht, weil Sie Ihre Arbeit hingebungsvoll erledigt haben.

Ihr Ziel ist realistisch, wenn Sie wirklich überzeugt sind, dass Sie es erreichen. Weitere Wege zum Wissen, ob Ihr Ziel realistisch ist, sind: Überlegen Sie, ob Sie schon Ähnliches in der Vergangenheit geschafft haben, oder fragen Sie sich, welche Bedingungen existieren müssten, um dieses Ziel zu erreichen. Halten Sie diese Erfolge schriftlich fest. Notieren Sie Ihre täglichen Erfolge!

Terminiert: Ein Ziel ist greifbar, wenn Sie es mit einem der Sinne erfahren können, das heißt mit Geschmack, Berührung, Geruch, Ansicht oder Gehör. Wenn Ihr Ziel greifbar ist oder wenn Sie ein greifbares Ziel an ein ungreifbares Ziel binden, haben Sie eine bessere Chance, es spezifisch und messbar und so erreichbar zu machen.

Stellen Sie sich beispielsweise vor, was Sie machen, wenn Sie die ersten 100 000 Euro in zwölf Monaten verdient haben, und wie Sie sich belohnen. Vielleicht stellen Sie sich vor, wie Sie mit Ihrem Partner in ein tolles Restaurant gehen und dort Ihr Lieblingsessen bestellen. Dabei fühlen Sie die weiche Seidenserviette und das angenehm kühle Silberbesteck in Ihren Händen, hören sich, wie Sie dem Kellner die Bestellung aufgeben und wie der Sommelier Ihnen die Getränkeempfehlungen beschreibt, riechen das leckere Essen, wenn es vor Ihnen steht, und schmecken, mit welchen Raffinessen bei der Zubereitung das Essen Ihren Gaumen kitzelt. Je intensiver Sie sich dieses Ereignis vorstellen, desto mehr wird es für Sie Wirklichkeit.

Ungreifbare Ziele sind Ihre Ziele für die internen Änderungen. Sie sind notwendig, um die greifbareren Ziele zu erreichen. Darunter fallen Persönlichkeits- und Verhaltensmerkmale, die Sie entwickeln müssen, um den Weg zum Erfolg bei Ihrer Händlerkarriere oder bei anderen langfristigen Zielen zu sichern. Weil ungreifbare Ziele, zum Beispiel Ihre Lernoder Ihre Belastungsfähigkeit, lebenswichtig dafür sind, Ihre Effektivität zu verbessern, achten Sie besonders auf die greifbaren Wege, sie zu messen. Der Trading-Quotient und die emotional passende Positionsgröße sind indirekte Größen, Ihre Stressresistenz zu messen und Stück für Stück zu verbessern. Wirklich wichtig zu wissen ist: Ein Ziel, das nicht messbar ist, ist kein Ziel!

Randbedingungen, die bei der Formulierung der Ziele zu beachten sind

Neben der SMARTen Zielformulierung gibt es noch weitere wichtige Punkte, die Ihnen bei der Umsetzung helfen:

► Ist das Ziel im Präsens formuliert?
► Ist es positiv besetzt?
► Ist es unmissverständlich formuliert?
► Beschreibt es präzise den Erfolgsnachweis?
► Ist es glaubwürdig formuliert?
► Ist es vollständig?
► Ist es motivierend?

Im Präsens formuliert heißt nicht: »Ich möchte einmal viel Profit machen«, sondern: »Ich lebe in finanziellem Wohlstand.« Oder: »Ich bin in einer Situation, in der ich unabhängig bin und mir finanziell leisten kann, was ich will.«

Positiv besetzt: Es ist wichtig, negative durch positive Ansätze zu ersetzen. Also statt »Ich leide nicht unter Geldmangel« formulieren Sie beispielsweise: »Ich verdiene so viel Geld, dass ich stets die Wahl habe, zu tun und zu kaufen, was ich will!«

Unmissverständlich: Bei der Formulierung »Ich habe kein Problem mit der Umsetzung meiner Handelsstrategie!« kann es passieren, dass Sie zwar keine Probleme mit der Umsetzung einer Handelsstrategie haben, jedoch könnten Sie das Problem haben, dass Sie das Handelssystem nicht kontinuierlich den Gegebenheiten des Marktes anpassen können, es also« entwickeln«. Besser ist es: »Mühelos und leicht handle ich die richtigen Signale.« Oder: »Ich teste und befolge mein Handelssystem.«

Präzise den Erfolgsnachweis beschreiben: Hier wird die Frage behandelt: »Wie werde ich festellen, dass ich mein Ziel erreicht habe?« Die folgenden Fragen sind extrem wichtig, da Sie mit ihnen bestimmen können, ob Ihre Ziele schwammig sind:

▶ Woran merke ich, dass ich mein Ziel erreicht habe?
▶ Was werde ich tun, wenn ich dort angelangt bin?
▶ Was werde ich sehen, hören und fühlen, wenn ich angelangt bin?

Glaubwürdig: Fragen Sie sich, ob Sie von diesen Zielen in Ihrem tiefsten Inneren überzeugt sind! Falls nicht, wählen Sie eine andere Formulierung. Die Zielformulierung muss für Sie zu 100 Prozent passen. Wenn Sie beispielsweise über mehrere Monate einen Draw-down hatten und die Formulierung »Ich erziele im nächsten Monat ein Vielfaches meines Profits aus dem Vorjahr« Sie nicht überzeugen kann, wählen Sie besser: »Wenn ich in einem Jahr zurückschaue, werde ich erleben, dass meine P/L positiv ist und die Verluste der letzten Zeit deutlich überstiegen hat.«

Vollständig: Schreiben Sie nicht: »Ich gehe keine zu riskanten Trades ein«, sondern beispielsweise: »Ich handle die Währungspaare im Forex-Markt mit einem Chance/Risiko-Verhältnis von größer 1,5 mit einem Anlagehorizont von < 2 Stunden.«

Motivierend: Formulieren Sie Ihre Ziele so, dass sie brennen, denn nur starke Wünsche erzielen starke Ergebnisse. Es ist sinnlos, ein Ziel so zu formulieren, wie »man« es von Ihnen erwartet. Es muss zu Ihnen passen und aus Ihrem Herzen kommen.

Erforschen Sie die Motivation für Ihre Ziele

Es ist wichtig, das Wie, Warum, Weshalb Ihres Ziels zu erforschen. Indem Sie sich diese Fragen in Ruhe stellen, werden Sie anfangen, die wahre Motivation hinter Ihren Zielen zu verstehen. Sie werden hinterher auch fähig sein, die Abhängigkeiten der Teilziele sowie Vor- und Nachteile von Erfolg beziehungsweise Misserfolg für sich abzuwägen.

Es ist ratsam, Ihre Ziele auf das persönliche und das Marktumfeld hin zu bewerten. Es geht dabei um die Frage, ob die Ziele auch mit allen Aspekten des gesamten Lebens in Einklang zu bringen sind. Finden Sie jeglichen Hintergedanken und positiven Nebengewinn heraus, dessen Sie sich unter Umständen beim Festlegen Ihrer Zielvorgaben nicht bewusst sind. Als »positiven Nebengewinn« ist ein Verhalten definiert, das scheinbar Probleme verursacht, obwohl es je nach Zusammenhang eine positive Funktion hat. Während Sie sich die folgenden Fragen stellen, achten Sie auf Bilder und Gefühle, die Ihr Unterbewusstes ans Licht bringt:

▶ Was wird passieren, wenn ich mein Ziel erreicht habe?
▶ Was wird nicht passieren, wenn ich es erreicht habe?
▶ Was wird passieren, wenn ich es nicht erreiche?
▶ Was wird nicht passieren, wenn ich das Ziel nicht erreiche?
▶ Welches ist der wahre Grund, warum ich das will? Was steckt eigentlich dahinter?

Letzte Anmerkungen zur Zieldefinition

Teilen Sie Ihre Tages-, Wochen und Monatsziele in Persönlichkeits-, Wissens- und finanzielle Kategorien ein. Nehmen Sie Ihre Ziele ernst! Seien Sie ehrlich zu sich! Ich kann Ihnen nur raten: Nehmen Sie sich genügend Zeit bei der Zielformulierung oder suchen Sie sich jemanden, der Ihnen dabei als neutraler Counterpart hilft. Prüfen Sie in regelmäßigen Abständen, ob Sie noch »on track« sind. Trading ist ein fordernder Beruf, der viele Aspekte von Ihnen anspricht. Wenn Sie sich nicht an die Anforderungen anpassen, insbesondere an die psychologischen Parameter, wird Ihnen das passieren, was der überwiegenden Mehrheit der Trader in den ersten zwei Jahren passiert: Sie werden Ihr Konto verkleinern. Machen Sie es richtig und Sie werden eine positive Equity Kurve haben.

Es macht Sinn, detailliert kleine Veränderungsschritte zu formulieren. Inhaltliche Persönlichkeitsziele könnten sein: »Ich entwickle neue Lösungsstrategien, meine Emotionen aus dem Handeln herauszuhalten!« »Ich bin mir immer bewusster, in welchen Situationen ich ›Ladehemmungen‹ bekomme.« »Ich nehme meine körperlichen Signale immer mehr wahr, wenn ich ›overtrade‹, und reagiere entsprechend.« »Ich kenne stets genau meinen Trading-Quotienten und vergrößere ihn ständig!« »Ich schenke mentalen und emotionalen Aspekten beim Trading die gebührende Beachtung.« »Ich schaffe es mehr und mehr, nur auf mich zu schauen, wenn es um meine Fortschritte geht.« »Ich habe die Fähigkeit, auch wenn ich Rückschläge hinnehmen muss, mein Bestes zu geben.« »Es fällt mir leicht, bei meinen Entscheidungen nur auf mich selbst zu hören.«

Der Schlüssel, als Trader erfolgreich zu werden, liegt nicht in Ihrem Handelssystem, sondern wie Sie auf Ihre Umwelt reagieren. Indem Sie bereit sind, sich detailliert und intensiv mit Ihren Zielen zu befassen, die Motive und Abhängigkeiten zu hinterfragen und auch minutiös zu befolgen, setzen Sie die ersten Schritte, sich zu einem Menschen zu entwickeln, bei dem der Erfolg beim Handeln unvermeidbar ist. Der Erfolg beginnt im Kopf!

4.1.3 Schritt 3: Diagnose der mentalen Stärke

Mit minimalem Aufwand die maximale Wirkung zu erzielen, das gilt beim Trading wie auch für andere Disziplinen. Doch wo soll man anfangen, wenn man am Tisch sitzt und beginnt, Trainingspläne mit Wissens- und Persönlichkeitszielen zu erstellen? Um die erforderlichen Maßnahmen zu planen, die Sie Ihrem Ziel näher bringen, müssen Sie nun den nächsten Schritt gehen und sich mit einer Standortbestimmung befassen.

Warum soll ich eine Standortbestimmung durchführen?

Nur wenn Sie genau wissen, wo Sie stehen, können Sie dahin marschieren, wo Sie als Trader hinwollen. Eine Bestimmung Ihrer Ist-Fähig- und Fertigkeiten hilft, die Maßnahmen zu bestimmen, um Ihren Weg als Trader erfolgreich zu gehen. Dabei rate ich Ihnen, Selbst- und Fremdeinschätzung miteinander zu kombinieren. An dieser Stelle werden wir Ihre Ressourcen überprüfen.

Vier kleine, simple Übungen dienen dazu, Ihre Gedanken zu ordnen, Ihnen Raum für selbstsichere Handelsentscheidungen zu geben und einen objektiven Überblick über Ihre Ist-Situation zu bekommen.

Übung 1

Nehmen Sie sich ein Blatt Papier und setzen Sie einen Zeitraum von anfänglich 5 Minuten bis später 30 Minuten fest, in dem Sie alle Ihre Gedanken zum Handeln aufschreiben. Reservieren Sie einen festen Zeitraum in Ihrem Terminkalender für diese Übung. Schreiben Sie an sechs aufeinanderfolgenden Tagen möglichst lückenlos und ohne sich zu zensieren auf, was Sie in dieser Zeit denken. Alles, was Ihnen einfällt, auch die dunkelsten und unedelsten Gedanken, in der Reihenfolge, wie Sie Ihnen in den Sinn kommen. Hören Sie nicht vor Ablauf der vorgegebenen Zeit auf. Gratulieren Sie sich für alle positiven Gedanken, die Sie aufgeschrieben haben. Schreiben Sie im Anschluss Ihre negativen Gedanken auf ein neues Blatt. Auch hier wieder die eindringliche Bitte: Seien Sie ehrlich mit sich! Es schaut keiner zu. Sie sind nur sich selbst verpflichtet. Je ehrlicher Sie zu sich selbst sind, desto größer ist Ihre Verbesserung.

Übung 2

Am siebten Tag haben Sie eine komplette Liste der negativen Gedanken vor sich. Sie sind an einem ruhigen Ort, in dem Sie niemand ablenken kann. Atmen Sie tief und ruhig ein und aus. Konzentrieren Sie sich auf Ihren Atem. Stellen Sie sich vor, wie der verbrauchte Atem aus den Zehen hinausgeht, dann aus Ihren Fingern und dann aus der Oberseite Ihres Kopfes. Stellen Sie sich vor, wie der Atem die Spannungen des Handelsalltags mit sich fortnimmt, wenn er Ihre Zehen, Ihre Finger und Ihren Kopf verlässt. Das ist eine gute Übung, um die Energien in Ihrem Körper auszugleichen und das ganze System zu entspannen. Nachdem Sie sich danach fünf bis zehn Minuten Pause gegönnt haben, sind Sie erfrischt und schauen die Liste Ihrer negativen Gedanken ganz ruhig an. Vermeiden Sie, sich selbst moralisch Vorwürfe zu machen. Sagen Sie stattdessen zu sich ganz erfrischt und entspannt: »Ja, das bin ich! Das sind meine Gedanken, die ich über mich und das Handeln habe.« Sie beginnen zu akzeptieren, egal was da steht, was da ist. Wenn Sie eine Zeit lang so dabei sind, werden Sie merken, dass eine große Ruhe in Sie kommt. Sie kämpfen nicht mehr gegen sich. Sie akzeptieren sich so, wie Sie sind!

Kommen Sie wieder mit Ihrem vollen Bewusstsein in den Raum zurück und fühlen Sie jetzt Ihren Körper.

Übung 3

Wiederholen Sie die Prozedur vom Vortag, begeben Sie sich an einen ruhigen, ungestörten Ort und atmen Sie tief und ruhig ein und aus. Konzentrieren Sie sich auf Ihren Atem. Spüren Sie, wie Spannungen aus Ihnen weichen. Danach stellen Sie sich die kleinen Unstimmigkeiten vor, die in Ihren letzten Aufzeichnungen stehen. Jede kleine Unstimmigkeit ist eine leichte Daunenfeder, die dem Wind nichts entgegenzusetzen hat. Legen Sie in Ihrer Vorstellung nun jede Feder einzeln auf die linke Hand und pusten Sie sie weg. Wenn Sie fertig sind, werfen Sie das Blatt weg oder, noch besser, verbrennen Sie es.

Übung 4

Nachdem Sie das gemacht haben, nehmen Sie ein weiteres Blatt Papier und schreiben die größeren Herausforderungen und Probleme auf die linke Seite. Auf die rechte Seite schreiben Sie, welche Möglichkeiten und Chancen Ihnen diese bieten (Tabelle 6).

Wenn Sie diese Tabelle ausgefüllt haben, werden Sie eine große Erleichterung verspüren.

Nachdem Sie sich die Bedeutung Ihrer mentalen Stärke für Ihren Erfolg als Trader bewusst gemacht haben, stellen Sie sich bestimmt die nächsten logischen Fragen: »Wie und mit welchen Handelsansätzen lerne ich, erfolgreich zu traden? Wie lerne ich dabei nicht auf Gurus, Analysten und die

Die Tatsache, dass ich ...	ermöglicht mir ...,
schlecht Verluste hinnehmen kann,	auf die Ursachen zu schauen und sie zu bearbeiten sowie nach besseren Opportunities zu suchen.
nervös auf schnelle Marktveränderungen reagiere,	Handelssysteme mit längeren Zeitintervallen zu entwickeln.
...	...

Tabelle 6: Persönliche Herausforderungen

neuesten Tipps aus den Börsenbriefen zu hören?« Weiterhin werden Sie sich vielleicht fragen: »Wie gelange ich als diskretionärer Händler zu mehr Sicherheit bei meinen Entscheidungen und steigere meine Siegesgewissheit?« Es geht also um Fragen zum Thema: Wie komme ich an mein Ziel und wie sieht der Weg dahin aus? Um zu wissen, welchen Weg ich zu meinem Ziel nehme, muss ich erst einmal wissen, von wo aus ich starte.

Auf welcher Basis können Sie aufbauen?

An dieser Stelle befassen wir uns mit der Diagnose Ihres mentalen Stärkenprofils. Sie gehört an den Anfang der Entwicklung einer erfolgreichen Trader-Karriere. Wenn Sie Ihre Ziele erreichen wollen, ist es wichtig, dass Sie Ihre Ressourcen kennen und die ersten Schritte festlegen. Folgende Fragen unterstützen Sie dabei, herauszufinden, was Sie an Wissen und Fertigkeiten haben und was Sie brauchen, um Ihre Zielvorgaben zu erreichen:

► Über welche mentalen und über welche Trading-Fähigkeiten verfüge ich bereits?

▶ Welche Fähigkeiten und Fertigkeiten muss ich mir noch aneignen? In welchen Bereichen muss ich noch besser werden?

▶ Welche Möglichkeiten existieren, diese Fähigkeiten zu lernen?

▶ Habe ich Ähnliches schon einmal erreicht?

▶ Was passiert, wenn ich so tue, als ob ich schon alle Ressourcen hätte?

Ich gehe davon aus, dass Sie als ein vernünftiger und in Zusammenhängen denkender Mensch wissen, dass Sie sich bei der Beantwortung der Fragen genügend Zeit nehmen müssen.

Vielleicht machen Sie sich eine Liste Ihrer Fähigkeiten auf Schmierpapier, die Sie dann sauber in eine Tabelle übertragen.

Fähigkeit	Ressource	Optimierungs-bereiche	Möglichkeit zum Verbessern	Ähnliches erreicht?
Trading-Handwerk				
	Ich erkenne stabile Trend-richtungen	Trefferquote erhöhen von 0,6 auf 0,7	Bessere Vorlauf-indikatoren suchen	
	Ich verstehe Elliot-Wellen (EW) und Fibo-nacci-Quotienten	Fehlerhafte Zählungen ver-meiden (EW); die Phi-Ellipse klar verstehen	Selbststudium, Absprache mit Kollegen; Semi-narbesuch	
	...			
Mentale Fähigkeit				
	Ich erkenne gut, wann ich Stress habe.	Impulskontrolle, bei volatilen Märkten Eliminierung weiterer Stress-faktoren	Selbstwahrneh-mung verbessern; Gestaltung der Handelsoberflä-che ändern	durch Achtsam-keitsübung
	Rückschläge motivieren mich, besser zu wer-den.	Statt einer Alter-native suche ich jetzt zwei Wege, es besser zu ma-chen.	Mut und Selbst-wirksamkeits-format	
	...			

Tabelle 7: Beispiel einer Fähigkeiten-Liste

Nehmen Sie ein Blatt Papier oder ein Excel-Sheet und schreiben Sie alle Ihre Fähigkeiten (Ressourcen) auf, und zwar auch die, die Sie scheinbar für selbstverständlich halten, und die scheinbar unwichtigen. Keine falsche Bescheidenheit! Beispiele sind: Ich kann einen Indikator richtig interpretieren, ein Candlestick-Muster erkennen, Backtests ausführen, verschiedene Order-Typen erkennen und richtig einsetzen, mit verschiedenen Handelsoberflächen arbeiten und diese richtig einstellen ... Bitte nehmen Sie sich dazu Zeit! Mindestens 30 Minuten. Konzentrieren Sie sich dabei. Das ist wichtig. Es ist Teil des Prozesses der bewussten Selbstreflexion und fördert Ihr Bewusstsein für Ihre Lösungsmöglichkeiten. Nehmen Sie sich die Liste von Zeit zu Zeit vor und ergänzen Sie sie. Je öfter Sie sie durchlesen, desto stärker werden Sie.

Innere Widerstände und Fertigkeiten bestimmen Ihr Handeln

Es hilft Ihnen nichts, wenn Sie Ihre angestrebten Ziele mühelos visualisieren können, aber nicht die *Fertigkeiten haben,* diese zu erreichen. Sie müssen auch *bereit sein*, live zu traden. Wenn Sie beispielsweise »Ladehemmungen« haben, Trades einzugehen, ist es ratsam, Ihre *inneren Widerstände zu identifizieren* und parallel dazu *die physikalische Fertigkeit einzuüben*, wieder Orders einzugeben. Sie meinen, ich übertreibe? Aus meiner Erfahrung kann ich Ihnen sagen, dass ein nicht zu unterschätzender Teil meiner Klienten dieses Problem hat, und diese Händler müssen dann wirklich physisch lernen »abzudrücken«. Ähnlich funktioniert es beim Thema Kreativität bei der Suche nach neuen Handelsstrategien. Viele Trader sind aufgrund einer längeren Verlustphase nicht mehr in der Lage, kreative Handelsstrategien zu entwickeln. Wir erinnern uns: Angst verhindert Lernen. Mentale Kreativitätstechniken in Verbindung mit Phobie- und Entspannungstechniken steigern die Produktivität beträchtlich, um neue Trading-Ansätze zu entdecken.

Und damit sind wir beim Thema des irrationalen Gehirns. Was auf den ersten Blick so trivial aussieht, gestaltet sich in der Praxis leider problematischer, als man es sich vorstellt. Die gute Nachricht ist: Man kann etwas dagegen machen, doch auch das funktioniert nur, indem Sie nicht noch mehr Artikel lesen, sondern spezielle mentale Übungen wiederholen. Grundsätzlich gilt: Erst wenn Handlungs*bereitschaft* und Handlungs*fertigkeit* in der Tat zusammenkommen, kann das Ziel erreicht werden. Auch hier müssen Sie ehrlich zu sich sein! Fragen Sie sich einmal

► Gibt es etwas was Sie daran hindert, ein besserer Trader zu werden?
► Bibt es Situationen, in denen Sie innere Widerstände haben, erfolgreich zu sein?

Notieren Sie diese und fügen sie sie der zur Ist-Situation hinzu.

Kreuzungspunkte bewusst erleben

In Ihrer Händlerkarriere wird es Momente geben, in denen etwas Entscheidendes passiert, etwas, das über Sieg und Niederlage den Ausschlag geben wird. Der Begriff Kreuzungspunkt erinnert Sie daran, dass sich *genau hier* in diesem Punkt die Linien kreuzen. Sie können in einen stundenlangen (Lern-) Stau kommen, weil vor der Kreuzung ein Unfall passiert ist und Sie nicht weiterkommen. Oder Sie können den Weg korrigieren und in die richtige Richtung wechseln. Kreuzungspunkte sind wie Weichen bei der Eisenbahn. Sie entscheiden an dieser Stelle darüber, ob die Eisenbahn das von Ihnen gewünschte Ziel erreicht. Die Weichen müssen deshalb eingeprägt und gekennzeichnet sein, beispielsweise durch rote Marker auf dem Weg zum Ziel. Stellen Sie sich einen Marathonläufer vor. Er muss sich bei jedem Zwischenziel vorstellen, die Strecke erfolgreich zu bewältigen. Der Profi wird die Strecke mehrfach ablaufen, um zu sehen, wo eventuell Steigungen oder andere Schwierigkeiten auf ihn zukommen. Er wird sich die Teilziele heraussuchen und die kritischen Streckenteile im Kopf markieren. Und er wird sich bei jedem Knotenpunkt vorstellen, wie er diesen bewältigt. Er wird sich selbst immer wieder an den Steigungen und schwierigen Passagen sehen. Ab dem 35. Kilometer wird er sehen, wie er immer sicherer wird, dass er die Herausforderungen meistert. Und genau wie unser Marathonläufer sollten Sie sich als Händler vorstellen, wie Sie die Strecke, die vor Ihnen zum Trading-Erfolg liegt, in Teilstücke und Kreuzungspunkte aufteilen und bewältigen. Auf dem Weg dahin sehen Sie auch, wie Sie mit extrem negativen, aber auch extrem positiven Aspekten umgehen.

Im Rahmen der Selbstdiagnose macht es Sinn, sowohl Ihre Reaktion auf *negative* als auch auf *positive* Erlebnisse einzuplanen und die Reaktion vorwegzunehmen! Haben Sie sich mental vorbereitet, wie Sie auf einen großen Verlust reagieren und wie lange es dauert, bis Sie danach den nächsten Trade eingehen, beziehungsweise wie lange es dauert, bis Sie nach einem längeren

Draw-down Ihr System überprüfen? Haben Sie sich vorgestellt, wie Sie auf einen unerwartet hohen Gewinn reagieren?

Sie meinen, Sie müssten sich insbesondere Letzteres nicht vorstellen? Das wäre doch der optimale Fall. Nein, ist es nicht! Sie müssen auch hier lernen, richtig zu reagieren. Ich kann Ihnen aus eigener Erfahrung und Beobachtung zahlreicher Händler und Pokerspieler sagen, dass sowohl nach großen Gewinnen als auch nach großen Verlusten Menschen sehr emotional reagieren. Entweder sie sind im Dopamin-Rausch oder in der Angststarre. Beides lässt sie zwangsläufig undiszipliniert agieren. Das leitet sehr häufig eine Verlustserie ein, in der mehr verloren wird, als vorher gewonnen wurde. Wenn das Ergebnis dieser Selbstdiagnose ist: »Ich habe mich noch nicht mental auf große Gewinne/Verluste und deren Folgen eingestellt«, dann wissen Sie mehr über sich. In der Psychologie der Gewinner ist *das Wissen um sich selbst* ein Baustein auf dem Weg zum Erfolg.

Eckpunkte Ihres Trading-Stils

Welche Punkte sind noch praxisrelevant für Sie? Klopfen Sie Ihr Trading-Journal einmal auf die folgenden Punkte ab und Sie lernen Ihren Trading-Stil kennen:

Kennen Sie Ihren *persönlichen Trading-Quotienten*, also die Anzahl direkt aufeinanderfolgender Verlust-Trades, bei der Sie nervös werden und anfangen, Ihr Handelssystem infrage zu stellen? Ab wann erhöht sich bei Ihnen die Herzfrequenz? Beobachten Sie sich selbst einmal, wann bei Ihnen die Hände schwitzig werden. Vielleicht erst am vierten oder fünften Verlust-Trade in Serie – oder vielleicht doch schon nach dem zweiten? Und wie ist die Tendenz im Laufe der Zeit? Erhöht sich Ihr Trading-Quotient oder verkleinert er sich? Schauen Sie in Ihr Trading-Journal und verbessern Sie Ihre Selbstbeobachtung!

Wie hoch ist Ihre *geeignete Positionsgröße*? Ich gehe davon aus, dass Sie sich Gedanken gemacht haben über die *statistisch* optimale Positionsgröße. Doch wie sieht es bei Ihnen mit der *emotional* geeigneten Positionsgröße aus? Also, auch wenn Sie zum Beispiel nie mehr als 0,5 bis 2 Prozent Ihres Depotvolumens setzen, stimmt das mit den Summen überein, die Sie emotional »vertragen« können? Können Sie sich vorstellen, dass die statistisch optimale Positionsgröße immer noch größer als Ihre emotionale Positionsgröße ist? Will sagen, es ist ratsam, sich an dieser Stelle selbstkritisch zu beobachten. Ab welchem Betrag fangen Sie an, nervös auf dem Stuhl hin und her zu rutschen oder mit den Fingern zu trommeln? Nehmen Sie diese Zahl in Ihre Ist-Situation mit auf!

Wie sieht es mit Ihrer *emotionalen Risikotoleranz* aus? Natürlich befolgen Sie ein ausgeklügeltes Risikomanagement, das sich nach statistischen Größen richtet! Aber wie sieht es mit der emotionalen Verträglichkeit des Stop/Loss aus? Kann es sein, dass Sie, wenn Sie den FDAX handeln und einen statistisch optimalen Stop bei 20 Punkten gesetzt haben, 500 Euro pro Trade als zu hohes Risiko wahrnehmen, egal welches Depotvolumen Sie haben und ob es in das System passt? Beobachten Sie sich einmal selbst sehr genau!

Kennen Sie Ihre *biologische Uhr*? Jeder Mensch besitzt eine eingebaute Uhr. Ihr Gehirn besitzt die Fähigkeit, Sie mit makelloser Pünktlichkeit in die verschiedenen Phasen innerhalb von 24 Stunden hinein- und wieder herauszubringen. Finden Sie heraus, wann Sie Ihre besten Konzentrationsphasen haben und wann Sie am wenigsten aufmerksam sind! Neben der gezielten Selbstbeobachtung machen Sie das am besten, indem Sie die Erfolgsquote Ihrer Trades einmal mit den Tageszeiten abgleichen. Ihr inneres Zeitmessgerät, der suprachiasmatische Nucleus (SCN), ist lokalisiert in einem Teil des Hypothalamus, der wiederum in eine tiefe, alte Struktur im Kern des Gehirns eingebettet ist. Sobald Sie sich bewusst sind, wann Ihre Aufmerksamkeit und Ihre Erfolgsquote am größten sind, sollten diese Handelszeiten Ihre präferierte Zeiten sein, Trades zu planen und Positionen zu öffnen. Der zirkadiane Rhythmus steuert nicht nur Schlaf und Wachzeiten. Er steuert auch Ihr Langzeitgedächtnis, also das Aufnehmen und Abspeichern von Informationen, die sich eingraben, indem Sie immer wieder die Setups, Pattern- und Indikatoren-Kombinationen durchgehen. Auch hier gilt: Sind Sie sich erst einmal bewusst, wann Sie am besten lernen, nutzen Sie es zu Ihrem Vorteil und verkürzen die Lernphase! Sie merken langsam, wie wichtig es ist, Ihr Trading-Journal sauber zu führen. Es ist eine Feedbackquelle, mit der Sie sich stetig immer besser selbst einzuschätzen können. Es kommt auf objektiv nachprüfbare Ergebnisse an. Verlassen Sie sich an dieser Stelle nicht auf Ihr Gefühl oder Ihre Erinnerungen. Letztere wollen Ihnen eher schmeicheln.

In welchen Marktsituationen neigen Sie zum overtraden, nehmen Trends vorweg, bevor sie sich richtig entwickelt haben, oder steigen erst ein, wenn das

Gros der Marktbewegung schon fast vorbei ist? Beobachten Sie sich! Schreiben Sie Ihre Eigenbeobachtungen in Ihr Trading-Journal. Auch das gehört zur Disziplin! Es gibt Ihnen einen Überblick darüber, zu welchen Marktbedingungen Sie handeln sollten. Gibt es Differenzen zwischen Winter und Sommer bei verschiedenen Tageszeiten? Vielleicht versuchen Sie einmal, mit verschiedenen Lichttechniken an Ihrem Arbeitsplatz zu arbeiten, denn das Licht steuert die Melatonin-Ausschüttung und damit Ihre Konzentrationsfähigkeit.

Passt Ihr Trading-Zeitrahmen mit Ihrer Geduld zusammen? Wenn Sie eher der ungeduldige Typ sind, sich also beispielsweise eher nicht mit dem Gedanken anfreunden können, auf Ihre Trading-Ergebnisse einen Tag zu warten, sollten Sie Ihre Einstiegssignale nicht vom Wochen-Chart nehmen. Wenn Sie eher der ruhige Typ sind, dürften Scalping-Strategien nicht zu Ihnen passen. Auch hier muss ihr optimaler Zeithorizont eruiert werden. Auf diesem Wissen aufbauend legen Sie fest, ob Sie eher ein Swing-Trader sind oder ob Scalping am besten zu Ihnen passt.

Ergänzen Sie Ihr Trading-Journal um die Spalte »mentale Aspekte«. Darin könnten Sie die Beweggründe aufschreiben, warum Sie einen Trade eingegangen sind. Wenn es »Langweile« ist, weil seit Stunden kein geeignetes Setup kommt, oder »Wut auf sich selbst«, weil Sie vor einer Stunde ein Einstiegssignal übersehen haben, das einem Kollegen wieder 120 Ticks eingebracht hat, ist das auch in Ordnung. Je klarer Ihr Bild über sich ist, desto besser.

Nach einer gewissen Zeit gehen Sie einmal in Ruhe in sich und prüfen Ihre Aufzeichnungen in Ihrem Trading-Journal. Finden Sie heraus, was für ein Händlertyp Sie sind! Am Ende dieses Prozesses steht die Erkenntnis: Sie wissen, was Sie wissen! Sie wissen, was Sie nicht wissen! Indem Sie sich entschlossen haben, im Rahmen einer Ist-Diagnose Ihre Stärken und Schwächen zu untersuchen, haben Sie den nächsten Schritt hin zur Entwicklung zu einem guten Trader gemacht.

Es ist sehr hilfreich, die Selbsteinschätzung zum eigenen Wissen und den eigenen Fähigkeiten um eine Fremdeinschätzung zu ergänzen. Das kann ein guter Freund sein, der Sie professionell unterstützt. Doch bevor Sie das tun, mache ich Sie mit einer weiteren Übung vertraut. Öffnen Sie ein Excel-Sheet, einen Text-Editor oder nehmen Sie schlicht ein Blatt Papier zur Hand. Sie haben weiter oben eine Liste Ihrer Wünsche und Ziele erstellt und Sie haben einen Überblick über Ihre Stärken und Schwächen erhalten. Legen Sie diese Übersichten vor sich hin und übertragen Sie die Punkte. Machen Sie diese Übung an einem Platz, an dem Sie nicht gestört werden können. Ich brauche mich nicht zu wiederholen, aber nehmen Sie die Übung ernst!

Für Ziel 1 mache ich	Für Ziel 2 mache ich	Um Stärke 1 noch auszubauen, mache ich	Um Stärke 2 auszubauen, mache ich

Tabelle 8: Mittel zur Zielerreichung

Fitting Handelspersönlichkeit und Trading-System

Haben Sie die Selbsteinschätzung abgeschlossen und wissen Sie, wer Sie sind, gilt es jetzt, das Trading-System zu finden, dass zu *Ihnen* passt. Hierbei geht es nicht um das System, das die beste Performance zeigt. Es gibt eine Menge profitabler Systeme, die sehr erfolgreich sein können. Sie müssen sie nur konsequent handeln und den Ein- und Ausstiegssignalen ohne Zögern folgen. Doch wenn Ihr Persönlichkeitstyp nicht zu dem Handelssystem passt, werden Sie nicht erfolgreich sein! Es liegt an Ihnen, herauszufinden, ob Sie am besten mit Trendfolgen, Counter-Trend, Ausbrüchen oder Swing-Trades fahren.

Um herauszufinden, was für ein Trader-Typ Sie sind, müssen Sie Ihrem Trading-Journal weitere Spalten hinzufügen, um später nach der Art des Trading-Tages sortieren zu können. Fügen Sie die Spalten »Trendmarkt«, »Seitwärtsmarkt«, »Aufwärtstendenz« und »Abwärtstendenz« ein. Nachdem Sie Ihr Trading-Journal eine Zeit lang so geführt haben, können Sie durch die reine Auflistung von Gewinnen und Verlusten sehen, welche Marktsituationen Ihnen am besten zusagen.

Eine sehr einfache Auswertung dieser Maße könnte so aussehen:

	Gesamtzahl Plus-Trades	Gesamtzahl Minus-Trades	Durch- schnittlicher Gewinn	Durch- schnittlicher Verlust	Profit/Loss
Trendmarkt					
Seitwärts- markt					
Aufwärtsten- denz					
Abwärtsten- denz					
Endsumme					

Tabelle 9: In welchem Markt sind Sie gut?

Diese Momentaufnahme bietet eine gute Möglichkeit, Stärken und Schwächen eines Traders in Abhängigkeit von bestimmten Marktphasen zu identifizieren. Sie erkennen, in welcher Marktphase Sie Gewinne und in welcher Phase Sie Verluste machen. Es könnte sein, dass Sie feststellen, in Märkten mit Aufwärtstendenz schlechter abzuschneiden als bei Seitwärts- oder Abwärtsmärkten. Sie erkennen auch, ob Sie mehr Trades gewinnen/verlieren als in anderen Märkten und ob Ihr durchschnittlicher Verlust höher ist als der durchschnittliche Gewinn. Daraus könnten Sie schließen, dass Sie anscheinend gewisse Kursverläufe und Muster nicht gut erkennen, andere dagegen gut. Es könnte zeigen, dass Sie in bestimmten Marktkonstellationen die Stop-Strategie ändern sollten. Mit diesem Wissen können Sie sich besser analysieren und besser Lernziele setzen.

Vielleicht können Sie sich auch vorstellen, ein begnadeter Position- oder Swing-Trader zu sein. Indem Sie dasselbe Spiel mit verschiedenen Zeitintervallen machen, sehen Sie, wo Ihre Stärken liegen. Grundsätzlich gilt: Je mehr Ihr Handelssystem mit Ihrer Persönlichkeit übereinstimmt, desto größer ist die Wahrscheinlichkeit, dass Sie sich konsequent an das System halten. Es gibt dann einfach keine inneren Widerstände mehr! Sie merken, wie wichtig es ist, sich selbst einschätzen zu können.

Bedenken Sie auch die Eigenheiten des Systems: Trend-Trader können länger in einer Position bleiben und sich schneller wieder erholen, wenn sie einmal falschliegen. Mit Counter Trend Trading kann man sehr kurzfristig und ziemlich profitabel handeln. Liegt man allerdings falsch, ist der Schaden umso größer. Bedenken Sie auch die Blickrichtung: Da der Counter-Trend-Trader immer nach dem Ende des Trends Ausschau hält, führt dies häufig zu einer negativen Einstellung. Allein aus diesem Grund ist Trend Trading für die Mehrheit der Händler wahrscheinlich eher geeignet. Finden Sie es heraus!

Übung

Fragen Sie sich: Welches sind die Trading-Bereiche, in denen ich besonders viel Spaß habe? Fragen Sie sich insbesondere: Was mache ich anders, was mache ich besser als andere? Warum kann ich mit dieser Fähigkeit Gewinne machen? Erklären Sie es bitte so, dass ein sechsjähriges Kind es versteht. Ich rate Ihnen, diese Übung mindestens einmal pro Monat zu machen und die Ergebnisse sauber sortiert aufzuschreiben.

Mit wie vielen Pattern können Sie sich vertraut machen?

Wenn Sie Pattern-Trader sind, sollten Sie für sich ausmachen, mit wie vielen Pattern Sie sich eng vertraut machen können. Wie viele können Sie wirklich beherrschen? Wählen Sie diejenigen, mit denen Sie am besten klarkommen. Auch sie müssen zu Ihren eigenen Instrumenten, Zeitrahmen und Indikatoren passen. Das ganze System ist verkettet und muss in sich stimmig sein.

Nach umfassender und offener Beantwortung aller Fragen können Sie sich jetzt gut selbst einschätzen. Tun Sie sich einen Gefallen: Nehmen Sie sich ein Blatt Papier und erstellen Sie eine Ist-Übersicht und schreiben Sie ein Datum darauf. Wiederholen Sie diese Fragen nach vier bis sechs Wochen und erstellen Sie dann wieder eine aktuelle Ist-Situation.

Sie haben damit einen großen Schritt getan. Sie entwickeln gegenüber den anderen Händlern einen strategischen Vorsprung. Indem Sie Ihre guten und Ihre weniger zielführenden Trading-Gewohnheiten erkennen, wissen Sie, wer Sie sind. Jetzt müssen Sie lediglich dafür sorgen, dass sich in Ihrem Gehirn neue neuronale Bahnen entwickeln, um die nicht zielführenden zu ersetzen.

Währenddessen haben Sie die Chance, Ihre Defizite anzugehen, Ihre Stärken auszubauen und ein Trading-System zu suchen, das zu Ihnen passt. Als erfahrener Trader beuten Sie emotional agierende Spieler aus und handeln mehr und mehr diszipliniert und mühelos Ihre Signale. Wie Sie auch in stressigen Zeiten einen kühlen Kopf bewahren, erfahren Sie im nächsten Abschnitt.

4.1.4 Schritt 4: Erhöhung der Stressresistenz

Im vorherigen Abschnitt konnten Sie sich überzeugen, dass das Thema Standortbestimmung in Bezug auf die eigenen Stärken und Schwächen ein Meilenstein zum erfolgreichen Live-Trading ist. Auf dem Weg an die Spitze müssen alle Hindernisse überwunden und die Reaktionen des Traders auf den Markt immer wieder eingeübt werden. Wenn Sie es an die Spitze schaffen wollen, müssen Sie mehr als acht Stunden am Tag arbeiten und dabei auch unangenehme Situationen meistern.

Problemstellung

Kennen Sie folgende Situation? Sie haben sich gut auf den Trading-Tag vorbereitet. Sie haben sich den Handel in Asien angeschaut, haben den amerikanischen Markt beobachtet, gehandelt oder sich darüber informiert. Sie wissen, welche relevanten Wirtschaftsdaten und Unternehmensberichte heute im Tagesverlauf kommen, und kennen die Einschätzungen und Erwartungen der Märkte für den kommenden Handelstag. Jetzt schauen Sie sich noch die Kursindikationen der Vorbörse in Deutschland an. Genauso validieren Sie Ihr Handelssystem an jedem Morgen. Sie prüfen, ob sich einzelne Parameter verschoben haben und sich der Markt geändert hat. Sie haben einen Trading-Plan für heute. Der Handelstag beginnt und Sie gehen zwei Positionen ein, mit denen Sie ein paar Punkte machen, danach folgen drei kleinere Minus-Trades, Sie haben einen vernünftigen S/L gesetzt. Alles gut. Der Verlust hält sich in Grenzen. Auf einmal kommt ein Setup, das Ihrem System entspricht, und auch das Entry-Signal lässt nicht lange auf sich warten. Doch Sie gehen den Trade, der gerade darum bittet, eingegangen zu werden, nicht ein. Dieser Move entwickelt sich genau nach Lehrbuch, doch Sie sind nicht drin, hätten aber die Chance gehabt. Sie ärgern sich ein bisschen. Nun ist mittlerweile Mittag, es ergeben sich keine weiteren sauberen Signale und Sie hören eine leise Stimme zu sich sagen: »Was machst du eigentlich den ganzen Tag? Da hättest du auch zu Hause bleiben können!« Auf einmal stören die externen Geräusche, das Brummen der Festplatte, die Schritte auf dem Fußboden, das Rauschen der Klimaanlage, und jetzt wächst der Ärger über sich selbst. Im Chat sehen Sie, wie der Kollege, der das gleiche System handelt wie Sie, die Signale richtig gedeutet hat und 120 Pips gemacht hat. Jetzt kommen Gedanken wie: »Verdammt, ich habe den guten Trend verpasst, und wenn ich noch länger warte, profitiere ich nicht vom Trend. Und zum Tageshoch gehen sie diesmal mit mehr Lots in den Markt. Money Management? Ach, was soll's.« Kurze Zeit nach Ihrem Einstieg bricht der Markt massiv ein. Und Sie haben aus dem leichten Anfangsverlust einen stattlichen Vermögensverlust gemacht. Was macht Ihre Körpersprache? Sitzen Sie gebeugt und mit hängenden Schultern? Was passiert jetzt mit Ihnen? Und was geschieht mit Ihnen auf der Verhaltensebene? Aus längeren Beobachtungen kann ich Ihnen sagen, dass die meisten Händler sich in einer solchen emotionalen Situation nicht mehr an ihr Trading-System halten und anfangen, sehr undiszipliniert zu handeln. Sie sehen auf einmal Muster, wo keine sind, oder überschätzen massiv ihre eigenen Fähigkeiten. Aber nicht nur größere und plötzliche Verluste führen zu starken emotionalen Auswirkungen, auch Langweile, Euphorie und heftige Marktbewegungen.

Verstehen, woher der Stress kommt

Der markanteste Unterschied von Menschen und Tieren liegt darin, dass wir Menschen unseren Emotionen nicht automatisch folgen müssen. Wir haben die Wahl, ob wir, ähnlich wie ein einmal einprogrammierter Autopilot, einfach unseren Emotionen nachgehen oder unseren Verstand arbeiten lassen, um unsere instinktiven emotionalen Reaktionen zu überstimmen.

Allerdings, und jetzt wird es ein bisschen unfair, sind die neuronalen Verbindungen der emotionalen Informationsverarbeitung schneller und breiter als die neuronalen Pfade der bewussten rationalen Verarbeitung (also diejenigen, die Sie nutzen, wenn Sie Ihre Informationen bewusst steuern wollen). Was heißt das für die Trading-Praxis? *Es fällt Ihrem Gehirn leichter, den Kampf-oder-Flucht-Mechanismus anzuschalten als abzuschalten*! Noch einmal, das heißt, dem Gehirn fällt es leichter, emotional zu reagieren, als die Ratio einzuschalten. Es liegt also in der Natur der Dinge, dass Händler in kritischen

Situationen sich leicht von chronischem Stress vereinnahmen lassen. In der Entwicklungsgeschichte des Menschen schien es vorteilhaft, den neuronalen Verarbeitungsweg für die bewusste Verarbeitung von Informationen auszubauen. Wir erinnern uns, dort gehen die Informationen – im Gegensatz zu emotionalen Reaktionen – in recht beschaulichem Tempo ihren Weg zu den höheren Verarbeitungszentren des visuellen Cortex. Evolutionstechnisch macht das Sinn, schließlich leben Sie. Ihre Vorfahren haben es geschafft, ihre Gene an Sie weiterzugeben, und Sie lesen diesen Text hier. Damit ist die Pflicht »Genweitergabe« erfüllt.

Beschließt die Amygdala, die für jede Form der Angst zuständig ist, dass Gefahr in Verzug ist, kommuniziert sie mit dem Hypothalamus, der unter anderem für die Hormonausschüttung verantwortlich ist. Sie überflutet Ihr Gehirn mit Adrenalin und Cortisol, um Ihren Körper in Spannung zu versetzen. Das rüstet ihn für Notfallreaktionen. Dieser Kampf-oder-Flucht-Mechanismus half in den vergangenen Jahrmillionen, in einer unwirtlichen Umwelt zu überleben, und war lange Zeit die einzige Antwort, die dem Lebewesen Mensch zur Verfügung stand. Doch in der heutigen Zeit müssen insbesondere Händler Herausforderungen auf der rationalen Ebene lösen. Es gilt der Satz: Der rationale Händler beutet die irrationalen Händler aus. In unserer Gesellschaft dürfte es in der Regel nicht akzeptiert werden, wenn Sie nach einem großen Verlust-Trade zu Ihrem Broker gehen und ihn aus dem 32. Stock seines Büros werfen oder ihm ein Messer in die Brust jagen. Genauso wenig ist es am Händlertisch empfehlenswert, zur Salzsäule zu erstarren und nach einem längeren Draw-down keine Position mehr einzugehen und es zu unterlassen, gute Setups und Signale zu handeln, die Sie wieder aus der Verlustzone herausreißen.

Grundsätzlich hilft ein leichtes Erregungsniveau, die Aufmerksamkeit und Leistung bei herausfordernden Marktsituationen zu erhöhen. Solange der Stress von kurzer Dauer ist und von Ihnen schnelle Reaktionen verlangt werden, ist leichte Erregung richtig. Wenn Sie jedoch dauerhaft Belastungssituationen ausgesetzt sind, die für Sie scheinbar keine klaren Lösungswege bieten, bringt dieser konstante Stress kontinuierlich die Kampf-oder-Flucht-Reaktion Ihres Körpers in Gang und Sie müssen permanent gegen die natürlichen Instinkte Ihres Körpers ankämpfen. Nach Monaten und Jahren, in denen Sie sich in einer solchen Situation wahrnehmen, verändert sich Ihr Körper.

Auswirkungen von Stress

Je nachdem, wie Sie das tägliche Handeln wahrnehmen, stehen Sie unter Umständen unter konstanter Anspannung. Sie können sich das so vorstellen, dass in Ihrem Kopf während des Handelstages ein Daueralarm herrscht. Day-Trader und Hedgefonds-Manager sind auf den Einsatz ihres Verstandes angewiesen. Doch der Mensch kommt so ohne Weiteres mit dem Verstand nicht gegen die Kräfte der Evolution an, die ihm dabei geholfen haben, über Millionen von Jahren zu überleben. Irgendwann, wenn Ihr Körper sich bedroht fühlt, versucht er, die Alarmsignale zu unterdrücken, und es können folgende Veränderungen stattfinden:

Gedächtnisleistung: Die Kampf-oder-Flucht-Reaktion bereitet Sie auf körperliche Aktivitäten vor. Bei beidem, Erstarren und Kämpfen, werden Hormone ausgeschüttet, welche die Konzentrationsfähigkeit und die Fähigkeit, neue Erinnerungen zu bilden, schwächen. Sie sollen ja gegen den Bären oder Säbelzahntiger kämpfen und nicht statistische Indikatoren und Oszillatoren validieren, denkt sich Ihr Körper. Neuere Untersuchungen deuten darauf hin, dass der Hippocampus (also der Bereich Ihres Gehirns, der für die Langzeitspeicherung von Informationen zuständig ist) unter der Einwirkung von Dauerstress schrumpft.

Gewichtszunahme: Das Stresshormon Cortisol fördert die Gewichtszunahme. Da der Kampf-oder-Flucht-Mechanismus Blut von den inneren Organen den Muskeln zuführt, dauert es länger, bis Nahrung verdaut wird.

Hoher Blutdruck und *Schwächung des Immunsystems*: Die Kampf-oder-Flucht-Hormone pushen den Blutdruck dauerhaft in die Höhe und werden den Körper irgendwann ermüden. Mögliche Folgen des zu hohen Blutdrucks, der Hypertonie, sind unter anderem Erhöhung des Risikos von Schlagfall, Herzinfakt und -schwäche und Nierenversagen. Genauso verhält es sich mit der Wirkung von Cortisol und anderen Stresshormonen und deren entzündungshemmender Wirkung. Die Absicht, den Körper gegen Verletzungen unempfindlich zu machen, schwächt langfristig das Immunsystem und führt zu einer höheren Infektanfälligkeit gestresster Menschen.

Die Liste der Veränderungen, die unter Stress entstehen, ist bedeutend länger und soll hier nur exemplarisch gezeigt werden. Die kurze Auflistung sollte verdeutlichen, dass Ihrem Körper im Kampf-oder-Flucht-Zustand *Energie für das rationnale Denken, die Nahrungsverdauung und die Körperwartung genommen wird.* All das sind Luxusprobleme, wenn es um das Bewältigen einer (wahrgenommenen) lebensbedrohlichen Situation geht.

Sie verdeutlicht darüber hinaus, dass sich Händler, insbesondere bei chronischem Stress, der über Monate und vielleicht Jahre anhält, Gedanken machen sollten, woher der Stress kommt, wie er überwunden werden kann beziehungsweise wie man ihn gar nicht erst aufkommen lässt. Wenn man es so »umbiegen« könnte, dass die tägliche Arbeit an der Trading-Station nicht als Stress empfunden wird, wäre das Problem gelöst. Ein schöner Nebeneffekt für Ergebnisverantwortliche ist, dass letztendlich das Krankheitsrisiko zurückgeht.

Erkennen Sie Ihre Stressauslöser und Denkfallen

Zunächst einmal ist es wichtig, dass Sie beobachten, in welchen Situationen Stresssymptome bei Ihnen auftreten. Steigt der Blutdruck schon bei dem Gedanken an das Handeln oder erst dann, wenn Sie 30 Prozent Ihres Kapitals verloren haben? Kann Sie nichts erschüttern oder gehen Ihnen schon die Foren-/Chatbeiträge von Trader-Kollegen auf die Nerven? Was passiert mit Ihrem Puls an der Halsschlagader, wenn sich die Position, die Sie gerade geöffnet haben, gegen Sie dreht? Lernen Sie, w*as genau* bei Ihnen Stress verursacht. Fragen Sie Kollegen, Freunde oder Familie, wenn Sie Zweifel haben, was genau Sie nervt. Und machen Sie sich Notizen!

Grundsätzlich gilt Folgendes: Stress entsteht im Kopf. Er ist lediglich eine Reaktion Ihres Gehirns auf das, was in Ihrer Umgebung passiert. Ob Sie ein Hindernis auf Ihrem Weg zum Ziel als *würdige Herausforderung* oder als *furchtbares Desaster* betrachten, hängt von Ihren Gehirn-Verschaltungen ab!

Von Alfred Graf Korzybski stammt der häufig zitierte Ausspruch: »Die Landkarte ist nicht das (tatsächliche) Gebiet« beziehungsweise »Die Landkarte repräsentiert nicht das gesamte Gebiet«. Will heißen, dass eine Abbildung der Realität in Ihrem Gehirn nicht mit dem identisch ist, was es abbildet. Das Gehirn produziert kein getreues Abbild der Realität. Das Abbild ist unvollständig und abänderbar! Sie sind es, der die Wahrnehmung Ihrer Landkarte gestaltet. Sie erfahren die Welt durch Ihre fünf Sinne (Sehen, Hören,

Tasten, Riechen und Schmecken). Die Informationen, die durch die Sinne in Ihr Gehirn gelangen, werden gefiltert. Teile dieses Filterprozesses sind Ihre Identität, Ihre Werte und Überzeugungen, Ihre Erinnerungen und Erfahrungen und Ihr sozialer und kultureller Hintergrund. Um es zu verdeutlichen: Es kommen nur solche Informationen durch, für die Ihre Filter empfangsbereit sind. Sie haben also die Wahl, eine Marktsituation als bedrohlich oder aber als würdige Herausforderung anzusehen, die Sie zu Ihrem Ziel führt.

Zunächst einmal müssen wir Ihre Auslöser, also Ihre Triggerreize, herausfinden.

Wenn Sie ein Optimist sind, wird sich das wahrscheinlich kaum ändern. Wenn Sie eher pessimistisch sind, gibt es effektive Methoden, dies zu ändern. Interessant in diesem Zusammenhang ist Ihr Erklärungs- beziehungsweise Attributionsstil. Kennzeichen eines negativen Erklärungsstils sind:

▶ Sie machen gerade die längste und schwerste Draw-down-Phase Ihres Händlerlebens durch. Sie denken, Sie sind die Ursache des Desasters.
▶ Haben Sie über längere Zeit einen Lauf, werden Sie skeptisch und kehren die Logik um. Der Handelserfolg ist zufällig oder es gab externe Glücksfaktoren.
▶ Anhaltende negative Handelsphasen sehen Sie als grundsätzlich und permanent an, gute Erfolge haben nur eine sehr begrenzte Bedeutung und sind selbstverständlich nicht dauerhaft.

	Negativer Erklärungsstil	**Positiver Erklärungsstil**
Sie haben einen »Lauf«, Ihr Handelssystem geht auf.	Puh. Glück gehabt. Aber wie soll ich meine Trading-Ziele erreichen? Das hält bestimmt nicht.	Ich bin gut und habe es verdient. Ich bin diszipliniert und bleibe stets gelassen.
Nichts geht. Die Verlust-Trades nehmen überhand.	Ich wusste es doch, ich kann den Markt nicht schlagen. Endlich ist es raus. Es musste ja so kommen. Das ist der Anfang vom Ende.	Da muss ich noch einmal meine Indikatoren nachjustieren oder direkt morgen früh das übergeordnete Szenario besser einbeziehen und kreativ werden. Ich krieg das hin.

Tabelle 10: Unterschiedliche Erklärungsstile

Übung

Schreiben Sie einmal für eine Woche Ihre Gedanken während des Handelns nach dem obigen Schema auf, ganz ungefiltert, so wie es aus Ihnen heraussprudelt.

Dadurch kommen Sie der objektiven Wahrheit immer näher, was für ein Trader-Typ Sie sind. Vielleicht registrieren Sie, dass Sie einen tendenziell negativen Erklärungsstil haben.

Jedes Verhalten, auch ein negativer Erklärungsstil, folgt einer Strategie. Dieser Strategie sind Sie sich kaum oder gar nicht bewusst. Dadurch dass Sie sich bewusst beobachten (beispielsweise durch das Beobachten eines Denkstils) haben Sie die Chance, diese innere Strategie aufzudecken. Gleichzeitig sehen Sie schnell, an welcher Stelle Veränderungen ratsam sind.

Identifizieren Sie die Schlüsselreize, die bei Ihnen Trading-Probleme verursachen

Beim Coaching von Tradern geht es darum, *alle Schlüsselreize* aufzulisten, die zu Trading-Problemen führen. Während Ihnen bei »lauten« Informationen Ihr eigenes Verhalten leichter klar wird, gibt es in vielen Fällen sehr subtile Schlüsselreize, die veränderte Bewältigungsmechanismen auslösen und das Trading stören. Diese werden häufig nicht bemerkt. Es geht darum, *alle Reize zu identifizieren* und zu katalogisieren.

Die Selbst- oder Fremdbeobachtung sollte sehr akribisch geführt werden. Meinen Klienten rate ich dazu, ihr Trading-Journal um die Spalte »emotionale Beobachtung« beziehungsweise »mentale Themen« zu erweitern. Ergebnis dieser Beobachtung ist, dass sie wissen: »Wenn A passiert, werde ich unruhig.« In den meisten Fällen handelt es sich um Situationen, die starke Emotionen auslösen. Wenn Sie Ihr Trading-Journal länger und akribisch geführt haben, werden Sie selbst feststellen können, welcher Auslöser wichtig ist. Er wird *mehrfach* in Ihren Aufzeichnungen zu finden sein.

Typische Auslösereize sind Angst, Langweile, hektische Marktbewegungen, euphorische Stimmung, größere oder plötzliche Verluste, länger anhaltende Verlust- oder Gewinnserien, aber auch Sensationslust. Prüfen Sie sich, lernen Sie sich selbst kennen.

Einflussfaktoren der Informationsverarbeitung

Soeben wurde erläutert, wie Informationen aus der Umwelt in Ihrem Gehirn durch Ihre Identität, Werte und Überzeugungen über Ihre Fähigkeiten, Ihr Verhalten und Ihre Umwelt gefiltert werden. Wenn Sie eine negative, nicht zielführende Strategie verbessern wollen, müssen Sie auf der Ebene der Fähig- und Fertigkeiten ansetzen, sich also neue Fertigkeiten aneignen. Dabei interessiere ich mich mehr für den Prozess, *wie* Sie etwas tun, als für *den Inhalt* der Erfahrung. Im Fokus steht: *Wie* werden Sie wütend, wenn Sie sehen, dass Sie vielleicht schon wieder ein Setup und einen guten Entry Ihres Systems übersehen haben? Anstatt immer wieder wütend zu werden und zu overtraden, oder kein Risk und Money Management zu betreiben, stellen Sie sich vor, wie Ihr Depot schrumpft. Stellen Sie sich die Auswirkungen lebhaft vor! Was wird der Kollege, der Partner sagen und was sagen meine Freunde? Was passiert mit Ihrer Altersvorsorge?

Weil sich Strategien verändern lassen, können Sie die Methode, mit der Sie in einer bestimmten Situation erfolgreich sind, nachahmen (modellieren) und so auch andere Bereiche Ihres Handels optimieren. Auf diese Weise könnten Sie beispielsweise in Zukunft verhindern, auf bestimmte Auslösereize am Markt mit Stress zu reagieren.

Dazu eine kleine Vorübung: Überlegen Sie sich eine Tätigkeit, die Sie oft ausführen, und gehen Sie dabei ganz bewusst den gesamten Ablauf Schritt für Schritt durch. Es geht nicht um die Mechanik der Fähigkeit, sondern um die mentalen Vorgänge: *Wie* tun Sie es? Nehmen wir etwas Harmloses: das Öffnen Ihres E-Mail-Programms. Folgendes könnte passieren: »Ich denke daran, dass in der Mail File die täglichen Kontoauszüge sind. Außerdem erinnert mich die Vielzahl der stetig hereinkommenden Mails daran, dass ich mit meinem Pensum im Rückstand bin. Ich stelle mir dabei vor, was ich alles noch zu tun habe und dass die Zeit schon wieder knapp ist. Beim Durchlesen der Mails fällt mir auf, dass ich ein schlechtes Gewissen bekomme, weil ich schon wieder hinter meinem Zeitplan bin. Diese Gedanken haben so viel Zeit und Energie verbraucht, dass ich mich erst einmal ablenken muss.« Et cetera.

Übung Stressauslöser

Ziel: Nehmen wir an, der Stressauslöser ist das Antizipieren von Verlusten. Ziel ist es, weniger emotional auf Verluste zu reagieren.

Das folgende Verfahren erleichtert Ihnen das Aneignen neuer Fähigkeiten. Nehmen Sie sich bitte ein wenig Zeit und suchen Sie sich einen Raum aus, in dem Sie ungestört sind. Entspannen Sie Ihren Körper so weit wie möglich und halten Sie den Rücken gerade. Noch besser entspannt man sich mit Bauchatmung.

Test (Auslöser): Schließen Sie jetzt die Augen und werden Sie sich bewusst, wie Sie an Ihrer Trading-Station handeln. Sie sehen, wie sich die Position, die Sie gerade eingegangen sind, gegen Sie dreht, als ob alle darauf gewartet hätten, dass Sie einsteigen.

Operation (Handeln): Sie sehen sich, wie Sie Ihre Strategie auf den Auslöser ändern. Statt zu denken, dass sich der Markt gegen Sie verschworen hat und dass Sie Schuld daran sind, gerade jetzt in den Markt zu gehen, denken Sie daran, dass *Verluste Teil jedes Handelssystems* sind. Wie ein Kaufmann Verluste einkauft, müssen Sie Verlust einkaufen. Das System bleibt trotzdem ertragreich. Machen Sie sich bewusst, wie Ihr Körper unter dem Einfluss von Wut, Enttäuschung und Stress reagiert. Sie überprüfen noch einmal, ob alle Voraussetzungen gegeben waren und stellen dies bejahend fest. Sie haben alles richtig gemacht!

Test: Funktioniert das? Beobachten Sie sich. Gehen Sie noch einmal dieselbe Szene vor Ihrem geistigen Auge durch. Hat sich Ihre Erregung reduziert? Wenn ja, gehen Sie zum letzten Schritt über. Wenn nicht, gehen Sie wieder einen Schritt zurück und testen eine andere Strategie. Ihrer Kreativität sind keine Grenzen gesetzt. Verändern Sie so lange die Strategie und ersetzen Sie jeden Schritt der Strategie durch einen zielführenderen, bis es passt. Sie gehen dabei bewusst immer wieder die Situation durch, die der Auslöser (in unserem Beispiel die Situation, wenn der Kurs gegen Sie läuft) hervorruft. Schonen Sie sich nicht.

Exit: Solange Sie sich darüber bewusst sind, dass Minus-Trades zum täglichen Geschäft gehören, kann Sie nichts erschüttern.

Jetzt müssen Sie die bewusst gelernte Strategie in Ihrem Unterbewusstsein installieren, damit sie auch wirksam abrufbar ist. Bis hierhin ist Ihnen nur rational klar, dass die neue Strategie funktioniert. Die neue Strategie, ruhig zu bleiben, muss *als wirkliche Alternative erlebt* werden. Bisher haben Sie die Situation dissoziiert durchlaufen. Sie haben gesehen, wie Sie auf den Auslösereiz reagieren. Um sie als wirkliche Alternative zu erleben, gehen Sie die neue Strategie Schritt für Schritt assoziiert durch, ankern die einzelnen Schritte. Das heißt, Sie wiederholen die obige Übung, allerdings mit dem Unterschied, dass Sie sich nicht Ihre Reaktion vorstellen, sondern dass Sie die Szene selbst durchlaufen. Sie sehen durch Ihre eigenen Augen, wie sich die Position gegen Sie dreht, hören mit eigenen Ohren, was Sie zu sich sagen, und fühlen, wie es Ihnen dabei geht.

Suchen Sie einen Platz, an dem Sie längere Zeit nicht gestört werden, und nehmen Sie sich etwas Zeit. Atmen Sie dreimal tief durch und schließen die Augen. Sie beginnen wieder mit dem ersten Schritt der alten Strategie, dem Auslösereiz. Jetzt machen Sie sich ein Bild von der neuen Strategie. Wenn sich die Position gegen Sie dreht, hören Sie sich sagen: »Verluste sind Teil jedes Handelssystems. Das System bleibt trotzdem erfolgreich.« Wiederholen Sie die Verbindung zwischen Auslösereiz und Reaktion so lange, bis die neue Strategie selbstverständlich wird. Setzen Sie dabei bitte jedes Mal einen Anker (beispielsweise führen Sie Daumen und kleinen Finger zusammen). Dann gehen Sie zum nächsten Schritt Ihrer Strategie und ersetzen den alten Schritt durch den neuen. Wiederholen Sie auch hier den Ablauf bis zu diesem Punkt: Arbeiten Sie hier mit einem anderen Anker (zum Beispiel Daumen und Ringfinger zusammenführen). Lösen Sie nun beide Anker hintereinander aus, werden automatisch die ersten beiden Schritte Ihrer neuen Strategie abgespult.

Stressresistenz und innere Widerstände

Eine geringe Stressresistenz hat häufig emotionale Ursachen. Im Rahmen der Selbsteinschätzung und bei einem Gespräch mit einem geschulten Gegenüber kann man eigene Ansichten und Einstellungen einschätzen und Verhalten beobachten. Einer von vielen Ansätzen besteht darin, zu zeigen, dass es möglich ist, seine Gedanken, Gefühle und Handlungen zu ändern. Dass dies tatsächlich möglich ist, ist sowohl neurobiologisch als auch durch zahlreiche psychologische Studien bewiesen. Oft gibt es *innere Konflikte*, die störend auf die Motivation, sich ändern zu wollen, wirken. Das können Widerstände sein, deren Sie sich als Händler vielleicht selbst nicht bewusst sind und die Sie, wenn Sie jemanden fragen würde, weit von sich weisen würden. Diese inneren Widerstände verhindern häufig, kontinuierlich die eigenen Stärken auszubauen, Schwächen zu reduzieren und Ziele konkret anzugehen. Entdeckt der Trader selbst oder ein externer Coach bei der Analyse der Trading-Ergebnisse, dass er beispielsweise Schwierigkeiten hat, sich an sich ändernde Marktbedingungen anzupassen oder neue Handelsstrategien zu entwickeln, so ist die Erkenntnis, dass ein Widerstand vorliegt, der erste Schritt, sich dieser Herausforderung zu stellen. Daran anschließende Verbesserungen in der Strategie und Taktik greifen umso besser, wenn man weiß, an welcher Stelle es emotionale innere Widerstände gibt und diese auflöst. Oftmals sind es Konflikte, die Sie vor Ihrer Zeit als Trader durchlebt haben, die nun störend auf Ihre Entscheidungen und Handlungen ausstrahlen. Wenn Sie oftmals beim Handeln zornig, trotzig, aggressiv oder blockiert sind, zeigen Sie – wahrscheinlich ohne es selbst zu merken – Widerstand. Der erste Schritt ist, sich selbst einzugestehen: »Aha, ich bin offensichtlich dagegen, dass ... Also habe ich einen inneren Widerstand!« Wann immer Sie nicht bereit sind, Offensichtliches anzunehmen – wenn sich beispielsweise der Markt verändert und Sie entsprechend reagieren müssten, es aber nicht tun –, prüfen Sie sich kritisch. Wogegen wehren Sie sich? Schreiben Sie es in Ihrem Trading-Journal in die Spalte »Sonstiges«. Immer wenn Sie etwas nervt, also beispielsweise die Strategie zu ändern, weil Sie mit der alten nicht mehr erfolgreich sind, sollten Sie sich dies eingestehen. Erst wenn Sie den Widerstand akzeptieren, können Sie von der »Krise« ins positive Lernen übergehen.

Hinter jedem Widerstand steckt eine psychologisch wichtige Botschaft, die beachtet werden will. Eine schlechte Profit/Loss-Bilanz ist nur das *Ergebnis* eines emotionalen Kontrollverlustes. Um die Auslöser, welche die gezeigten Stresssituationen einleiten, zu entschärfen, muss die dahinterliegende Botschaft erkannt und gewürdigt werden.

Nehmen Sie sich nun wieder Zeit und versetzen sich in einen entspannten Zustand. Sie wissen ja inzwischen, wie das funktioniert. Gehen Sie beim Umgang mit Ihren Widerständen nach dem 6-Punkte-Widerstandsprogramm wie folgt vor:

1. Untersuchen Sie die Situationen, in denen Sie sich im Widerstand befinden. Nehmen Sie diesen Widerstand *nicht persönlich*, denn eigentlich ist

der Problemlöser selbst – das Ego – das Problem. Dazu müssen Sie sich von sich selbst distanzieren und sich beobachten (oder beobachten lassen). Wie das geht, erfahren Sie im Kapitel 4.1.7. Erkennen Sie zunächst nur, *dass Sie im Widerstand sind*.

2. Nachdem Sie sich überzeugt haben, dass der Widerstand nichts Persönliches ist, muss man den *Widerstand des Widerstandes aufgeben*. Erst die Verdrängung des Widerstandes macht den Widerstand groß und führt zu massiven Problemen. Sie müssen sich also konstruktiv mit Ihrem Widerstand auseinandersetzen: *Erlauben Sie ihm, größer zu werden, ja, er soll in Ihnen wachsen. Damit nehmen Sie ihn ernst.* Widerstand gehört zum Wachsen dazu und ist ganz natürlich. Indem Sie den Druck aus dem Widerstand nehmen, kann seine gute Absicht zum Vorschein kommen. Gehen Sie deshalb so liebevoll wie möglich mit ihm um. Nachdem Sie ihn identifiziert und benannt haben, wissen Sie jetzt, wogegen er sich richtet. Sagen Sie: »Ach, das ist nur ein Widerstand!«

3. Sie wissen jetzt, wann er sich zeigt und wogegen er ist. Erlauben Sie ihm, Ihnen jetzt mitzuteilen, warum und für was er da ist! Notieren Sie sich stichwortartig, *wovor er Sie eigentlich bewahren* oder schützen will.

4. Damit erkennen Sie Ihre Schwächen und Unsicherheiten, die unter der harten Schale verborgen sind. Allein damit haben Sie einen großen Schritt getan: Sie haben dadurch, dass Sie sich den guten Zweck des Widerstandes klargemacht haben, Ihre *eigenen Unsicherheiten ans Tageslicht gebracht*. Durch das Bewusstmachen erkennen Sie, vor welcher Krise Sie Ihr Widerstand bewahren will. Jetzt können Sie sich vorstellen, wie es wäre, wenn Sie selbst leben und handeln würden, wenn der Widerstand nicht da wäre. Durch das Zulassen von Unsicherheiten verändert sich Ihr Weltbild und Sie sehen neue, bessere Alternativen, Ihr eigentliches Ziel zu erreichen. Ihr Widerstand hat sich damit als Chance zum Wachstum gezeigt.

5. Erkennen Sie die Botschaft, die hinter dem Widerstand verborgen ist. Es geht um die verschlüsselte Information, wo Sie selbst zurzeit einen Engpass haben, den Sie erweitern wollen. Hören Sie ihm genau zu und sehen Sie den Tatsachen ins Auge. Fühlen Sie in ihn hinein!

6. Nutzen Sie den *Widerstand als Ihren Verbündeten*. Er hat nur dann einen negativen Einfluss, wenn Sie gegen ihn vorgehen oder ihn unterdrücken wollen. Er ist es, der die Richtung vorgibt.

Wie wertvoll diese Übung ist, werden Sie sehen, wenn Sie den ersten Widerstandspunkt erkannt, ernst genommen und die gute Absicht dahinter erkannt haben. Es kann sein, dass viele Dinge, die Sie danach angehen, viel wirksamer werden, da sich interne Spannungen bei Ihnen jetzt leichter lösen. Oftmals verbessert sich die Rentabilitätsproblematik schon mit der Anerkennung des ersten Widerstands, da dieser unseren Talenten und Fähigkeiten im Weg gestanden hat. Er wurde durch einen Mangel an ernsthaftem Training und Hartnäckigkeit erzeugt, was wiederum innere Spannungen erzeugt hat.

Dies einzusehen ist ein weiterer Schritt in Ihrer persönlichen Entwicklung. Die Herausforderung besteht darin, den Prozess zu Ende zu gehen: Wenn Sie sich dem 6-Punkte-Widerstandsprogramm öffnen, werden Sie auch Zweifeln, Ablehnung und negativen Eindrücken Raum geben müssen, nicht um ein Problem gegen ein anderes auszutauschen, sondern um *innere Klarheit zu gewinnen.*

4.1.5 Schritt 5: Negative Einflüsse wahrnehmen und bekämpfen

Wie wichtig ein Trading-Journal bei der Identifizierung von Performanceproblemen ist, habe ich ausführlich beschrieben. Ich habe betont, dass es wichtig ist, in Ihr Trading-Journal auch Spalten einzufügen, die Beobachtungen über Sie selbst in Bezug auf bestimmte Marktzustände festhalten. Indem Trader sich – über das Führen eines Trading-Journals – *zwingen,* Pläne und Ziele schriftlich festzuhalten, erhöhen sie die Wahrscheinlichkeit, dass sie auch an ihre Prioritäten denken, wenn es am Markt gerade hoch hergeht. Durch Ihre Aufzeichnung haben Sie auch die Chance, die Situationen zu entdecken, die Ihnen beim Traden die Performance verschlechtern.

Vielleicht haben Sie schon einmal erlebt, dass Sie sich bewusst dafür entschieden haben, ein Ziel zu erreichen, sei es, eine ganze Woche einfach Ihr System zu handeln. Doch wenn Ihr Unterbewusstes nicht mit vollem Willen in dieselbe Richtung möchte, wird es die Richtung einschlagen, die es selbst gehen will. Stellen Sie sich vor, was Sie erreichen können, wenn Ihr Bewusstsein und Ihr Unterbewusstsein an einem Strang ziehen, wenn sie miteinander »in Rapport« stehen. Sie würden direkter und müheloser an Ihr Ziel kommen. Es gilt also zu verstehen, wer bei Ihnen Ihr Verhalten lenkt und welche Motive es dafür gibt.

4.1.5.1 Verlustängste überwinden

Die Techniken, die Sie bisher kennengelernt haben, geben Ihnen die Möglichkeit, Situationen, die Ihnen bisher unangenehm waren, als angenehm zu erfahren. Was Sie selbst als angenehm empfinden, werden Sie auch besonders gut und erfolgreich machen. Haben Sie beispielsweise Angst, einen Trade im Minus abzuschließen, kostet Sie dies wahrscheinlich viel Energie. Die Energie, die Sie – bevor Sie die Übungen gemacht haben – gebraucht haben, um mit Ihrer Willenskraft die Angst zu besiegen, steht Ihnen nun für positive Zwecke zur Verfügung. Ist die Angst dann mit der Zeit gestiegen und reicht die Willenskraft nicht mehr aus, die Angst zu überwinden, sollten Sie andere Maßnahmen einsetzen.

Eine starke Verlustangst hat die Tendenz, sich selbst zu verstärken. Ihr Gehirn will Sie vor dem Angstauslöser »Geldverlust« bewahren. Die Strategie der Vermeidung führt dazu, dass Sie kleine Verluste nicht realisieren. Das Gehirn konditioniert diese dann als »Buchverluste« und vermeidet damit eine Zeit lang erfolgreich Angstzustände. Irgendwann wird die Vermeidung zur *Gewohnheit* und Ihr Unterbewusstsein aktiviert häufiger die Angst. In der Regel hat die Angst eine positive Absicht, und die müssen wir herausfinden. Im Grunde genommen ist die Übung sehr ähnlich wie die Übung mit den verschiedenen Teilpersönlichkeiten, die Sie weiter unten finden. Die Lösung erfolgt hier aber auf emotionaler Ebene, nicht auf rationaler. Ich werde deshalb diese wirksame Methode hier nur kurz vorstellen:

In dieser Übung gibt es mehrere Persönlichkeitsanteile: die Angst, den Retter und den Moderator, den Sie später noch besser kennenlernen. Es geht darum, den Dialog zwischen den jeweiligen Teilen zu fördern und darum, dass sich die jeweiligen Persönlichkeitsteile untereinander kennenlernen und die jeweiligen positiven Motive der anderen schätzen lernen. Dies ist der erste Schritt, eine Verlustangst aufzulösen. Stärkere Verlustängste sollten mit einer Methode, wie sie in Kaptiel 4.1.5 beschrieben wird, aufgelöst werden.

Übung: Verlustangst minimieren

1. Klären Sie das Ziel, das Sie erreichen wollen. Die Antwort muss den Zielkriterien entsprechen, die wir in Kapitel 4.1.1 definiert haben, also positiv

und auf ein messbares Ergebnis hin formuliert sein.

2. Ankern Sie mit Berührungen jeweils die einzelnen Persönlichkeitsteile Angst, Retter und Moderator.

3. Gehen Sie in die Rolle des Moderators und stellen die anderen Subpersönlichkeiten einander vor.

4. Rufen Sie die Angstpersönlichkeit auf und fragen Sie, ob sie die anderen Teile kennt. Erkundigen Sie sich nach der positiven Absicht.

5. Wechseln Sie in die Persönlichkeitsrolle des Retters. Erkundigen Sie sich, ob er die Angst kennt. Fragen Sie ihn nach seinem guten Ziel.

6. Switchen Sie wieder in den Persönlichkeitsteil des Moderators und eröffnen den Dialog zwischen der Angst und dem Retter. Führen Sie so lange ein Gespräch, bis alle Beteiligten die Motive des anderen billigen, und erarbeiten Sie eine gemeinsame Lösungsmöglichkeit.

7. Ökologie-Check: Fragen Sie, ob alle Teilpersönlichkeiten mit der gemeinsamen Lösungsmöglichkeit leben können. Wenn nicht, führen Sie den inneren Dialog so lange weiter, bis alle Parteien zufrieden sind, oder einigen Sie sich auf ein Teilziel, bei dem Sie im nächsten Gespräch ansetzen können.

8. Future Pacing: Stellen Sie sich vor, wie Sie in der Zukunft in die gleiche Situation kommen, und erleben Sie die Verbesserungen gegenüber Ihrer vorherigen Reaktion. Was hat sich verändert? Wo ist noch Optimierungsbedarf? Wie geht es Ihnen jetzt, wenn Sie die Situation durchleben?

Manche »Kliniker« sind der Auffassung, dass sich eine Angststörung, die sich in langer Zeit entwickelt hat, nicht in kurzer Zeit beseitigen lässt. Sie sprechen aus ihrer Erfahrung. Aber das ist nicht die Erfahrung mentalen Trainings. Gehirnforscher betonen immer wieder: Lernen geht schnell. Warum sollte Heilung dann lange dauern? Meine feste Überzeugung ist, dass Heilung nicht nur schnell gehen *kann*, sondern dass sie in kurzer Zeit stattfinden *muss*. Eine langjährige Behandlung wäre ungefähr so, als ob Sie einen Spielfilm von zwei Stunden Bild für Bild ansehen würden. Sind Sie der Meinung, Sie würden dann den Film besser verstehen?

4.1.5.2 Identifikation und Abbau negativer Überzeugungen

Haben Sie sich als Trader beispielsweise detaillierte, vernünftige Ziele gesetzt, einen Businessplan gemacht, viele Trainings besucht und im Demo-Trading gezeigt, dass Sie Talent haben und kommen trotzdem beim Live-Trading nicht ins Laufen? Vielleicht sehen Sie jetzt vor Ihrem geistigen Auge, wie Ihr Depot und Ihre Rücklagen weiter abschmelzen und zur Neige gehen. Manche werden an dieser Stelle ein wenig panisch, zumal sie ja formal alles richtig machen. Wobei soll Sie denn ein normaler Trainer noch unterstützen? Es kann sein, dass der eine oder andere von Ihnen einen tief sitzenden, unerschütterlichen Glaubenssatz in sich trägt, beispielsweise: »Reiche Leute sind asoziale Menschen.« Nun rührt diese undifferenzierte Volksmeinung oft daher, dass es früher Menschen gab, die wehrlose, dumme Menschen schamlos ausgebeutet haben. Das hat jedoch wenig mit Traden zu tun, zumal gerade dort jeder seines eigenen Glückes Schmied ist. Da der Mensch ein soziales Wesen ist und unterschwellig große Angst davor hat, aus der Gesellschaft ausgeschlossen zu werden, weigert sich ein Teil in Ihnen, beim Traden erfolgreich zu sein und eine ordentliche Profit/Loss-Bilanz zu erzielen. Ihr Bewusstsein kann alles richtig machen. Aber eine negative Überzeugung in Ihrem Unterbewusstsein führt Sie trotzdem auf einen anderen Weg. Indem Sie jedoch erkennen, dass Sie die Wahl haben, als Pleitier oder als wohlhabender Trader zu leben, verändern Sie ihr Verhalten und die interne Situation verbessert sich.

4.1.6 Schritt 6: Unbewusste Folgen vergangener Draw-down-Phasen bearbeiten

Möglicherweise haben Sie die Bedeutung gehirnpsychologischer Abläufe im Falle eines längeren Draw-down für Ihren Handelsalltag noch nicht entdeckt. Was hat das mit dem Verlusttrauma beim Traden zu tun? Was ist überhaupt ein Verlusttrauma? Ganz einfach: Wenn ein Mensch extreme Unglücks- oder Belastungssituationen erlebt, etwa Soldaten in Kampfeinsätzen, als Opfer frühkindlicher Misshandlung oder eines brutalen Banküberfalls, oder wenn ein Trader Geld verliert durch eine längere Serie von Verlust-Trades, dann wird dieser Mensch traumatisiert. Damit ist eine Erfahrung *erlernt*. Sie äußert sich darin, dass Sie nachts vom Traden träumen und vielleicht schweißgebadet aufwachen und Ihre Gedanken auch tagsüber nur noch um den erlittenen Verlust kreisen.

Automatische Informationsverarbeitung

Um zu verstehen, wie ein Verlusttrauma bei einem Trader entsteht, was es bei ihm bewirkt und welche Folgen es hat, ist es sinnvoll, sich die Informationsverarbeitung etwas näher anzuschauen. Wie etwas weiter oben angesprochen, wird nicht nur ein einzelner Sinn, sondern werden komplexe Kombinationen aus Seh-, Hör- und Tastinformationen et cetera verarbeitet. Dabei werden die Informationscluster von Erfahrungen, die Sie in der Vergangenheit machten, *gefärbt*. Um die Umwelt neutral, *ungefärbt*, zu sehen – und das wollen Sie als Händler –, wäre ein möglicher Lösungsweg, alle Informationen bewusst wahrzunehmen. Jetzt müssen Sie zum einen bedenken, dass das Gehirn durchschnittlich nur 7 plus/minus 3 Informationen gleichzeitig bewusst verarbeiten kann. Es kommen aber zirka 2 Millionen Informationen pro Sekunde an, die Sie verarbeiten müssen. Zum anderen findet auch die automatische Verarbeitung sowohl auf niedrigen Stufen des Gehirns als auch auf höheren Stufen statt. Schließlich können Sie nicht von automatischer auf manuelle Informationsverarbeitung umschalten, weil Sie sich nicht mit Formen und Beleuchtungen herumschlagen wollen, um zu entscheiden, dass der gerade Strich in der Mitte des Sehfeldes eine Zahl in zirka 60 Zentimeter Abstand ist (die den Kurs des Bund Futures anzeigt) und keine Straßenlaterne in 600 Meter Entfernung. Sie wollen auch keinen qualvoll langsamen, logischen Deduktionsprozess durchmachen, um zu bestimmen, dass das Objekt, das Sie gerade betrachten, ein Quadrat mit Linien und darüber hinaus ein Candlestick-Chart ist. In der Zeit, die ihr Gehirn brauchen würde, um alle Informationen logisch, bewusst zu entschlüsseln, hat sich die Situation wieder geändert und muss neu interpretiert werden. Im Markt wären Sie heillos überfordert. Automation bei der Signalverarbeitung hat ihren Sinn! Alles würde zum Stillstand kommen, wenn wir keine unterbewusste Verarbeitung hätten. Wenn die automatische Verarbeitung jedoch zur Folge hat, dass wir nicht arbeiten können, sollte man das Reiz-Rektions-Schema auflösen!

Eine der Aufgaben unseres Gehirns besteht darin, uns vor Schmerzen und Tod zu beschützen. Unser Gehirn produziert bei antizipiertem Geldverlust dieselben Emotionen wie vor einer konkreten Lebensgefahr (zum Beispiel Abgrund an einer Klippe) oder bei erwarteten Schmerzen. Wenn das Gehirn erkennt, jetzt wird Geld verloren, werden Hormone ausgeschüttet, die dem Körper signalisieren, dass er sich auf eine Verteidigungsreaktion vorbereiten muss! Und weiter? Der Hypothalamus aktiviert den sympathischen Zweig des autonomen Nervensystems (ANS) und versetzt ihn in einen Zustand erhöhter

Erregung, die den Körper zunächst erstarren lässt und ihm dann entweder Kampf oder Flucht ermöglicht. Sie als Trader müssen jetzt wahrnehmen, dass Ihr Gehirn Ihnen signalisiert: Hier liegt eine Notsituation vor! Keine Zeit für philosophische Gedanken! Die reflexiven Gehirnteile, also Ihr Reptiliengehirn, haben jetzt das Sagen. Das bedeutet, die Informationsverarbeitung läuft unbewusst, schnell und automatisch ab! Warum ist das erwähnenswert? Es geht darum, dass Sie sich der Psychodynamik eines Verlusttraumas bewusst werden.

Der Schaltkreis im Gehirn konditioniert sich mit der Zeit auf Verluste. Zum einen ist diese Emotion nicht angenehm, zum anderen führt dies zu einem viel schwerwiegenderen Punkt: Der Prozess, Geld zu verlieren, legt einen »Bypass« um den Verstand, der wiederum zu Verhaltensautomatisierung führt, und Ihr Trading läuft unbewusst ab. Ist dieser Zustand einmal erreicht, können Sie noch so viele interessante Artikel, schlaue Blog-Einträge und intelligente Bücher lesen, Sie ändern nichts! Die Psychodynamik erzeugt eine sich selbst erfüllende Prophezeiung. Sie erwarten, Geld zu verlieren, und Ihr Gehirn erfüllt Ihnen alles, was Sie sich vorstellen und erwarten. Ihr Unterbewusstsein als Wunscherfüller führt Sie unterbewusst und automatisch auf dieses (zugegebenermaßen dumme) Ziel hin. Sie bekommen, was Sie erwarten. Ihr Intellekt mag noch so hoch sein: An diesem Zustand ändern Sie nichts, wenn nicht »manuell« eingegriffen wird.

Bezogen auf die »reale« Welt des Handelns bedeutet das, dass ein Mensch, der eine Reihe von Verlusten hinnehmen musste, ein Trauma erfahren hat. Diese Erfahrung verfestigt sich schleichend in eine Phobie, in eine irrationale Furcht vor Objekten und Situationen, die in keinem Verhältnis zur realen Gefahr steht. Die Ratio könnte ja helfen, aber das limbische System lässt es nicht zu!

Neuere Ergebnisse der Neuroökonomie bestätigen die Relevanz von mentalen Trainingsformen für das tägliche Handeln. Was können Händler oder institutionelle Investoren nun konkret für den Alltag aus dieser Erkenntnis lernen? Liegt ein Trauma oder eine anhaltende Bedrohungsempfindung vor, reagiert das Gehirn so, als stehe es unter starkem Stress, und erlebt eine akute Bedrohung. Obwohl das traumatische Ereignis schon seit Längerem beendet ist und die Bedrohung durch rationales Verhalten abgewendet werden konnte, fordert das limbische System vom Hypothalamus weiterhin, das ANS zu aktivieren und den Körper auf Kampf, Flucht oder Erstarren vorzubereiten. Der

Körper befindet sich in einem Zustand chronischer ANS-Aktivierung, kurz »Hyperarousal«. Einmal in diesem Stadium, ist das Fundament für langfristig chronifizierende Angst-, Panik-, Schwäche- und Erschöpfungsgefühle sowie Muskelsteifheit, Konzentrationsschwierigkeiten und Schlafstörungen gelegt. Das wollen weder Sie selbst noch will ein Handelschef gute Trader verlieren!

Während sich die herkömmliche Literatur mit Spinnen- oder Flugphobien, Angst vor großen Plätzen oder Klaustrophobie befasst, beschreiben Stuart Schneiderman und Brett Steenbarger in ihren Blog Posts ausführlich die Traumatisierung der Trader. Die Grundaussage bei beiden lautet: Traumata gehen am rationalen Verstand vorbei und erzeugen automatische, unbewusste Reaktionen. Deshalb können Traumata nicht durch noch mehr rationales Denken und Lesen guter Ratschläge beeinflusst beziehungsweise verändert werden. Ich erwähne das deshalb so oft, weil Ihr Ego das nicht gerne hören wird, aber Teile Ihres Unterbewusstseins wissen schon lange, dass es so ist.

Der ursprüngliche Zweck der Angst, das Überleben und die Nachkommenschaft zu sichern, schadet dem Händler jetzt, da die reale Bedrohung längst nicht mehr existiert. Wir haben gelernt, dass das Trauma *erlernt* ist. Wenn es erlernt ist, lässt es sich aber auch aktiv »verlernen«! Man kommt aus einer Traumatisierung wieder heraus, indem der »Trauma-Automatismus« gestoppt oder umgelenkt wird. Es wird ein korrektives neuronales Netz gebildet, in dem eine *neue emotionale Erfahrung* gemacht wird. Das hört sich komplizierter an, als es ist. Es ist nur eine komplizierte Beschreibung für einen ganz natürlichen Prozess. Sie fragen sich, wie das geht?

Effektive mentale Trainingsformen sind hypno-systemische Methoden, zu denen ich u. a. EMDR (Eye Movement Desensitization and Reprocessing), Zeitlinienarbeit, verschiedene Phobie-Modelle, *aktives* Meditieren und Rollen-Modelling zähle. Eine sehr wirksame Übung bei Phobien, bei der negative Emotionen von dem ursprünglichen Ereignis entkoppelt werden, ist die sogenannte Kino-Übung. Dazu brauchen Sie wieder eine externe Person (P), die Sie (S) durch den Prozess führt. Definieren Sie vorab das zu lösende Problem und beschreiben Sie den Zielzustand. Erlauben Sie sich jetzt, Ihren Wohlfühl-Anker aufzubauen.

P: [Ihr Name), wann genau treten denn die Symptome auf, die Sie eben beschrieben haben und die Sie überwinden wollen?

S: _____(A1)

P: Machen Sie sich bewusst, Sie sind in Sicherheit, sowohl vor als auch nach der unangenehmen Erfahrung (A1). Nichts kann Ihnen passieren. Stellen Sie sich vor, Sie gehen ins Kino und setzen sich in die erste Reihe. Während Sie im Sessel sitzen, schauen Sie sich auf der Leinwand einen Film an, in dem Sie selbst die Hauptrolle spielen. Stellen Sie sich jetzt vor, ein Teil von Ihnen geht ein paar Reihen zurück. Sehen Sie, wie dieser Teil von Ihnen Sie auf der Leinwand in der Situation (A1) sieht. Dann gehen Sie in den Film-Vorführraum. Lassen Sie den Film jetzt in Schwarzweiß weiterlaufen, dimmen Sie die Helligkeit des Films, schalten Sie die Geräusche von stereo auf mono, lassen Sie ihn auf einer kleineren Leinwand ablaufen. Spulen Sie jetzt wieder an den Anfang der Films. Konzentrieren Sie sich auf die Szenen im Film, bevor die negative Erfahrung beginnt. Lassen Sie den Film ganz durchlaufen, bis die Erfahrung vorbei ist und Sie in Sicherheit sind. Jetzt halten Sie den Film an und blenden einen weißen, sehr hellen Screen ein. Der Teil von Ihnen, der im Vorführraum war, schwebt aus dem Vorführraum wieder in den Kinosessel in die erste Reihe zurück. Sehen Sie sich den Film jetzt noch einmal an, beginnen aber am Ende des Films. Lassen Sie den Film jetzt *ganz schnell* in Farbe, stereo und dolby surround, *rückwärts* laufen, sodass er nur ein bis zwei Sekunden dauert. Machen Sie ZZZZT, so als ob Sie den Film vom Schluss ganz bis zum Anfang erleben, als Sie in Sicherheit waren und alles in Ordnung war. ZZZZZZZT. Rufen Sie den Wohlfühl-Anker ab. Assoziieren, Schnelldurchlauf rückwärts.

Wiederholen Sie diese Schritte so lange, bis die Erfahrung angenehm ist. Vieles hängt davon ab, wie intensiv Sie der Anleitung gefolgt sind. Gehen Sie nun in die Zukunft, sehen Sie, wie dieses Ereignis wiederkommt, bei dem Sie vorher eine traumatische Reaktion hatten. Achten Sie auf die Unterschiede!

Traden ist nicht nur ein Spiel, sondern ein Markt mit viel Potenzial und Geld. Phobien zu erkennen und aufzulösen ist der Anfang für die Persönlichkeitsentwicklung und die Grundlage einer erfolgreichen Karriere. Selbstverständlich überlasse ich es Ihnen, sich zu überzeugen, dass es sich für einen Trader durchaus lohnt, neben traditionellem Training auch in Mental-Coaching zu investieren und effektiv Phobien aufzulösen. Sobald Sie den Inhalt dieses Textes kritisch geprüft haben, können Sie frei entscheiden, wann Sie Ihr Unterbewusstsein als Ihren persönlichen Wunscherfüller für sich arbeiten lassen wollen!

Ein Rat zum Schluss: Seien Sie skeptisch, wenn Ihnen jemand Mentaltraining anbietet. Der Trainer und seine Art des Trainings muss zu Ihnen passen. Vertrauen Sie Ihrem Bauchgefühl.

4.1.7 Schritt 7: Handeln jenseits des Egos – der innere Zeuge als neutraler Beobachter

Eine der Fähigkeiten, die Sie bei allen bisherigen Übungen gebraucht haben, ist die Fähigkeit, sich selbst zu beobachten. Jeder Mensch beobachtet sich mehr oder weniger intensiv den ganzen Tag über und jeder kann sich diese in ihm steckende Fähigkeit zunutze machen. Sie kann bewusst trainiert werden. Trader können sich damit in Situationen, in denen es ganz besonders hektisch zugeht, wieder auf die wesentlichen Dinge konzentrieren. Sie erlangen Abstand zum hektischen Markt und vor allem zu sich selbst. Man nennt diese Technik »Dissoziieren«. Bei den späteren Übungen werden Sie sie noch häufiger brauchen. Sie zeigt Ihnen, dass Sie mehr sind als Ihre Gedanken und Ihre Persönlichkeit, mehr als der physische Körper und Ihre Emotionen. Die Übung hilft Ihnen, einfach einmal *loszulassen*.

Doch nun zur Übung.

Der innere Zeuge

Ich bitte Sie jetzt, eine angenehme Körperhaltung einzunehmen – Sitzen oder Liegen. Spüren Sie erst einmal, dass Ihr Körper Kontakt mit dem Boden hat und wo. Es geht hier darum, bewusst zu beobachten.

Atmen Sie bitte dreimal tief in den Bauch ein, halten Sie die Luft für zwei Sekunden an und entspannen sich beim langsamen Ausatmen. Schließen Sie die Augen und genießen Sie das angenehme Gefühl der Ruhe. Machen Sie sich bewusst, dass Sie ohne die Fähigkeit, sich selbst zu beobachten, sich nicht bewusst werden können, dass Ihr Körper Kontakt mit dem Stuhl (oder dem Boden) hat. Sie könnten nicht feststellen, dass er ruhig atmet. Nutzen Sie jetzt ganz bewusst die Möglichkeit, sich selbst zu beobachten. Wandern Sie durch Ihren Körper. Vom Scheitel bis zu den Zehenspitzen. Konzentrieren

Sie sich auf den Scheitel. Betrachten Sie ihn zunächst von außen, dann von innen. Spüren Sie etwas? Fühlt es sich angenehm oder unangenehm an? Ist es kalt oder ist es warm? Oder ist dort gar nichts zu beobachten? Wenn Sie die Übung zum ersten Mal machen, ist es einfacher, nur von außen zu spüren. Sie können aber auch versuchen, von innen zu spüren. Wandern Sie jetzt weiter durch Ihren Körper und gehen dabei sehr langsam bis hinunter zu Ihren Sohlen. Nehmen Sie sich hierfür einige Minuten Zeit.

Machen Sie sich zwischendurch immer wieder bewusst: Wenn ich meinen Körper beobachten kann, bin ich mehr als mein Körper. Beobachten Sie dabei sich selbst. Wie wirkt diese Erkenntnis auf Sie? Was bewirkt es bei Ihnen, sich diese beobachtende Funktion zunutze zu machen? Konzentrieren Sie sich jetzt darauf, was Sie denken. Beschäftigen Sie sich eine Zeit lang damit, welche Gedanken Sie jetzt haben. Manchmal fühlt es sich so an, als sei der Kopf wie leergefegt. Nach einer gewissen Zeit können Sie Ihre Gedanken ordnen, indem Sie diese in Gedanken aus der Vergangenheit, in Gedanken aus der Gegenwart und in zukünftige Gedanken aufteilen. Sie bemerken, dass Sie sich immer wieder beobachten. Dadurch wird Ihnen klar, worüber Sie eigentlich nachdenken. Werden Sie sich Ihrer beobachtenden Funktion bewusst. Während Sie Ihre Gedanken beobachten, machen Sie sich mehr und mehr bewusst: Ich kann meine Gedanken beobachten, also bin ich mehr als meine Gedanken. Als Nächstes bitte ich Sie, zu beobachten, welche Emotionen gerade bei Ihnen aktiv sind. Welche Emotionen sind da jetzt? Machen Sie sich wieder bewusst: Ich kann meine Emotionen beobachten, also bin ich mehr als meine Emotionen. Lassen Sie sich Zeit, genießen Sie dieses Gefühl. Jetzt möchte ich, dass Sie dazu übergehen, Ihre Stimmung zu beobachten. Beobachten Sie wieder, ob sie sich verändert hat. Sie wissen: Ich kann meine Stimmung beobachten, also bin ich mehr als meine Stimmung. Der Teil, der beobachtet, ist ein sehr wichtiger Teil von Ihnen. Machen Sie sich klar, dass Sie auch diesen Teil beobachten können. Sie beobachten den Beobachter. Den Teil von uns, der beobachtet, dass wir uns selbst beobachten können, nennen wir auch den inneren Zeugen. Es ist der Teil in uns, der uns vollkommen neutral bewertet. Diese Fähigkeit ist unschätzbar. Sie sollten sich diese Fähigkeit so oft wie möglich zunutze machen. Wenn Sie sehr emotional oder hektisch sind, wenn Sie stark gehemmt sind, hilft sie Ihnen, sich auf die Position des inneren Zeugen zu begeben. Dadurch bekommen Sie Distanz zu sich und zu dem, was Sie gerade beim Handeln machen, wenn Sie es möchten. Nehmen Sie sich noch ein bisschen Zeit und kommen dann wieder ins Hier und Jetzt.

Die Übung mit dem inneren Zeugen ist sehr wertvoll für Sie, wenn Sie sich von Ihren negativen Emotionen befreien wollen. Dadurch dass Sie den Einfluss der Gefühle abschwächen, sitzen Sie wieder im Fahrersitz, statt dass Ego und Stolz Sie davon abhalten. Der innere Zeuge macht deutlich, dass Sie mehr sind als Ihr Körper und Ihre Gedanken. Es sind wichtige Teile von Ihnen, aber eben nur Teile. Sie sind mehr als die Summe dieser Teile.

Folgende Erklärung soll in diesem Zusammenhang angefügt werden: Sehen Sie ein Bild durch Ihre eigenen Augen oder hören Geräusche durch Ihre eigenen Ohren ..., spricht man von *assoziieren*. Wenn Sie sich selbst in einem Bild visualisieren, in dem Sie sind, betrachten Sie sich selbst wie in einem TV-Film. Das nennt man *dissoziieren*. Um die Vorgehensweise zu verdeutlichen: Wenn Sie Gefühle und Emotionen verstärken wollen, assoziieren Sie. Wenn Sie Gefühle abschwächen wollen, dissoziieren Sie. Das ist ein bisschen wie ein Wunder: Durch diese Technik haben Sie eine Fernbedienung mit einem Laut-/Leiseknopf in der Hand: Gibt es positive oder sinnvolle Gefühle, können Sie diese hochdrehen und lebendiger machen. Wenn es negative Erlebnisse sind, können Sie sie in den Hintergrund schieben.

4.1.8 Schritt 8: Selbstsabotage erkennen und überwinden

Menschen lassen sich bei ihren Handlungen und Entscheidungen häufig von Motiven steuern, die sie daran hindern, Ziele zu setzen, täglich zu visualisieren und durch intensives Training an der Umsetzung zu arbeiten. Vielleicht kennen Sie das: Sie haben sich einen Trading-Plan gemacht, der Sie zum Ziel führen soll, wenn Sie ihn 100-prozentig befolgen. Dann schieben Sie ihn beiseite und es zieht ein Nebel über Sie und Ihre Außenwelt. Woher kommt dieser Verlust der Aufmerksamkeit, der Verlust der Fähigkeit, sich auf sein selbst gesetztes Ziel zu konzentrieren?

Häufig wollen wir innere Widerstände loswerden, wehren uns aber gleichzeitig dagegen. Dies weist in vielen Fällen auf Verdrängtes hin. Der Nebel ist eine unbewusste »Dissoziation«, eine Trennung, die wir unbewusst vornehmen, um uns vor unangenehmen Gefühlen, Erinnerungen und Erfahrungen zu schützen. Auch wenn dahinter ein »pot of gold« ist, legt sich der Nebel zwischen uns und den Topf mit Gold. Selbstsabotage ist ein Symptom, das auftritt, wenn Teile von uns im Konflikt mit sich selbst stehen. Jeder dieser

Teile versucht, sein Ziel zu erreichen. Das führt im Endeffekt dazu, dass jeder Ihrer Versuche, ein Ziel zu erreichen, durch einen anderen Teil von Ihnen vereitelt wird. Wenn es die Absicht eines Widerstandes sein könnte, Sie vor finanziellem Schaden zu bewahren, haben Sie sich vielleicht als Ziel gesetzt, einen guten Profit pro Monat zu machen, bei dem Verluste zwangsläufig zum System gehören. Das könnte dazu führen, dass Sie Hemmungen haben, neue Trades einzugehen. Ich bin sicher, Sie können sich noch weitere Anwendungen vorstellen.

Um den inneren Konflikt zu lösen, gibt es zwei Ansätze um zu verhindern, dass sich die Persönlichkeitsteile entgegenstehen.

Dem Unterbewusstsein zuhören

Sie verstehen jetzt, dass Selbstsabotage nur ein Weg Ihres Unterbewusstseins ist, sich Ihnen mitzuteilen. Die positive Absicht des anderen Teils Ihrer Persönlichkeit, die Sie daran hindert, Ihrem Ziel näher zu kommen, können Sie nun hinterfragen.

Um dem Unterbewusstsein zuzuhören, benötigen Sie einen anderen Menschen. Immer wenn Sie versuchen auszuweichen, führt der andere Sie wieder zum Thema zurück. Nehmen Sie sich bitte genügend Zeit und gehen Sie in einen Raum, in dem Sie nicht gestört werden können. Dann fragen Sie sich:

- ▶ Welche Emotion will ich nicht fühlen?
- ▶ Welche Aufgabe hat der andere Persönlichkeitsanteil, der mich daran hindert, mein Ziel zu erreichen?
- ▶ Gibt es etwas, das ich nicht sehen will, wovor mich der andere Teil bewahrt?
- ▶ Welchen Schritt, den ich zum Wachstum brauche, will ich nicht sehen?
- ▶ Welcher Teil von mir ist hinter dem anderen Teil verborgen?
- ▶ Wie verändert sich meine Selbstwahrnehmung, wenn ich den Tatsachen ins Auge blicke?

Wenn ein anderer mitschreibt, während Sie erzählen, können Sie dies direkt für die nächste Übung verwenden.

Wichtig ist, dass Sie erlauben, Ihre verborgenen Emotionen und Bilder hoch-steigen zu lassen. Nur wenn die Bilder und Emotionen sich mit voller Wucht entfalten, können sie von Ihnen neutralisiert werden. Es ist dabei wichtig, so lange im Gefühl zu bleiben, bis sich der Druck abgebaut hat und Sie sich entspannen. Vielleicht können Sie dem Teil von Ihnen, der hinter der guten Absicht steckt, einen Namen geben. So können Sie sich mit ihm konstruktiv unterhalten.

Die Teile zusammenfügen (Verhandlungs-Reframing/Intentional blend)

Wenn wir merken, dass in uns Selbstsabotagemechanismen wirken, bei de-nen verschiedene Teile in verschiedene Richtungen tendieren, sollten wir ver-suchen, wieder als Einheit zu handeln. Vielleicht gibt es einen Teil in Ihnen, der Sie zur besseren Chartanalyse und zu mehr Vor- und Nachbearbeitung bewegen will, um Ihre Performance zu verbessern. Nennen Sie diesen Teil den »Macher«. Ein anderer Teil in Ihnen ist dagegen negativ und zieht Sie nach unten. Wenn Sie diesem Teil in Ihnen noch keinen Namen gegeben haben, können Sie ihn den »inneren Kritiker« nennen, dem Sie nichts recht machen können. Manche nennen ihn den »innerer Schweinehund«. Letztend-lich müssen Sie nur die Kommunikation zwischen den beiden Subpersönlich-keiten verbessern. Von dieser Übung haben Sie am meisten, wenn Sie wissen, was die einzelnen Teile wollen. Will der »innere Kritiker« (oder der Name, den Sie ihm gegeben haben) beispielsweise, dass Sie »weniger für Ihren Job arbeiten und weniger Zeit im Büro verbringen«, weil er weiß, dass Sie auch Entspannung brauchen, ist das zunächst ein negatives Ziel. Ein sinnvolles positives Ziel könnte sein: »Ich will, dass mein Trading und meine Vor- und Nachbearbeitung in meinen Tagesablauf passen.«

Es ist ratsam, mit einem qualifizierten Mentaltrainer, NLP Practitioner oder einem ähnlichen zusammenzuarbeiten, der Ihre Antworten festhält und diese in den Ablauf einbaut. Sie müssen herausfinden, was die allgemeine Absicht des anderen Teils (der anderen Teile) ist. Dazu ist es sinnvoll, mit allen diesen Teilen zu sprechen. Es ist wichtig, allen Teilen zu sagen, dass jeder Teil eine positive Absicht hat und dass alle einsehen, dass der Konflikt zwischen ihnen Sie davon abhält, das Ziel zu erreichen. Ihr Bewusstsein wird wahrscheinlich positiv überrascht sein, wenn es plötzlich bemerkt, dass ungeliebte Gewohn-heiten in zielführendes Verhalten umgemünzt werden.

Rollen:

Der Macher: Er setzt Ideen in Handlungen um. Er beabsichtigt beispielsweise, dass Sie mehr arbeiten und Ihre Vor- und Nachbearbeitung verbessern.

Der innere Kritiker: Er bewertet Ihre Absichten kritisch und wehrt sich vehement dagegen, dass Sie mehr arbeiten.

Ziehen Sie sich bitte an ein ruhiges Plätzchen zurück und markieren Sie am Boden zwei oder mehr Positionen (so viele, wie Sie Persönlichkeitsteile identifiziert haben). Einen Platz für den Macher, einen für den inneren Kritiker et cetera. Ich gehe für dieses Beispiel davon aus, dass Sie (S) mit einer anderen Person (P) zusammenarbeiten.

P: Markieren Sie am Boden zwei Positionen: Eine, in der Sie Ideen umsetzen und eine, in der Sie die Umsetzung kritisch beurteilen.

Bevor wir mit dem eigentlichen Zusammenfügen der einzelnen Teile anfangen, gehen wir zusammen die zwei Rollen durch. Zuerst der »Kritiker«: Gehe bitte auf die erste Position und erinnere dich an eine konkrete Situation, bei der du dich gesträubt hast, länger und intensiver zu arbeiten. Schließe am besten die Augen, fühle dich in diese Situation ein. Wie klingt deine Stimme? Siehst du bestimmte Bilder? Lass dir Zeit. Wenn du so weit bist, erzähl mir, was du siehst.

S: _(Sie erzählen, was Sie sehen, hören ...)

P: Wie soll ich dich auf dieser Position anreden?

S:_____(A 1)

P: Gehe jetzt zur nächsten Position, dem »Macher«. Er ist derjenige, der neue Trading-Ideen umsetzt. Er ist es, der neue Ansätze sucht und sich stetig verbessert. Welche Situation, in der du selbst warst, fällt dir als Macher ein?

S: _____

P: Wie soll ich dich hier ansprechen? Du hast jetzt alle Rollen kennengelernt! Wechsele bitte wieder die Position. Wir beginnen die Zusammenführung mit

»dem inneren Kritiker«. Welches ist deine positive Absicht? Wie lautet dein Ziel? Wovor willst du [Ihr Name] schützen?

S: _____(A 2)

P: Gehe jetzt zur Position des Machers: Hier geht es darum, die Meinung des »inneren Kritikers« zu würdigen. Warum willst du, dass [Ihr Name] mehr arbeitet und sich besser vor- und nachbereitet?

S: _____

P: Gehe jetzt wieder auf die Position des »inneren Kritikers« (A 1). Was hat [IHR Name] noch für Möglichkeiten, um sein Ziel zu erreichen? Verlasse jetzt die Rolle des (A 1). Bedanke dich bei ihm für die guten Ratschläge.

S:_____

P: Gehe jetzt wieder auf die Position des Machers (A 2). Was hat [Ihr Name] noch für Möglichkeiten, um sein Ziel zu erreichen? Was fehlt noch? Verlasse jetzt die Rolle des (A 2). Bedanke dich bei ihm für die guten Ratschläge. Stell dich jetzt an einen anderen Ort. [Ihr Name], wie wollen Sie die Ideen und Umsetzungsvorschläge konkret angehen?

S: _____

P: Stell dir vor, die beiden Positionen verschmelzen miteinander. Sieh dir das neu entstandene Ich an, höre, was dein neues Ich sagt. Erkenne die Gefühle, die dein neues Ich jetzt hat.

Reise jetzt zu einem Punkt in der Zukunft, in der früher die alte Gewohnheit zum Vorschein gekommen wäre. Sieh dich, wie du bei deinem nächsten Arbeitstag an deiner Trading-Station mit deinem neuen, integrierten Ich reagierst. Wie sieht es nun damit aus? Sieh, wie du auch in Zukunft richtig reagierst. Verändere die Geschichte anhand deiner eigenen Zeitlinie. Nimm dir so viel Zeit, wie du brauchst, und sage mir, wann du fertig bist.

S: Fertig

P: Komm jetzt wieder zurück ins Hier und Jetzt.

Keine Wunder, die über Nacht passieren

Interessant an dieser Technik ist, dass sie zeigt, welche Möglichkeiten in unserem Unterbewusstsein verborgen sind. Ob Sie bei der Vereinigung der beiden Teilpersönlichkeiten ein plötzliches Gefühl der Befreiung oder sogar ein Glücksgefühl spüren konnten oder ob die unmittelbare Wirkung kaum spürbar war, ist unerheblich. Das Bewusstsein, das an der eigentlichen Veränderungsarbeit kaum mitgearbeitet hat, bezweifelt, dass sich etwas ändern konnte. Doch nach einer gewissen Zeit bemerken Sie, dass positive Veränderungen – anscheinend wie von selbst – eintreten und die Subpersönlichkeiten sich geeinigt haben, zusammenzuarbeiten.

Denken Sie daran, dass Erinnerungen nur das Produkt Ihrer Gehirnverschaltungen sind, die Sie jederzeit ändern können. Wenn Sie in der Vergangenheit eine nicht zielführende Entscheidung getroffen haben, beispielsweise »Intensiv und hart an sich arbeiten machen nur Streber!«, basieren die gesamten Folgeentscheidungen auf dieser Einstellung. Wahrscheinlich haben Sie sich in diesem Fall innerlich sehr dagegen gesträubt, besser zu werden. Als kleines Kind wollten Sie in einer Gruppe integriert sein und nicht auf dem Präsentierteller stehen. Wenn Sie dieses Problem lösen, indem Sie verschiedene Persönlichkeitsanteile integrieren und bessere Lösungsalternativen für sich entwickeln, ändern Sie Ihr unbewusstes zukünftiges Entscheidungsverhalten und schaffen die Grundlage für eine erfolgreichere Perspektive.

4.1.9 Schritt 9: Modellieren Sie Ihr Ideal

Mittlerweile haben wir interne Widerstände abgebaut und gelernt, dass sich das Gehirn unserer Tätigkeit anpasst und vieles mehr. Jetzt gehen wir den nächsten Schritt. Alles, was andere können, ist erlernbar. Man muss den Lernvorgang nur in entsprechend kleine Komponenten unterteilen. Wenn Sie auf die Solo-Winterbegehung des Mount Everest ohne Sauerstoff abzielen sollten, werden Sie sich ein Etappenziel im Everest-Basecamp stecken und vielleicht an anderen Ort Höhentraining machen.

Sie haben weiter oben gelernt, dass es wichtig ist, die Zahl der Alternativen zu erhöhen und den Knebel der Vergangenheit zu lösen. An die Stelle tritt:

»Was führt denn noch zum Erfolg? Wie hat denn XYZ die Herausforderung gelöst?«

Konzentration auf Erfolgserlebnisse

Babys und Kleinkinder lernen schnell sehr komplizierte Bewegungsabläufe (beispielsweise das Gehen), indem sie *nicht* auf die Fehlschläge achten, also wie sie gefallen sind, sondern wie sie *stehen geblieben* sind. Statt auf zahlreiche Erlebnisse des Fallens (= Misserfolgserlebnisse) konzentrieren sie sich auf das Auf-den-Füßen-Bleiben (Erfolgserlebnisse). Damit ist ihr Gehirn offen für Verbesserungen und sie überwinden »Regeln«, welche sie vorher davon abhielten, ihrem Ziel näher zu kommen. Übertragen auf den Trader heißt das: Wenn Sie jemanden ausfindig gemacht haben, der eine Eigenschaft, die Sie gerne beherrschen würden, gut beherrscht, machen Sie ihn/sie zu Ihrem Modell. Schauen Sie sich an, wie er/sie dies oder jenes macht, und lernen Sie von ihm. Einen Top-Manager könnten Sie modellieren, wenn es um die Planung der Vorgehensweise geht, den Fussballtrainer dafür, dass er sich und seine Mannschaft immer wieder an das Limit bringt, oder die Dame im Blumenladen, die mit viel Liebe stets kreative Geschenkideen entwickelt, um ihren Kunden mehr Freude zu machen! Durch das Modellieren des »Wie« bei der Lösung von Problemen lernen wir auch, wie wir *noch erfolgreicher* werden. Die Modellierung kann dabei auf verschiedenen Abstraktionsstufen erfolgen.

Doch zunächst eine Frage: Wenn ich zu Ihnen sagen würde: »Wenn Sie so erfolgreich sein wollen wie ein wirklich erfolgreicher Mensch, müssen Sie nur tun, was er/sie macht.« Was empfinden Sie dabei? Halten Sie das für völligen Unsinn oder kommen Sie mit folgender Aussage besser zurecht? »Wenn Sie so erfolgreich sein wollen wie die weltweit besten Trader, müssen Sie die Dinge, die Sie tun, so tun, wie es die weltweit besten Trader tun.« Fühlt sich das besser an?

Vielleicht werden Sie jetzt einwenden, dass das äußere Handeln ja nur ein kleiner Teil ist und Sie im Detail nicht wissen, was in dem erfolgreichen Trader vor sich geht, und dass die Umstände so genau nicht replizierbar sind. Sie haben völlig recht. Allerdings weiß das niemand selbst, außer demjenigen, den Sie modellieren, und es kann auch niemand wissen. Niemand kann aufgrund seines Innenlebens als erfolgreich angesehen werden. Dann nehmen Sie einfach, was da ist: Dinge so tun, wie er/sie es tut.

Sich ein Rollenmodell zu nehmen und es nachzuahmen ist die natürliche Grundlage des Lernens. Kleinkinder lernen sprechen, indem sie ihre Eltern oder ihr Umfeld imitieren. Sie suchen sich später andere Modelle. Noch später können sie Modellen folgen, die sie selbst schaffen. Erfolg zu modellieren ist eine sehr vernünftige Strategie.

Jetzt wissen Sie ja nicht, was in Ihrem Modell bewirkt, dass er/sie erfolgreich ist, nicht wahr? Ist es die Art, wie er/sie spricht, wie er/sie sich anzieht, seine/ihre körperliche Haltung? Logisches Denken hilft an dieser Stelle nicht. Probieren Sie es aus und denken Sie daran, dass Sie noch nicht wissen, was diesen Mensch so erfolgreich macht.

Modelle sind hilfreich, um eine konkrete Qualität und Fähigkeit bei sich zu entwickeln. Indem Sie diese wertvolle Brückenfunktion nutzen, bleiben Sie am Ball, bis Sie selbst diese Fähigkeit entwickeln.

Vielleicht nehmen Sie sich für verschiedene Qualitäten verschiedene Vorbilder – gehen Sie eines nach dem anderen durch.

Übung

Das Vorbild zum Vorteil nutzen:

1. Nehmen Sie ein Bild oder ein Video von Ihrem Vorbild. Versetzen Sie sich in Ihr Vorbild. Schätzen Sie es wert. Wie geht, spricht, kleidet es sich?
2. Fühlen Sie, wie diese Qualität auf Sie wirkt. Bemerken Sie, wie Sie das beeindruckt.
3. Fühlen Sie sich immer mehr in Ihr Vorbild hinein. Erleben Sie sich selbst als Vorbild. Wie würde ich fühlen, wenn ich dieses Gesicht hätte, diese Körperhaltung, diese Figur, diese Kleidung, diesen Lebensstil, diesen Ausdruck?
4. Was passiert mit der Qualität des Vorbilds? Was macht mein Vorbild mit dieser Qualität? Wie »schmeckt« ihm die Reaktion der anderen auf diese Qualität?

5. Fühlen Sie nun, wie Ihr eigenes Gesicht, Ihre eigene Körperhaltung, ja, Ihr gesamter Ausdruck diese Qualität in sich aufnimmt. Nehmen Sie die Wirkung dieser Fähigkeit wahr.
6. Behalten Sie diese Fähigkeit und sehen Sie, wie Ihr eigenes Gesicht und Ihre Körperhaltung mit dieser Fähigkeit wirkt.

Einer meiner Klienten hatte keine gute Trading Performance, weil er sehr zögerlich war, wenn es darum ging, die Orders auch zu platzieren. Er erkannte mit hoher Treffsicherheit die richtige Richtung, wartete jedoch häufig zu lange. Eine Verbesserung der technischen Performance wäre sinnlos. Wenn Trader die Tendenz haben, in den Zustand zu versinken, in dem sie sich gerade zufällig befinden, beobachten sie sich nicht mehr. Wir nehmen dann an, dass die Welt so ist, wie wir sie sehen wollen. Dabei verlieren wir jeden Abstand und jede Objektivität. Der Trader musste wieder lernen, seine Handlungen von sich selbst zu unterscheiden. Daraufhin fragte ich ihn, welches Vorbild er kenne, das sich gut dissoziieren könnte. Er antwortete: »General Norman Schwarzkopf jr.« Er sei jemand, der auch unpopuläre Entscheidungen treffen musste, um dem Gesamtwohl zu dienen. Dazu müsse man sich vom Einzelfall distanzieren, um insgesamt erfolgreich zu sein. Er war »tough but caring«. Daraufhin bat ich ihn, möglichst viel Material über Schwarzkopf zu besorgen und sich jede Entscheidung auf dessen Lebensweg anzuschauen. Bei unserer nächsten gemeinsamen Session gingen wir einzelne besonders auffällige Situationen nach dem oben beschriebenen 6-Punkte-Schema durch. Einige Zeit später unterhielten wir uns über seine Fortschritte. Seit ein paar Tagen macht ihm Traden wieder richtig Spaß. Er setzt sich an seine Handelsstation und bereitet sich auf den Tagesablauf vor. Wenn er ein erfolgversprechendes Muster sieht, kann er blitzschnell handeln. Es fällt ihm jetzt auch leichter, schlecht laufende Positionen einfach zu schließen, es gehört zum System.

4.1.10 Schritt 10: Aufbau eines Vertrauenskreislaufs: Konditionieren Sie Ihre Persönlichkeit auf Erfolg

Um echtes Vertrauen in sich selbst und Ihren Trading-Stil zu entwickeln, ist es unumgänglich, dass Sie die Anregungen täglich in die Tat umsetzen, so lange, bis Ihnen die Verhaltensweisen in Fleisch und Blut übergegangen sind. Planen Sie nicht mehr als drei Übungen in Ihren Tagesablauf ein. Geben Sie sich selbst mindestens drei Monate, um jeden dieser Punkte durchzuarbeiten. Schnell stellen sich die ersten Verbesserungen ein und viele Trader neigen dann dazu, mit dem Training aufzuhören. Sie haben ja etwas erreicht. Ein solides Vertrauen in das eigene Handeln aufzubauen dauert jedoch länger.

Mentale Stärke aufbauen

Um effektiv und schnell seinen Zielen näher zu kommen, dürfen Sie keine Zeit mit Dingen verschwenden, die Sie nicht beeinflussen können oder die unwichtig für das Erreichen Ihres Ziels sind. Sich unnötig Sorgen zu machen über solche Dinge fördert Selbstzweifel, führt zum Aufschieben und zur Untätigkeit. Können Sie sich an die Liste erinnern, die Sie sich gemacht haben, als Sie für eine Woche 30 Minuten täglich ungefiltert Ihre Gedanken aufgeschrieben haben? Forsten Sie jetzt diese Liste noch einmal durch und finden Sie die Themen, auf die Sie keinen Einfluss haben. Stellen Sie sich vor, wie einfach Ihr Leben wird, wenn viele unnötige Probleme wegfallen! Sobald Sie aufhören, über die Angelegenheiten anderer Trader, Analysten und Finanzberater nachzudenken und sich einzumischen, haben Sie weniger Zielkonflikte und mehr Energie für Ihre eigentlichen Ziele.

Gedankenstopp-Übung

Denken Sie an einen Gedanken, der in der oben erwähnten Liste steht, auf den Sie keinerlei Einfluss haben. Beschließen Sie, ab jetzt jeden Gedanken, der eine Angelegenheit von jemand anders oder einer anderen Gruppe ist, nicht weiter zu verfolgen. Stoppen Sie Ihre Gedanken jedes Mal sofort, wenn Sie merken, dass sie sich um Probleme drehen, die nur andere etwas angehen und nur diese sie lösen können. Gedanken des Zweifels und der Sorge ziehen Sie nur nach unten. Sobald ein solcher Gedanke aufkommt, sagen Sie zu sich «Halt! Stopp, das gehört nicht zu mir. Ich schaffe es, mich auf meine eigenen Ziele zu konzentrieren.» Wiederholen Sie diese Worte immer wieder, auch laut, das wirkt besonders überzeugend auf Ihr Unterbewusstsein. So trivial es auch klingen mag, so erfolgreich ist diese Strategie!

Physisches Selbstvertrauen

Auch wenn es sich zunächst einmal merkwürdig anhört: Vertrauen in sich und Ihre Handelsstrategie erfolgt auch über Ihre Physis. Haben Sie kein Vertrauen in sich und Ihre Fähigkeiten, laufen und bewegen Sie sich anders, als wenn sich in Ihnen ein natürliches Selbstvertrauen aufgebaut hat. Es existiert eine wechselseitige Verbindung zwischen Körper und Geist. Ihre Körperhaltung beeinflusst Ihre Gefühle positiv wie negativ. Wenn Sie sich Ihre Rollenmodelle einmal daraufhin anschauen, welche Körpersprache und Gestik sie haben, werden Sie schnell sehen, dass sich Sieger anders körperlich mitteilen als Verlierer. Gerade in Sportarten, in denen es Mann gegen Mann geht, gewinnt das Thema an Bedeutung und wird von Mentaltrainern als ein wichtiger Punkt betrachtet. Das Interessante ist die Wechselwirkung. Durch eine selbstsichere Körperhaltung strahlen Sie nicht nur nach außen mehr Sicherheit aus. Tatsächlich gewinnen Sie auch innerlich ein Stück Selbstsicherheit. Eine selbstsichere Körperhaltung muss nicht steif oder langsam sein. Sie kann auch lässig und flott sein. Wichtig ist, dass sie zu Ihnen passt. Da Ihnen nun der Zusammenhang klar ist, empfehle ich Ihnen, ein bisschen mit Ihrer Körperhaltung zu experimentieren.

Harmonisierung negativer emotionaler Zustände

1. Nehmen Sie eine für sich positive Körperhaltung ein. Denken Sie an eine Situation, in der Sie vor Selbstsicherheit nicht mit den Schultern durch die Tür passen. Fühlen Sie sich genau in die Situation ein.
2. Verlassen Sie diese Körperhaltung und das Bild. Visualisieren Sie jetzt vor sich einen weißen, sehr hellen Bildschirm, so lichtdurchflutet, dass alles neu wirkt.
3. Stellen Sie sich beispielsweise vor, wie Sie sich darüber ärgern, dass Sie gerade eine gute Opportunity verpasst haben. Es hat alles gepasst. Es lief genauso, wie Sie es vorhergesagt haben und Sie sind nicht drin. Sehen Sie, wie Sie dem schönen Trend zuschauen, und registrieren Sie, wie es Ihnen dabei geht. Intensivieren Sie diese Erfahrung.
4. Nehmen Sie zu diesem Zustand die passende negative Körperhaltung ein. Lassen Sie dabei Ihrem Körper freien Lauf. Oft haben wir in solchen Situationen die Tendenz, uns klein zu machen und uns zusammenzurollen.

Verändern Sie so lange Ihre Körperhaltung, bis diese Ihrem augenblicklichen Gefühl entspricht.

5. Ändern Sie jetzt die Körperhaltung in kleinen Schritten hin zur positiven Körperhaltung. Beginnen Sie ganz langsam, Ihre Körperhaltung zu verändern. Beobachten Sie dabei genau, auf welche Art und Weise sich Ihre Gefühle ändern. Mit jedem kleinen Schritt der Änderung der Körperhaltung ändert sich Ihre emotionale Haltung.

6. Üben Sie den Wechsel der Haltung mindestens dreimal. Gehen Sie zurück in die Körperhaltung mit den negativen Gefühlen und wiederholen Sie die Änderung dieser Haltung hin zur positiven Haltung. Automatisieren Sie den Wechsel.

7. Schließen Sie die Augen und stellen Sie sich vor, wie Sie in der Zukunft in der gleichen Situation sind. Beobachten Sie sich, wie Sie reagieren und welche Körperhaltung Sie dabei einnehmen. Schlüpfen Sie dann in sich selbst hinein und fühlen Sie, was Sie fühlen, sehen Sie, was Sie sehen, und hören Sie, was Sie hören. Wenn Sie sich diese Situation nun vor Augen geführt haben, sollten keine (oder erheblich abgeschwächte) negativen Gefühle auftreten.

Experimentieren Sie so lange, bis Sie merken, dass Sie über die Änderung Ihrer Körperhaltung zuverlässig Ihren emotionalen Zustand verbessern können.

Bisher ging es darum, einschränkende Überzeugungen, konkrete und diffuse, zu bearbeiten. Um einen Vertrauenskreislauf aufzubauen und zu festigen, befassen wir uns nun mit einem ganzheitlichen Ansatz. Wenn Sie bewusst oder unbewusst Ihre Persönlichkeit auf Erfolg ausrichten, haben Sie implizit ein Bild von sich, welches zu wenig Selbstvertrauen besitzt. Es fehlt etwas Entscheidendes: das Sich-selbst-Vertrauen. Gehen wir schrittweise vor. Sie, Ihre Freunde und Bekannten und Ihre Liebsten haben ein Bild von sich. Es dient dazu, sich selbst im Vergleich mit anderen zu bewerten. Genauso, wie Sie die Bilder über einzelne Informationen, aber auch einzelne Gegenstände und Werte ändern können, sind Sie fähig, Ihr Selbstbild zu beeinflussen. Stellen Sie sich Ihr Bild als Puzzle vor. Dabei gibt es Klang-, Bild-, Gefühls-, Geruchs- und Geschmacksstückchen, deren Gesamtprodukt eine Einheit formt. Überzeugen Sie sich, dass Sie Ihr Selbstbild selbst gestalten können. Folgende Übung wird dabei einen nachhaltigen Effekt auf Ihr Selbstbild haben:

Selbstbild verbessern

1. Sie wissen mittlerweile, wie Sie sich selbst entspannen können. Nehmen Sie sich etwas Zeit und schauen Sie sich Ihr Selbstbild einmal genauer an: Was sehen (hören, fühlen, schmecken, riechen) Sie, wenn Sie sich selbst sehen? Erleben Sie die Eindrücke so, als ob Sie sie durch Ihre eigenen Augen sehen, Ihre eigene Nase riechen, Ihre eigenen Ohren hören, durch Ihren eigenen Gaumen schmecken und Sie selbst sie ertasten. Wie ist das, Sie selbst zu sein? Achten Sie auf alle Ihre Sinne, insbesondere darauf, wie Sie Ihren Körper wahrnehmen. Hören Sie die Stimme, mit der Sie sich selbst beschreiben. Scheuen Sie dabei keine Selbstkritik. Wichtig ist, dass Sie beides aufnehmen: positive wie negative Schattierungen Ihres Bildes über sich selbst.

2. Bleiben Sie in dem Bild. Ich bitte Sie jedoch, sich jetzt dissoziiert zu betrachten. Gehen Sie aus Ihrem Körper heraus und beobachten Sie sich, vielleicht von der Ecke des Raums aus, in dem Sie sich befinden. Sie kennen die Übung mit dem inneren Zeugen. Achten Sie auf die Unterschiede zu dem assoziierten Bild. Achten Sie genau darauf, welche Sinne sich unterscheiden. Gehen Sie dabei Sinn für Sinn vor! Machen Sie das bitte sehr langsam und konzentriert.

3. Machen Sie jetzt einen Schnappschuss von dem dissoziierten Selbstbild. So haben Sie jetzt zwei völlig gleiche Bilder von sich vor Ihrem inneren Auge.

4. Schauen Sie sich den Schnappschuss des dissoziierten Selbstbildes an. Verändern Sie jetzt die Qualität der einzelnen Sinneseindrücke so, dass sie positiver werden. Achten Sie darauf, dass das Bild, welches Sie verändern, immer noch Sie selbst abbildet! Verändert sich das Bild zum Unangenehmen, drehen Sie die jeweilige Sinnesqualität wieder in die andere Richtung. Verändert sich das Selbstbild zu einem für Sie angenehmeren Bild, ändern Sie weitere Sinnesqualitäten dieses Reizes. Lassen Sie sich Zeit. Experimentieren Sie mit den Submodalitäten so lange, bis Sie nichts mehr finden, was Ihr Selbstbild noch angenehmer macht.

5. Jetzt geht es darum, den verbesserten Schnappschuss Ihres dissoziierten Selbstbildes assoziiert zu erleben. Sie haben weiterhin zwei Bilder vor sich: ein jetzt sehr angenehmes und eines, das weniger angenehm ist. Ihnen ist bewusst: Beide Bilder sind Sie! Schlüpfen Sie jetzt in das angenehmere der beiden Selbstbilder hinein. Sie erleben sich jetzt wieder selbst. Wie fühlen Sie sich jetzt? Was hat sich an Ihrem assoziierten Selbstbild verbessert? Wie stark hat sich Ihr assoziiertes Selbstbild verändert?

6. Entspannen Sie sich bitte noch ein wenig mehr und horchen Sie jetzt intensiv in sich hinein. Gibt es irgendwelche Einwände? Passt irgendetwas an diesem neuen Selbstbild nicht? Falls dies der Fall ist, schlüpfen Sie wieder aus sich selbst heraus und beobachten Sie sich von der Ecke des Raums aus. Nehmen Sie dann entsprechende Änderungen vor. Wiederholen Sie den Vorgang so oft, bis es stimmig ist.

7. Ist alles stimmig? Dann kommen Sie bitte ins Hier und Jetzt zurück und überlegen Sie sich eine Situation beim Handeln oder vielleicht auch eine andere Situation in Ihrem Leben, in der Ihr nicht so angenehmes Selbstbild Sie früher negativ beeinflusst hat. Denken Sie nun an eine ähnliche Situation, die Sie in der Zukunft haben werden. Prüfen Sie, was sich zum Positiven verändert hat. Wie stark war die Verbesserung? Woran werden Sie merken, dass sich Ihr Selbstbild verändert hat?

4.2 Zusammenfassung

Bei der Analyse, wie Menschen planen und entscheiden, wurde deutlich, welche grundsätzlichen Probleme menschliches Handeln mit sich bringt. Ein Blick auf die Charakteristik eines Siegers hat Einblicke gegeben, wie der Weg aussieht, aus einem Trader-Talent einen Performer zu machen. Emotionen beim Handeln zu bekämpfen und objektiv einen Sachverhalt zu beurteilen ist – so wie unser Gehirn verschaltet ist – nicht möglich. Zielführender ist es, seine eigenen Kräfte bündeln zu lernen und für sein Ziel zu nutzen, anstatt gegen sich selbst zu arbeiten.

Dass »irrationales« Handeln kein Einzelfall, sondern sehr ernst zu nehmen ist, zeigt die Einbeziehung menschlichen Verhaltens in die Finanzierungstheorie der Behavioral Finance. Die »Beherrschung« dieses Themas für den finanziellen Erfolg eines Traders, Investors und generell eines jeden, der finanzielle Entscheidungen trifft, ist kriegsentscheidend.

Anstatt nur das »Fehlverhalten« zu beschreiben, wie es die Behavioral Finance macht, oder es bei imperativen Aufforderungen zu belassen, wie »Emotionen haben an der Börse nichts zu suchen«, wird im vierten Kapitel dem Trader ein 10-Schritte-Übungsprogramm vorgestellt, wie er Stück für Stück den Weg zur Exzellenz gehen kann. Neben der Aufstellung eines professionellen Zielplans und einer Ist-Diagnose Ihrer mentalen Stärke haben

Sie gelernt wie Sie jedes Mal, wenn Sie die Übungen konzentriert ausführen, stressresistenter werden. Sie haben gelernt, negative Einflüsse zu erkennen und sie zu umgehen. Sie wissen jetzt, dass eine Angststörung, die eine längere Draw-down-Phase verursacht hat, manuell und von außen aufgebrochen werden muss, und Sie wissen, dass man sie wirksam lösen kann. Es wurde klar, dass es sich dabei um einen Prozess handelt, der Ihrer Aufmerksamkeit bedarf und den Sie keinesfalls beiseiteschieben sollten. Dann haben Sie gelernt, nichts persönlich zu nehmen, Selbstsabotage-Prozesse zu erkennen und negative Einflüsse aus Ihrem Trader-Leben fernzuhalten. Und Sie haben gelernt, dass es zum Ziel führt, Ihr Trader-Ideal zu modellieren. Schließlich haben Sie gelernt, wie Sie Ihr Selbstbild zum Positiven verändern können, um mehr Selbstvertrauen und Selbstbewusstsein bei der täglichen Arbeit an Ihrer Trading-Station zu bekommen.

Das vorgestellte mentale Trainingsprogramm ist eines, das nicht nur Spitzen-Trader in angelsächsischen Ländern bereits täglich praktizieren, sondern auch von den Meistern ihres Fachs in anderen Disziplinen seit Jahren, zum Teil seit Jahrzehnten, täglich praktiziert wird, um an die Spitze zu kommen und dort zu bleiben. Hilft es Ihnen dabei, entspannter zu werden, die Nervosität in den Griff zu bekommen, Ziele richtig zu definieren und systematischer zu arbeiten? Ja! Führt Mentaltraining dazu, dass Sie mehr Wahlmöglichkeiten haben, besser auf Rückmeldungen des Marktes zu reagieren, im Notfall zu wissen, was zu tun ist, und letztendlich mit Erfolgen wie mit Misserfolgen richtig umzugehen? Bestimmt! Dadurch dass Sie Ihre Gedanken mehr und mehr willentlich kontrollieren können, wächst in Ihnen auch das Selbstvertrauen in sich und Ihre Leistungen als Trader. Dadurch lernen Sie den richtigen Umgang mit Druck und Sie werden schneller besser als diejenigen, die dies dem Zufall überlassen. Der Aufbau mentaler Stärke durch mentale Trainingstechniken hat aber auch noch einen anderen, spielerischen Aspekt. Sie werden motiviert, täglich am Markt zu lernen, und Sie gewinnen wieder Freude und Spaß an dem, was Sie tun: dem Traden. Mentaltraining hilft Ihnen dabei, im (positiven Lern-)Fluss zu bleiben und Ihre Grenzen des Möglichen auszuweiten. Das Ergebnis ist effektiver, wenn Sie mit einem Mental-Coach zusammenarbeiten, als wenn Sie für sich allein üben.

Wer kann schon von sich sagen, er trainiert nach den Trainingsprinzipien eines Top-10-Players und wird schneller besser als die Konkurrenz? Die Faszination des Erfolgs auf dem Weg, ein Top-Performer zu werden, treibt Trader an, mehr zu geben als der Rest der Masse. Mentaltraining hilft einzelnen

Tradern oder auch Teams mit Ergebnisverantwortung, im Trading-Alltag den Sprung in die Exzellenz zu schaffen.

4.3 Tipps und Tricks zum Durchhalten

Sie haben bereits eine Menge gelernt. Manche Gewohnheiten sind allerdings ausgesprochen hartnäckig. Die Synapsen sind eben an dieser Stelle breiter und haben sich zu einem neuronalen Trampelpfad oder sogar zur achtspurigen Autobahn entwickelt.

Eine Gewohnheit, die einen hohen Einfluss darauf hat, ob Sie Erfolg oder Misserfolg ernten, ist die Art und Weise, wie Sie mit sich selbst reden. Wie ist es bei Ihnen? Ermutigen Sie sich oder ziehen Sie sich herunter? Es ist oft erstaunlich, mit anzusehen, wie wenig Menschen, die sich selbst nicht negativ sehen, in Selbstgesprächen Selbstachtung zeigen. Negative Selbstgespräche bewirken schlechte Angewohnheiten. Führen Sie häufig negative Selbstgespräche mit sich, dann brauchen Sie gar keinen anderen, um sich herunterziehen, sich selbst fertigzumachen. *Was würden Sie machen, wenn eine externe Person, so mit Ihnen redet? Genau! Sie würden Sie rausschmeissen. Oder Sie würden die Person fragen, was sie damit bezweckt und die gute Absicht hinterfragen.* Sie müssen gar nicht mehr warten, bis eine andere Person Sie diskreditiert. Sie haben ja die innere Stimme, die das effektiv erledigt, nicht nur vor und nach der Arbeit, sondern immer – im Wachzustand ebenso wie im Schlaf.

Erfolgreiche Menschen zeichnen sich dadurch aus, dass ihre Selbstgespräche konstruktiv und anspornend sind. Sie sorgen dafür, dass sie es schaffen, auch in schwierigeren Zeiten am Ball zu bleiben. Hand aufs Herz: Wie sprechen Sie mit sich selbst, wenn Sie gerade eine negative Rückmeldung vom Markt bekommen haben oder vielleicht eine Sache nicht ganz optimal gemacht haben? Viele Menschen behandeln sich selbst oft alles andere als fördernd.

Stellen Sie sich vor, Sie sitzen vor Ihrer Trading-Station, haben sich vorbereitet und haben einen Trading-Plan gemacht, sind aber einen Moment unkonzentriert. Sie bemerken, Sie haben einen sauberen Einstieg verpasst, und der Trend geht genau in die von Ihnen prognostizierte Richtung. Nur – Sie sind nicht drin. Was sagen Sie dann zu sich?

»Ich hab' schon wieder gepennt. Mann, wie oft passiert mir das noch?« Oder: »Du Versager, wie oft bist du das Szenario durchgegangen und jetzt kommt die Vorlage und du bist wieder einmal nicht dabei! Trottel!« Vielleicht reden Sie ja auch so mit sich: »Es ist jedes Mal dasselbe mit dir. Du übst und übst, siehst dir Chartmuster, Entry-Szenarien … an, du weißt, wie es geht, und wenn es drauf ankommt, bist du unkonzentriert! Was soll ich denn noch machen?« Ich bin mir ziemlich sicher: Mit jemand anderem sprechen Sie nicht so, nicht einmal mit Ihrem schlimmsten Feind, wenn Sie einen haben. Der lässt sich das nicht gefallen. Warum also machen sich die meisten Leute selber fertig? Sie wissen genau, dass Beschimpfungen, Vorwürfe und Anschreien nichts bringen. Bei anderen nicht und bei sich selbst erst recht nicht. Im Gegenteil. So, wie die meisten Menschen mit sich reden, rauben sie sich ihre letzte Motivation. Wenn Sie so mit sich reden, werden Sie nicht durchhalten! Das verspreche ich Ihnen.

Wie wäre es, wenn Sie stattdessen in derselben Ausgangssituation auf folgende Art mit sich reden: »Das war eine Chance, die du verpasst hast. Es gibt noch zig andere. Du hast gelernt, den Markt zu verstehen, und deine Trefferquote wird immer besser. Nächstes Mal schlägst du zu.« Oder: »Das war genau die Bestätigung, die du gebraucht hast. Siehst du, du hattest recht. Alles im Lot. Die nächste Opportunity ist deine.« Wenn Sie durchschnittlich geschätzte 20 000 bis 60 000 Gedanken am Tag haben und mit sich sprechen, was meinen Sie, welcher der beiden Selbstgesprächsstile dazu führt, dass Sie sich langfristig positive Verhaltensmuster einprägen, negative Gewohnheiten zukünftig meiden und wieder Spaß beim Lernen am Markt bekommen?

Diejenigen, die dieses Buch intensiv gelesen haben, haben bereits mehrere Übungen kennengelernt, die auf den Dialog ihrer verschiedenen Persönlichkeitsanteile abzielen. Es geht darum, dass Ihre verschiedenen Teilpersönlichkeiten wieder Freundschaft miteinander schließen. Sie finden weiter unten eine Übung, die Sie durchhalten lässt. Gewohnheiten schleichen sich jedoch ab und an wieder ein. Wenn Sie gute Erfahrungen mit der Übung weiter unten machen, wiederholen sie Sie von Zeit zu Zeit. Wir gehen hier von drei Teilpersönlichkeiten aus: dem »Kritiker«, dem »Moderator« und dem »inneren Freund«. Auch hier haben Sie den größten Effekt, wenn Sie dieses Format wieder mit einer externen Person durchführen. Optimal ist ein ausgebildeter Mental-Coach oder eine NLP-erfahrene Person. Um einen Eindruck zu bekommen, können Sie sie auch erst einmal für sich durchgehen. Die Subpersönlichkeiten in der folgenden Übung kennen Sie schon:

Der Kritiker: Es ist der Teil von Ihnen, der die Schwachpunkte und Mängel an Ihnen und anderen Personen blitzschnell erkennt. Er ist flexibel, wirkt zuweilen altklug, gelegentlich auch überkritisch und abwertend.

Der Moderator: Er ist die Subpersönlichkeit, die neutral, friedliebend und ausgleichend ist. Ihn kann so schnell nichts erschüttern.

Der innere Freund: Er ist der Teil Ihrer Persönlichkeit, der Sie ohne Vorbehalte akzeptiert und nur das Positive in Ihnen sieht. Er mag Sie bedingungslos.

Oft herrscht kein ausgeglichenes Verhältnis zwischen den drei Teilpersönlichkeiten und es kommt vor, dass der Kritiker den Freund kaum zu Wort kommen lässt. So dominiert der Kritiker in vielen Fällen das Selbstbild.

Wir haben vorher mit Ortsankern gearbeitet. Für diese Übung ist es sinnvoll, dass Sie Ihre Persönlichkeitsteile kinästhetisch (also mit einer Körperberührung) ankern.

Übung

Machen Sie es sich bitte wieder bequem an einem Ort, an dem Sie nicht gestört werden können, schließen Sie die Augen und stellen sich eine konkrete Situation vor, in der Sie mit sich selbst reden.

1. Ordnen Sie bitte den drei Persönlichkeiten drei Körperteile zu. Achten Sie dabei auf die Stimmigkeit. Sie können beispielsweise, wenn der Moderator das Wort hat, die rechte Hand auf Ihren Bauch legen. Wenn der Kritiker spricht, können Sie die rechte Hand auf die linke Schulter legen, und wenn der Freund redet, können Sie Ihre Hand auf Ihr Herz legen.
2. Schlüpfen Sie in die Rolle des Moderators. Er leitet den folgenden Dialog zwischen den zwei anderen Teilpersönlichkeiten. In seiner Funktion ist er unparteiisch, neutral und bemüht, die Meinungen anzugleichen. Er sorgt dafür, dass beide (Kritiker und Freund) ausreden können. Darüber hinaus hat er eine kreative Fähigkeit. Er kann neue Ideen und neue Wege aufzeigen, sodass alle Parteien zufrieden sind. Wichtig ist, dass alle Aspekte ausreichend gewürdigt werden.

3. Gehen Sie jetzt in die Rolle des Kritikers. Stellen Sie sich vor, wie der Moderator den Kritiker zu Wort bittet. Falls Sie die linke Schulter mit dem Kritiker geankert haben, berühren Sie sich dort bitte mit der rechten Hand. Der Moderator stellt dem Kritiker drei Fragen:

   a) Warum redest du so wenig konstruktiv mit den anderen? Was bezweckst du damit?

   b) Hast du schon einmal mit dem inneren Freund gesprochen? Wenn ja: Was hältst du von seinen Ansätzen?

   c) Weißt du, welche gute Absicht der innere Freund hat?

4. Nehmen Sie jetzt Kontakt zum inneren Freund auf, berühren Sie sich dazu bitte mit Ihrer rechten Hand am Herzen. Bitten Sie ihn um ein Gespräch. Der Moderator fragt den inneren Freund die gleichen drei Fragen:

   a) Du möchtest doch [Ihr Name] etwas Gutes mit deinem Verhalten zeigen. Was ist deine gute Absicht, wenn du [Beschreibung der Sachen, die er vorbringt]?

   b) Kennst du den Kritiker? Hast du ihm schon einmal zugehört? Was denkst du, warum er [Verhalten des Kritikers]?

   c) Kennst du sein positives Ziel?

4. Jetzt kommt der eigentliche Dialog zwischen den Teilpersönlichkeiten Kritiker und innerer Freund. Es kann hier nur das generelle Vorgehen vorgestellt werden, weil es von Person zu Person verschieden ist.

   In diesem Prozess erteilt der Moderator den anderen Teilen das Wort und macht Vorschläge, wie man die beiden positiven Absichten miteinander verbinden kann. Das Ziel dieses Dreier-Gesprächs ist, Verständnis für die Position des jeweiligen anderen zu gewinnen. Der Kritiker bemerkt im Laufe des Dialogs, dass seine Anregungen wichtig und richtig sind. Und er merkt, dass er mehr bewirken kann, wenn er seine Kritik zur richtigen Zeit und im richtigen Ton (und das meine ich ganz wörtlich) anbringt. Der innere Freund realisiert, dass der innere Kritiker die Gesamtpersönlichkeit alles andere als schädigen will. Im Gegenteil: Er versteht, dass auch dieser eine positive Absicht hat.

   Es kann sein, dass dieses Gespräch längere Zeit dauert. Je nachdem, in welchen Teilzielen bereits Konsens zwischen den einzelnen Persönlichkeitsteilen herrscht, sollte es unterbrochen und festgehalten werden, um dann zu einem späteren Zeitpunkt weiter zusammenzuarbeiten. Der Moderator stellt am Ende das Teil- oder Endresultat fest.

5. Jetzt gilt es, die Stimmigkeit bei allen Subpersönlichkeiten zu klären. Gehen Sie wieder in die Rolle des Moderators und legen Sie die rechte Hand auf Ihren Bauch. Fragen Sie den Kritiker, ob er Einwände gegen

das (Teil-)Ergebnis hat. Gehen Sie in die Rolle des Kritikers, berühren die linke Schulter und antworten wahrheitsgemäß. Machen Sie dasselbe mit dem inneren Freund und fragen Sie als Moderator, ob er Einwände hat.

6. Testen Sie sich in der Zukunft. Wenn keine Einwände der jeweiligen Persönlichkeit vorliegen, prüfen Sie, ob die Veränderungen im Alltag funktionieren.

Stellen Sie sich eine Situation beim Traden vor, in der Sie vorher besonders destruktiv mit sich selbst umgegangen sind. Eine Situation, in der Sie früher sehr hart mit sich ins Gericht gegangen sind und Ihr Selbstvertrauen stark beeinträchtigt haben.

Sehen Sie sich jetzt in der Situation? Was hören Sie? Wie ist die Stimme jetzt? Hat sich vielleicht die Stimmlage verändert? Fühlt es sich leichter an als vorher, wenn Sie die Situation durchgehen? Gibt es überhaupt Verbesserungen? Falls in dieser Situation nicht wesentlich weniger negative Gefühle auftauchen als vorher, wiederholen Sie diese Übung.

5. Schlussbetrachtung und Ausblick

Die Frage, wie intensiv Sie die vorgestellten Mentaltechniken für sich anwenden, um Ihr Traden erfolgreich zu gestalten, bestimmt das Ausmaß Ihres Erfolgs. Ergebnisse der neuesten Gehirnforschung belegen, dass die Aktivierung neuer Verschaltungen zwischen Nervenzellen nur stattfindet, wenn diese *wiederholt stark genug* angeregt wird. Nicht die Erlebnisse aus den Anfängen Ihrer Trader-Karriere – oder wie Sie als Kind auf Stresssituationen reagiert haben – sind ausschlaggebend für den Erfolg Ihrer zukünftigen Trader-Karriere. Bildgebende Verfahren der Hirnforschung weisen nach, dass feste (negative) Verschaltungen wieder aufgelöst werden können und zielführende Denkmuster in jedem Alter neu gesetzt und zur Schnellstraße ausgebaut werden können. Vereinfacht ausgedrückt: Ihre »Hardware« (die Synapsen) verändert sich mit der Art ihrer Benutzung. Wenn Sie als Trader vor Ihrem geistigen Auge Erfolg visualisieren, bilden sich »Erfolgs«-Verschaltungen. Das Spannende dabei ist: Wenn Sie erfolgreich sind, ist es einfacher, noch mehr Erfolg zu haben. Es ist, wie wenn Sie Sprachen lernen: Sprechen Sie keine andere Sprache als Ihre Muttersprache, fällt Ihnen das Erlernen einer Fremdsprache relativ schwer. Beherrschen Sie jedoch mehrere Sprachen fließend mündlich und schriftlich, fällt es Ihrem Gehirn viel leichter, auch noch weitere Sprachen zu lernen. Während früher das Thema Psychologie an der Börse häufig belächelt wurde, ist heute mit modernsten Verfahren bildgebender Technik die Wirksamkeit mentaler Trainingstechniken nachgewiesen. Genau hier liegt das große Potenzial für den Trader, den Hegdefonds-Manager oder den Vermögensverwalter. In einem sehr wettbewerbsintensiven Umfeld geht es darum, besser zu werden – besser als die Konkurrenz. Genauer gesagt, geht es darum, *schneller* besser zu werden. Das heißt, dass jeder, einzeln oder im Team, *schneller lernen* muss. Effektives Lernen rückt damit in den Fokus als Quelle zum Erfolg: Das Wissen, *wie* unser Gehirn lernt und auch verlernt, ist ein Profitfaktor. Wenn Händler und personalverantwortliche Handelschefs mit mentalen Trainingsformen diesen Effekt erreichen, nutzen sie dieses Potenzial für sich.

Die Bereitschaft, zu wachsen und zu den Besten zu gehören, ist dabei unbedingte Voraussetzung, eine Conditio sine qua non. Die hängt von Ihrem freien Willen ab. Können Sie sich vorstellen, dass Sie als Mensch den freien Willen zum Wachstum entwickeln?

Ist der freie Wille das Ergebnis der bisherigen Lebensumstände?

Eine Gruppe junger Studenten kam zu einem Zenmeister und baten ihn, die oben gestellte Frage zu beantworten. Der geschätzte Lehrer sprach über die Probleme des freien Willens, aber die Studenten waren nicht zufrieden mit dem, was sie hörten. So fragte einer von ihnen, nachdem der Meister seine Rede beendet hatte: »Haben nicht die früheren Erlebnisse eines Menschen großen Einfluss darauf, was aus ihm wird?« Der Meister lächelte und antwortete nickend: »Du hast recht, ja, du hast recht.« Daraufhin fragte ein anderer Student: »Ist es nicht eher so, dass der Mensch unabhängig davon, welche Erlebnisse er in der Vergangenheit gemacht hat, selber bestimmen kann, wie sein Leben sein wird und wie viel Erfolg er hat bei all dem, was er tut?« Der Meister lächelte wieder und nickte: »Du hast recht, du hast recht.« Ein dritter Student konnte nicht mehr ruhig bleiben und fragte: »Ist das nicht ein Widerspruch, wenn Sie meinen beiden Vorrednern recht geben, obwohl sie gegensätzlicher Meinung sind?« Nach kurzer Überlegung antwortete der Zenmeister lächelnd: »Du hast recht. Auch du hast recht.«

Ob ein Mensch auf die negative Erfahrung einer schweren Krankheit, wie beispielsweise Diabetes Typ 1, betroffen reagiert und sich herunterziehen lässt, oder ob er, wie der amerikanische Schwimmer Gary Hall jr., zwei Goldmedaillen und eine Silbermedaille in Atlanta gewinnt, oder wie der niederösterreichische Gewichtheber Matthias Steiner, der dieselbe Krankheit hat, in Peking olympisches Gold holt, ist nicht vorhersehbar. Nehmen Sie die Diagnose von Hodenkrebs zum Anlass, mit dem Leben zu hadern, oder wie Lance Armstrong (siebenfacher Tour-de-France-Sieger) die Qualität des Trainings zu steigern? Für ihn war die Tour de France eine Metapher für sein gesamtes Leben. Sie half ihm, psychologische, physische und mentale Herausforderungen zu bestehen. Ob ein Händler nach einer längeren Draw-down-Phase und einer Reihe von Fehlschlägen wieder zurückkommt und noch besser wird, oder aber er aufgibt, hängt immer nur von dem Ding zwischen seinen zwei Ohren ab.

Die Vergangenheit können wir nicht ändern. Was passiert ist, kann nicht rückgängig gemacht werden. Wir haben jedoch einen großen Einfluss darauf, *wie* wir unsere Vergangenheit bewerten, und wir können sie mit mentalen

Techniken umdeuten. Schmachvolle Niederlagen werden zu wertvollen Lernerfahrungen. Bilder vergangener Vorkommnisse sind lebendig und veränderbar, je nachdem, *wie* die Geschichten heute erzählt werden.

Die Bedeutung einer Erfahrung, also welche Art von Verknüpfung unser Gehirn daraus herstellt, ändert sich zum Positiven, wenn wir die Nervenzellenverbindungen willentlich beeinflussen. Welches Bild wir uns jetzt machen, welche Folgen eine gemachte Erfahrung in der Zukunft bringt, ist ausschlaggebend. Und darauf haben wir einen Einfluss. Wir können als Trader davon profitieren.

Die gute Nachricht aus der aktuellen Gehirnforschung ist: Unser Gehirn speichert die Informationen der Vergangenheit nicht chronologisch und auch nicht wie ein Schuhkarton, der irgendwann einmal voll ist. Es ist nicht dafür gebaut, sich Einzelheiten zu merken. Diese Erkenntnisse nutzt ein Mental-Coach, um für seine Klienten Wettbewerbsvorteile zu schaffen.

Ein alter, erfahrener Rabbi kam in ein Dorf. Der junge Rabbi sah darin die Chance für sich. Es war geplant, dass der weise Rabbi am nächsten Morgen vor den Dorfbewohnern spricht. Der junge Rabbi wollte ihn testen und seine Worte prüfen. Er plante, wenn die Situation es ergab, mit einem kleinen, zarten Vogel in seinen Händen zu dem alten Rabbi zu kommen. Er wollte ihn fragen: »Lieber Rabbi, ich habe in meiner Hand einen Vogel. Kannst du mir sagen, ob er tot oder lebendig ist?« Wenn der alte Rabbi antwortet: »Der Vogel ist lebendig«, könnte der junge Rabbi ihn schnell in seiner Hand erdrücken und dem Dorf zeigen, dass der andere Rabbi unrecht hat. Wenn der alte Rabbi sagt: »Der Vogel ist tot«, könnte er den kleinen Vogel fliegen lassen und beweisen, dass es mit der Weisheit des Älteren nicht weit her ist und dass er der Klügere und Weisere der beiden ist.

Am nächsten Tag hielt der Rabbi seine Rede vor der Dorfgemeinschaft. Der junge Rabbi stand auf und forderte den alten Rabbi mit seiner Frage heraus:

»Verehrter Rabbi, wenn du so ein weiser, intelligenter und weitgereister Mann bist, kannst du mir sagen, ob der Vogel in meiner Hand tot oder lebendig ist?« Der Rabbi schwieg einen Moment, dachte nach, lächelte und antwortete mit ruhiger und fester Stimme: »Das hängt ganz von dir ab, mein Freund. Das hängt ganz allein von dir ab!«

Jeder Trader hat die Wahl und die Chance auf eine bessere Zukunft, unabhängig davon, was in der Vergangenheit passiert ist oder wie die Umstände jetzt sind. Mit dem 10-Schritte-Programm haben Sie eine gute Grundlage gefunden, die Sie in der täglichen Praxis unterstützt. Wir müssen in uns selbst, in unserem Gehirn, den Boden für positive Veränderungen bereiten. Erfolg entsteht im Kopf.

Literatur

Anderson, S.W.; Bechara, A.; Damasio, H.; Tranel D.; Damasio, A.R.: Impairment of social and moral behavior related to early damage in the human prefrontal cortex. Nat Neurosci; 2: 1032-7, 1999

Bandura, A.: Self-efficacy: The exercise of control, New York 1997

Barber, B.M.; Ordean, T.: Boys will be Boys, Gender, Overconfidence and Common Stock Investment, in: Quarterly Journal of Economics, Vol. 116, S. 261 ff., 2001

Barberis, N.; Shleifer, A.; Vishny.: A model of investor sentiment, in: JoFE, Vol 49, 1998, S. 307-343

Benz, M.; Frey, B.S.S.: Ökonomie und Psychologie: eine Übersicht, Universität Zürich, Institut für Empirische Wirtschaftsforschung, Working Paper No. 92, in: http://www.iew.unizh.ch/wp/iewwp092.pdf, 2001

Blakeslee, S.: Hijaking the Brain Circuits With a Nickel Slot machine, in: http://www.vivaconsulting.com/education/hijacking.html, 2002

Bloom, B. S.: Developing Talent of Young People, New York, 1985

Burns, G.; Capra, C. Monica; Moore, Sara: Neural mechanisms of the influence of popularity on adolescent ratings of music, in: NeuroImage Volume 49, Issue 3, 1 February, pp. 2687-2696, 2010

Conzelmann, A.; Nagel, S.; Gabler, H.: Hochleistungssport, Persönlicher Gewinn oder Verlust: Lebensläufe von Olympioniken, 2001

Côté, Baker, Abernethy: From play to practice. In: Starkes, Ericsson (Eds.) Expert performance in team sport, S. 89- 113, Champaign 2003

Dickhaut, J.; McCabe, K.; Nagode, J.C.; Rustichini, A.; Smith, K.; Prado, J.V.: A Brain Imaging Study of the Choice Procedure, in: http://www.econ.jhu.edu/seminars/Fall2003/Rustichini.pdf, 2003

Dietrich, A.: Functional neuroanatomy of altered states of consciousness: the transient hypofrontality hypothesis.; 12: S. 231–56., Consc Cogn 2003

Dörner, D.: Die Logik des Misslingens. Strategisches Denken in komplexen Situationen, 2006

Ellsberg, D.: Risk, Ambiguity, and the Savage Axioms, in: Quarterly Journal of Economics, 1961

Erickson, M.H.: Eine hypnotische Technik für Patienten mit Widerstand: Der Patient, die Technik, die Grundlagen und Feldexperimente, in: Rossi, E.L. (Hrsg.). Gesammelte Schriften von Milton H. Erickson (Band 1, Kap. 13); S. 416-461; Heidelberg: Carl Auer 1995

Falk, A.: Homo Oeconomicus VERSUS Homo Reciprocans: Ansätze für ein Neues Wirtschaftspolitisches Leitbild? Universität Zürich, Institut für Empirische Wirtschaftsforschung, Working Paper No. 79, in: http://www.iew.unizh.ch/wp/iewwp079.pdf, 2001

Fehr, E.; Gächter, S.: Fairness and Retaliation: The Economics of Reciprocity, in: Journal of Economic Perspectives, Vol.: 14, S. 159-181, 2000

Fladung, R.B.: Zur Kritik der reinen Ökonomie, Seminararbeit im Rahmen des Doktoranden-Seminars »Marktsoziologie oder Entscheidungslogik«, Johann Wolfgang Goethe-Universität Frankfurt am Main, in: www.rainer-fladung.de/Kritik_Albert/Kritik__reine_Oekonomie.pdf, 2002

Gruzelier, J.H.: Redifining hypnosis: theory, methods, and integration.; Vol. 17: S. 51-70, Cont Hypn, 2000

Gruzelier, J.H.: Neurophysiologische Erörterung der ungünstigen Aspekte der Hypnose; Vol. 21 (1-2): S. 225–59, HyKog 2004

Heller, M.: The six commandments of ethical data management, CIO, 15(18), 2002

Hsu, M.; Bhatt, M.; Adolphs, R.; Tranel, D.; Camerer, C. F.: Neural Systems Responding to Degrees of Uncertainty in Human Decision-Making, in: Science 9, December: Vol. 310. no. 5754, pp. 1680 – 1683, 2005

Huettel, S.; Stowe, C. Jill; Gordon, Evan M.; Warner, Brent T.; Platt, Michael L.: Neural Signatures of Economic Preferences for Risk and Ambiguity, in: Neuron, Volume 49, Issue 5, 2 March, S. 765-775, 2006

Janis I.: Victims of groupthink, Boston: Houghton-Mifflin, 1972

Kahneman, D.; Tversky, A. : Prospect theory: An analysis of decision under risk, Econometrica, Vol. 47, No. 2, S. 263-291, 1979

Kallio, S.; Revonsuo, A.; Hamalainen, H.; Gruzelier, J.H.: Anterior brain functions and hypnosis: A test of the frontal hypothesis.; Vol. 49: S. 95–108: Int J Clin Exp Hypn, 2001

Kilka, M.; Weber, M.: What Determines the Shape of the Probability Weighting Function under Uncertainty, Management Science, Vol. 47, S. 1712-1726, 2000

Klix, F.: Information und Verhalten. Bern: Huber 1971

Koechlin, E.; Ody, C.; Kouneiher, F.: The architecture of cognitive control in the human prefrontal cortex, Science, 302 (5648), pp. 1181-5, 2003

Legewie, H.; Nusselt, L.: Biofeedback-Therapie: Lernmethoden in der Psychosomatics, Neurologie und Rehabilitation (Fortschritte der Klinischen Psychologie, Vol. 6, München-Berlin: Urban & Schwarzenberg, 1975

McClure, S. M.; Laibson, D.; Loewenstein, G.; Cohen, J. D.: Separate Neural Systems Value Immediate and Delayed Monetary Rewards, in: Science 306, S. 503-507, 2004

Nelson, M.W.; Bloomfield, R.; Hales, J. W. & Libby, R.: The effect of information strength and weight on behavior in financial markets. Organizational Behavior and Human Decision Proscesses, 86, S. 168-196, 2001

Odean, T.: Are Investors Reluctant to Realize Their Losses? In: Journal of Finance, Vol. 53, S. 1775-1798, 1988

Oehler, A.; Heilmann, K.; Läger, V.; Oberländer, M.: Coexistence of Disposition Investors and Momentum traders in Stock Markets: Experimental Evidence, in: Journal of International Financial Markets: Institutions and Money, S. 13503-13524, 2003

Peter, B.: Hypnose und die Konstruktion von Wirklichkeit. In: Revenstorf D., Peter B. (Hrsg). Hypnose in Psychotherapie, Psychosomatik und Medizin. Berlin Heidelberg,, S. 32-52, 2001

Preussler, W.: Über die Bedingungen der Prognose eines bivarianten Ökologischen Systems. Memorandum Lehrstuhl Psychologie II, Universität Bamberg, Nr. 31, 1985

Rabin, M.; Kozegi, B.: Mistakes in Choice-Based Welfare Analysis, in: American Economic Review Papers and Proceedings 97 (2), S. 477-481, May 2007

Rainville et al. 2002, in: Schulz-Stübner, Sebastian: Medizinische Hypnose: Grundlagen der Behandlungstechnik, 2006

Reichert, U.; Dörner, D.: Heurismen beim Umgang mit einem »einfachen« dynamischen System. Sprache und Kognition, 1988

Reither, F.: Wertorientierung in komplexen Entscheidungssituationen, Sprache und Kognition, Heft 1, 1985

Revenstorf , D.; Peter, B. (Hrsg.): Hypnose in Psychotherapie, Psychosomatik und Medizin, Heidelberg: Springer 2001

Roth, T.: Sprachstil und Problemlösekompetenz: Untersuchungen zum Formwortgebrauch im »Lauten Denken« erfolgreicher und erfolgloser Bearbeiter »komplexer« Probleme. Göttingen: Universität – Dissertation, 1986

Rothkopf, B.: Die Persönlichkeit als Erklärungsansatz interindividueller Unterschied im Anlegerverhalten an der Börse, Rheinisch Westfälischen Technischen Hochschule Aachen, Dissertation, in: http://sylvester.bth.rwth-aachen.de/dissertationen/2003/060/03_060.pdf, 2003

Simon, H. A.: A Behavioral Model of Rational Choice, in: Quarterly Journal of Economics, Vol. 69, S. 99ff, 1955

Tvede, L.: The Psychology of Science, Oxford, 1990

Wolford, G.: Function of distinct associations for paired-associate performance, in: Psychological Review, Vol. 78, S. 303-313, 1971

Woody, E.; Parvolden P.: Dissociation in hypnosis and frontal executive function. Am J Clin Hypn 40: S. 206-16, 1998

Quellenverzeichnis

ABBILDUNGEN

Abbildung 1: Idealtypischer Ablauf eines Entscheidungs- und Planungsablaufs – eigene Erstellung nach Dörner, D.: Die Logik des Misslingens: Strategisches Denken in komplexen Situationen, 2006, S. 67

Abbildung 2: Mentaltraining gilt bei Tradern im englischsprachigen Raum als Gehirn-Doping; Quelle: http://www.tma-online.de/kommunikationsdesign-kommunikationsagentur.php

Abbildung 3: Flow-Kanal; Quelle: Csikszentmihalyi, M., Das Geheimnis des Glücks, Stuttgart 1992

Abbildung 4: Überblick über bildgebende Verfahren nach Huettel, S.; Quelle: Huettel, S.A.: Neuroimaging Methods; Huettel, S.A., Song, A.W., McCarthy, G.: Functional Magnetic Resonance Imaging, S. 4, 2004

Abbildung 5: Wie entsteht die Aktivität in bestimmten Gehirnarealen, wie wird sie gemessen und wie wird sie lokalisiert? – Eigene Erstellung

Abbildung 6: Um festzustellen, welche Gehirnzellen gerade aktiv sind, wird das Verhältnis von sauerstoffreichem zu sauerstoffarmem Blut gemessen. – Eigene Erstellung

Abbildung 7: Optische Täuschung: Sehen Sie eine Spirale? Quelle: http://holgerseine.de/hdv/images/spirale.jpg

Abbildung 8: Bewegte Bohnen auf gedrucktem Papier; Quelle: http://michael.mind-exchange.com/wp-content/2007/10/latest.png

Abbildung 9: Gerade und parallel oder nicht? Prüfen Sie es nach! Quelle: http://www.pawek.de/Fehltage.html

Abbildung 10: Muster die nicht da sind; Quelle: http://www.andinet.de/bilder/optische_taeuschungen/nicht_vorhandene_objekte/dreieck.png

Abbildung 11: Kippbild. Was sehen Sie, eine junge oder eine alte Frau? Quelle: http://upload.wikimedia.org/wikipedia/commons/4/4d/German_postcard_from_1888.png

Abbildung 12: Neun Delphine oder ein Liebespaar?; Quelle: http://www.panoptikum.net/optischetaeuschungen/

Abbildung 13: Welcher der beiden mittleren Punkte ist größer? Quelle: http://www.lisa-freundeskreis.de/files/BIL_Punkte.jpg

Abbildung 14: Prozesskette der Entscheidung – eigene Erstellung

Abbildung 15: Heuristiken; Quelle: Röder, K.: Empirische Kapitalmarktforschung und Behavioral Finance, EAP Berlin, S. 45, 2008

Abbildung 16: Ursachen für Overconfidence Bias; Quelle: Röder, Klaus: Empirische Kapitalmarktforschung und Behavioral Finance; EAP Europäische Wirtschaftshochschule, S. 72, Berlin 2008

Abbildung 17: Was beeinflusst die Exit-Entscheidung? Quelle: Erner, C.: Behavioral Finance – Wie die Psychologie Anlagenentscheidungen beeinflusst, Westfälische Wilhelms-Universität Münster, S. 12, 2009

Abbildung 18: Wertefunktion der Prospect Theory; Quelle: Röder, Klaus: Empirische Kapitalmarktforschung und Behavioral Finance; EAP Europäische Wirtschaftshochschule, S. 64, Berlin 2008

Abbildung 19: Fall 1 – Position ist im Plus; Quelle: Röder, Klaus: Empirische Kapitalmarktforschung und Behavioral Finance; EAP Europäische Wirtschaftshochschule, S. 66, Berlin 2008

TABELLEN

Stichwortverzeichnis

Wir verlieben Dich!

www.friendscout24.de

Flirten, daten, verlieben – bei Deutschlands Partnerbörse Nr. 1

FRIEND
SCOUT 24